KB043671

포켓북 왕초보 일한단어 사전

포켓북
왕초보 일한단어 사전

2022년 04월 05일 초판 1쇄 인쇄
2022년 04월 10일 초판 1쇄 발행

지은이 박해리
발행인 손건
편집기획 김상배, 장수경
마케팅 최관호, 김재명
디자인 박민주
제작 최승용
인쇄 선경프린테크

발행처 *LanCom* 랭컴
주소 서울시 영등포구 영등포동4가 146-5, 3층
등록번호 제 312-2006-00060호
전화 02) 2636-0895
팩스 02) 2636-0896
홈페이지 www.lancom.co.kr
이메일 elancom@naver.com

ⓒ 랭컴 2022
ISBN 979-11-92199-08-5 13730

왕초보

포켓북

일한

JAPANESE-KOREAN

DICTIONARY

단어
사전

LanCom
Language & Communication

이 책의 구성과 특징

모든 외국어는 단어에서 비롯됩니다. 따라서 하나의 단어에서 외국어 학습의 문이 무한대로 열리는 것입니다. 이 때 가장 필요한 것이 사전입니다. 그러나 대부분의 사전은 한정된 지면에 최대한의 정보를 수록하기 때문에 보기 편하고, 찾기 쉬운 점에서는 문제가 있습니다. 또한 상세한 어구 해설이나 문법 설명 등이 들어 있어도 초급자에게는 오히려 단어 그 자체의 의미를 알기 어려운 경우도 많습니다. 이 책은 일본어를 배우는 학생에서부터 실버 세대에 이르기까지 폭넓게 초보자의 입장을 고려하여 심혈을 기울여 다음과 같이 간편하게 엮었습니다.

일본어 가나순으로 찾아보는 단어사전

학습자가 원하는 단어를 즉석에서 사전처럼 찾아 볼 수 있도록 일본어 가나순(오십음도)으로 엮어 모르는 단어가 나왔을 때 쉽고 빠르게 그 뜻을 찾아 볼 수 있습니다.

일본어 학습에 필요한 9,000여 일한단어 엄선수록

일본어를 자유자재로 구사할 수 있도록 주로 일본어 학습에 꼭 필요한 9,000여 단어를 엄선하여 기초 학습자의 일본어 단어 길라잡이가 될 수 있도록 꾸몄습니다.

일본인의 발음에 가깝게 한글로 발음표기

일본어 문자를 잘 모르더라도 누구나 쉽게 읽을 수 있도록 일본어 표제 단어 아래에 일본인의 발음에 충실하여 한글로 표기해 두었습니다. 한글 발음을 참조하되 전적으로 의존하지 말고 최대한 원음대로 발음할 수 있도록 노력한다면 학습에 많은 도움이 될 것입니다.

휴대가 간편한 포켓북 사이즈

이 책은 한손에 잡히는 아담한 사이즈로 언제 어디서나 들고 다니면서 쉽게 꺼내서 일본어 단어 학습은 물론 원하는 단어를 찾아볼 수 있습니다.

주제별 그림단어

학습자의 흥미를 돋우고 지루하지 않도록 중간 중간 주제별로 그림단어를 수록하여 그림과 함께 단어를 즐겁게 공부할 수 있습니다.

CONTENTS

주제별 그림단어

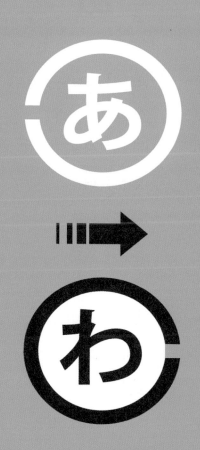

- □ **あいかぎ** 【合鍵】 여벌의 열쇠
  아이카기
- □ **あいかわらず** 여전히, 변함없이
  아이카와라즈
- □ **あいがん** 【哀願】 애원
  아이강
- □ **あいがん** 【愛玩】 애완
  아이강
- □ **あいきょう** 【愛嬌】 애교
  아이쿄-
- □ **あいけん** 【愛犬】 애견
  아이켕
- □ **あいこく** 【愛国】 애국
  아이코꾸
- □ **あいさつ** 【挨拶】 인사
  아이사쓰
- □ **あいじょう** 【愛情】 애정
  아이죠-
- □ **あいしょう** 【愛称】 애칭
  아이쇼-
- □ **あいじん** 【愛人】 애인, 정부
  아이징
- □ **あいず** 【合図】 신호
  아이즈
- □ **アイスクリーム** 아이스크림
  아이스쿠리-무
- □ **あいする** 【愛する】 사랑하다
  아이스루
- □ **あいせき** 【相席】 합석
  아이세끼

□ **あいそ** 아이소	【愛想】 붙임성
□ **あいだ** 아이다	【間】 사이, 간격
□ **あいだがら** 아이다가라	【間柄】 혈족친족 간의 관계
□ **あいちゃく** 아이챠꾸	【愛着】 애착
□ **あいづち** 아이즈찌	【相槌】 맞장구
□ **あいて** 아이떼	【相手】 상대방
□ **アイデア** 아이데아	아이디어
□ **あいとう** 아이또-	【哀悼】 애도
□ **あいどく** 아이도꾸	【愛読】 애독
□ **あいにく** 아이니꾸	【生憎】 하필이면, 공교롭게
□ **あいびき** 아이비끼	【逢引き】 밀회, 랑데부
□ **あいま** 아이마	【合間】 사이, 틈
□ **あいまい** 아이마이	【曖昧】 애매함
□ **あいよう** 아이요-	【愛用】 애용
□ **あいらしい** 아이라시-	【愛らしい】 사랑스럽다
□ **あいろ** 아이로	【隘路】 애로
□ **アイロニー** 아이로니-	아이러니, 비꼼
□ **アイロン** 아이롱	아이론, 다리미

□ **あう** 아우	【合う】	맞다
□ **あう** 아우	【会う】	만나다, 당하다
□ **アウトサイダー** 아우또사이다-		아웃사이더
□ **あえぐ** 아에구		숨을 헐떡이다
□ **あえて** 아에떼		감히, 굳이
□ **あおい** 아오이	【青い】	파랗다
□ **あおがえる** 아오가에루	【青蛙】	청개구리
□ **あおぐ** 아오구	【仰ぐ】	올려다보다, 우러러보다
□ **あおざめる** 아오자메루	【青ざめる】	새파래지다
□ **あおしんごう** 아오싱고-	【青信号】	청신호
□ **あおぞら** 아오조라	【青空】	푸른 하늘
□ **あおだいしょう** 아오다이쇼-	【青大将】	구렁이
□ **あおむく** 아오무꾸	【仰向く】	위를 올려다보다
□ **あかい** 아까	【垢】	때, 더러움
□ **あかい** 아까이	【赤い】	빨갛다
□ **あがく** 아가꾸		버둥거리다
□ **あかご** 아까고	【赤子】	갓난아기, 아기
□ **あかじ** 아까지	【赤字】	적자

□ **アカシア**
아까시아
아카시아

□ **あかす**
아까스
【明かす】 밝히다, 지새우다

□ **あかちゃん**
아까쨩
【赤ちゃん】 아기

□ **あかつき**
아까쓰끼
【暁】 새벽, 여명

□ **アカデミー**
아까데미-
아카데미

□ **あかとんぼ**
아까톰보
【赤とんぼ】 고추잠자리

□ **あがなう**
아가나우
【購う】 사들이다, 구입하다

□ **あかぼう**
아까보-
【赤帽】 빨간 모자, 포터

□ **あがめる**
아가메루
【崇める】 숭상하다

□ **あかめる**
아까메루
【赤める】 붉히다

□ **あかり**
아까리
【明かり】 밝은 빛

□ **あがる**
아가루
【上がる】 오르다

□ **あかるい**
아까루이
【明るい】 밝다, 환하다

□ **あかんぼう**
아깜보-
【赤ん坊】 아기

□ **あき**
아끼
【秋】 가을

□ **あきす**
아끼스
【空巣】 빈 둥지, 빈집

□ **あきすねらい**
아끼스네라이
【空巣狙い】 빈집털이

□ **あきち**
아끼찌
【空地】 빈터

□ **あきない** 【商い】 장사
　 아끼나이

□ **あきばれ** 【秋晴れ】 가을의 쾌청한 날씨
　 아끼바레

□ **あきべや** 【空き部屋】 빈 방
　 아끼베야

□ **あきめくら** 【明盲】 눈뜬 소경, 문맹
　 아끼메꾸라

□ **あきや** 【空家】 빈 집
　 아끼야

□ **あきらか** 【明らか】 분명함
　 아끼라까

□ **あきらめる** 단념하다
　 아끼라메루

□ **あきる** 【飽きる】 질리다, 싫증나다
　 아끼루

□ **あきれる** 기막히다
　 아끼레루

□ **あきんど** 【商人】 상인, 장사꾼
　 아낀도

□ **あく** 【悪】 악
　 아꾸

□ **あくい** 【悪意】 악의
　 아꾸이

□ **あくうん** 【悪運】 악운
　 아꾸웅

□ **あくえん** 【悪縁】 악연
　 아꾸엥

□ **あくしゅ** 【握手】 악수
　 아꾸슈

□ **あくしゅう** 【悪習】 악습
　 아꾸슈-

□ **あくじょ** 【悪女】 악녀
　 아꾸죠

□ **アクション** 액션
　 아꾸숑

12

- □ **あくせい**　　【悪性】 악성
  아꾸세-

- □ **アクセサリー**　　액세서리
  아꾸세사리-

- □ **アクセル**　　액셀, 가속페달
  아꾸세루

- □ **アクセント**　　악센트
  아꾸센또

- □ **あくたれ**　　【悪たれ】 심한 장난
  아꾸타레

- □ **あくとく**　　【悪徳】 악덕
  아꾸토꾸

- □ **あくにん**　　【悪人】 악인
  아꾸닝

- □ **あくび**　　【欠伸】 하품
  아꾸비

- □ **あくま**　　【悪魔】 악마
  아꾸마

- □ **あくまでも**　　어디까지나
  아꾸마데모

- □ **あくむ**　　【悪夢】 악몽
  아꾸무

- □ **あくやく**　　【悪役】 악역
  아꾸야꾸

- □ **あくよう**　　【悪用】 악용
  아꾸요-

- □ **あぐら**　　【胡座】 책상다리로 앉음
  아구라

- □ **あくらつ**　　【悪辣】 악랄함
  아꾸라쓰

- □ **あけがた**　　【明け方】 새벽녘
  아께가따

- □ **あげく**　　～한 나머지
  아게꾸

- □ **あけくれ**　　【明け暮れ】 나날
  아께쿠레

13

□ **あけぼの** 아께보노		새벽, 동틀 녘
□ **あける** 아께루	【開ける】	열다
□ **あげる** 아게루	【上げる】	주다, 올리다
□ **あご** 아고		턱
□ **アコーデオン** 아코-데옹		아코디언
□ **あこがれる** 아코가레루	【憬れる】	동경하다
□ **あさ** 아사	【朝】	아침
□ **あざ** 아자		피부의 반점
□ **あさ** 아사	【麻】	삼, 모시
□ **あさい** 아사이	【浅い】	얕다
□ **あさがお** 아사가오	【朝顔】	나팔꽃
□ **あさがた** 아사가따	【朝方】	해뜰 무렵
□ **あざけり** 아자케리		비웃음
□ **あさせ** 아사세	【浅瀬】	얕은 여울
□ **あさって** 아삿떼	【明後日】	모레
□ **あさつゆ** 아사쓰유	【朝露】	아침이슬
□ **あさね** 아사네	【朝寝】	아침잠, 늦잠
□ **あさはか** 아사하까	【浅はか】	생각이 모자람

- **あさばん** 【朝晩】 조석으로
  아사방
- **あさひ** 【朝日】 아침해
  아사히
- **あさましい** 【浅ましい】 딱하다, 비열하다
  아사마시-
- **あざみ** 엉겅퀴
  아자미
- **あざむく** 속이다
  아자무꾸
- **あさめし** 【朝飯】 조반, 아침밥
  아사메시
- **あざやか** 【鮮やか】 산뜻함, 선명함
  아자야까
- **あさゆう** 【朝夕】 늘, 항상
  아사유-
- **あざらし** 바다표범
  아자라시
- **あさり** 바지락
  아사리
- **あざわらう** 【あざ笑う】 비웃다
  아자와라우
- **あし** 【足】 발
  아시
- **あし** 【脚】 다리
  아시
- **あじ** 【味】 맛
  아지
- **あし** 갈대
  아시
- **あじ** 전갱이
  아지
- **アジア** 아시아
  아지아
- **あしあと** 【足跡】 발자국
  아시아또

□ **あしおと** 아시오또	【足音】	발소리
□ **あじさい** 아지사이		수국
□ **あした** 아시따	【明日】	내일
□ **あしなみ** 아시나미	【足並み】	보조
□ **あしのうら** 아시노우라	【足の裏】	발바닥
□ **あしば** 아시바	【足場】	발판
□ **あしぶみ** 아시부미	【足踏み】	제자리걸음
□ **あじみ** 아지미	【味見】	맛보기, 간보기
□ **あしらう** 아시라우		다루다
□ **あじわう** 아지와우	【味わう】	맛보다
□ **あす** 아스	【明日】	내일
□ **あずかる** 아즈까루	【預かる】	맡다, 보관하다
□ **あずき** 아즈끼	【小豆】	팥
□ **あずける** 아즈께루	【預ける】	맡기다
□ **アスパラガス** 아스파라가스		아스파라거스
□ **アスファルト** 아스화루또		아스팔트
□ **あせ** 아세	【汗】	땀
□ **あぜみち** 아제미찌		논두렁길

□ **あせも** 아세모	【汗疹】	땀띠
□ **あせる** 아세루	【焦る】	조바심하다
□ **あそこ** 아소꼬		저기, 저쪽
□ **あそぶ** 아소부	【遊ぶ】	놀다
□ **あだ** 아다	【仇】	원수
□ **あたえる** 아따에루	【与える】	주다, 내주다
□ **あたかも** 아따까모		마치, 흡사
□ **あたたかい** 아타따카이	【暖かい】	따뜻하다
□ **あたたまる** 아타따마루	【暖まる】	따뜻해지다
□ **あたためる** 아타따메루	【暖める】	따뜻하게 하다
□ **あだっぽい** 아답뽀이		요염하다
□ **あだな** 아다나	【渾名】	별명
□ **あたふた** 아따후따		허둥지둥
□ **あたま** 아따마	【頭】	머리
□ **あたらしい** 아따라시-	【新しい】	새롭다
□ **あたり** 아따리	【辺り】	부근, 근처
□ **あたりまえ** 아따리마에	【当り前】	당연
□ **あちこち** 아치코찌		여기저기

あ

か

さ

た

な

は

ま

や

ら

わ

□ **あちら** 아치라		저쪽, 저기
□ **あつい** 아쓰이	【熱い】	뜨겁다
□ **あつい** 아쓰이	【暑い】	덥다
□ **あつい** 아쓰이	【厚い】	두껍다
□ **あっか** 악까	【悪化】	악화
□ **あつかう** 아쓰까우	【扱う】	다루다, 취급하다
□ **あつかましい** 아쓰까마시-	【厚かましい】	뻔뻔하다
□ **あつくるしい** 아쓰쿠루시-	【暑苦しい】	무덥다
□ **あっけ** 악께	【呆気】	어이없어 함
□ **あっさり** 앗싸리		깨끗이, 말끔히
□ **あっち** 앗찌		저기, 저쪽
□ **あっとう** 앗또-	【圧倒】	압도
□ **あっぱく** 압빠꾸	【圧迫】	압박
□ **アッピール** 압삐-루		어필, 감명을 줌
□ **あつまる** 아쓰마루	【集まる】	모이다
□ **あつらえむき** 아쓰라에무끼	【誂え向き】	안성맞춤
□ **あつらえる** 아쓰라에루	【誂える】	장만하다, 맞추다
□ **あつれき** 아쓰레끼	【軋轢】	알력

□ **あてさき**
　아떼사끼
【宛先】 수신인의 주소

□ **あてど**
　아떼도
【当て所】 목적지

□ **あてな**
　아떼나
【宛名】 수신인의 이름

□ **あてはずれ**
　아떼하즈레
【当て外れ】 기대가 어긋남

□ **あと**
　아또
【後】 뒤, 나중

□ **あとかた**
　아또카따
【跡形】 흔적, 자취

□ **あとかたづけ**
　아또카따즈께
【後片付け】 뒤치다꺼리

□ **あとしまつ**
　아또시마쓰
【後始末】 뒤치다꺼리, 마무리

□ **あとつぎ**
　아또쓰기
【後継ぎ】 집안의 대를 이을 사람

□ **あとのまつり**
　아또노마쓰리
【後の祭】 때를 놓침, 행차 후 나팔

□ **アドバイス**
　아도바이스
어드바이스, 조언

□ **あとまわし**
　아또마와시
【後回し】 뒤로 미룸

□ **あとめ**
　아또메
【跡目】 상속인

□ **アトリエ**
　아또리에
아틀리에, 화실

□ **あな**
　아나
【穴】 구멍

□ **アナウンサー**
　아나운사-
아나운서

□ **あなぐま**
　아나구마
오소리

□ **あなた**
　아나따
당신

あ

か

さ

た

な

は

ま

や

ら

わ

19

□ **あなどる** 아나도루		깔보다, 넘보다
□ **あによめ** 아니요메	【兄嫁】	형수
□ **あね** 아네	【姉】	누나, 누님
□ **あのよ** 아노요	【あの世】	저세상
□ **アパート** 아빠-또		아파트
□ **あばく** 아바꾸	【暴く】	파헤치다, 폭로하다
□ **あばた** 아바따		곰보
□ **あばれる** 아바레루	【暴れる】	난폭하게 굴다
□ **あひる** 아히루		집오리
□ **アフターサービス** 아후따-사-비스		애프터서비스
□ **あぶない** 아부나이	【危い】	위태롭다, 위험하다
□ **あぶら** 아부라	【油】	식물성 기름
□ **あぶらえ** 아부라에	【油絵】	유화
□ **あぶらげ** 아부라게	【油揚】	유부
□ **あぶらっこい** 아부락꼬이	【脂っこい】	기름지다
□ **アフリカ** 아후리까		아프리카
□ **あふれる** 아후레루	【溢れる】	넘치다
□ **あぶれる** 아부레루		실직하다

20

□ **あべこべ**
　아베꼬베
　　반대, 거꾸로

□ **アベック**
　아벡꾸
　　아베크

□ **あほう**
　아호-
　　【阿呆】 바보, 천치

□ **あま**
　아마
　　【尼】 여승, 비구니

□ **あま**
　아마
　　【海女】 해녀

□ **あまい**
　아마이
　　【甘い】 달다

□ **あまえる**
　아마에루
　　【甘える】 응석부리다

□ **あまがえる**
　아마가에루
　　【雨蛙】 청개구리

□ **あまぐ**
　아마구
　　【雨具】 우비

□ **あまぐも**
　아마구모
　　【雨雲】 비구름

□ **あます**
　아마스
　　【余す】 남기다

□ **あまだれ**
　아마다레
　　【雨垂れ】 낙숫물

□ **アマチュア**
　아마츄아
　　아마추어

□ **あまつさえ**
　아마쓰사에
　　더군다나, 게다가

□ **あまねく**
　아마네꾸
　　널리, 골고루

□ **あまのじゃく**
　아마노쟈꾸
　　【天の邪鬼】 심술꾸러기

□ **あまる**
　아마루
　　【余る】 남다

□ **あみ**
　아미
　　【網】 그물

□ **あみもの** 아미모노	【編物】	편물, 뜨개질
□ **あむ** 아무	【編む】	뜨다, 짜다, 엮다
□ **あめ** 아메	【雨】	비
□ **あめ** 아메	【飴】	엿
□ **アメリカ** 아메리까		아메리카, 미합중국
□ **あやしい** 아야시-	【怪しい】	수상하다
□ **あやしむ** 아야시무	【怪しむ】	수상히 여기다
□ **あやす** 아야스		달래다, 어르다
□ **あやつる** 아야쓰루	【操る】	조종하다
□ **あやまち** 아야마찌	【過ち】	잘못
□ **あやまり** 아야마리	【謝り】	사과
□ **あやまり** 아야마리	【誤り】	잘못, 실수
□ **あやまる** 아야마루	【謝る】	사과하다
□ **あやまる** 아야마루	【誤る】	실수하다
□ **あやめ** 아야메		붓꽃
□ **あゆ** 아유		은어
□ **あゆみ** 아유미	【歩み】	걸음, 보조
□ **あらい** 아라이	【荒い】	거칠다

□ **あらいざらい** 아라이자라이	【洗い浚い】	깡그리, 몽땅
□ **あらう** 아라우	【洗う】	씻다, 빨다
□ **あらかじめ** 아라까지메	【予め】	미리
□ **あらかた** 아라카따	【粗方】	대충, 대략
□ **あらし** 아라시	【嵐】	폭풍우
□ **あらすじ** 아라스지	【荒筋】	대충 줄거리, 개요
□ **あらそう** 아라소우	【争う】	다투다, 싸우다
□ **あらたに** 아라따니	【新たに】	새로이
□ **あらためて** 아라따메떼	【改めて】	다른 기회에, 새삼스럽게
□ **あらためる** 아라따메루	【改める】	고치다
□ **あらっぽい** 아랍뽀이	【荒っぽい】	난폭하다
□ **あらなみ** 아라나미	【荒波】	거친 파도
□ **アラブ** 아라부		아랍
□ **あらまし** 아라마시		대강, 개요
□ **あられ** 아라레		싸라기눈
□ **あらわす** 아라와스	【現わす】	나타내다
□ **あらわれる** 아라와레루	【現れる】	나타나다
□ **あり** 아리		개미

□ **ありあまる** 아리아마루	【有り余る】	남아돌다
□ **ありあり** 아리아리		뚜렷이, 생생하게
□ **ありがたい** 아리가따이	【有難い】	고맙다
□ **ありがち** 아리가찌	【有り勝ち】	있을 법한, 흔히 있는
□ **ありさま** 아리사마	【有様】	모양, 상태
□ **ありのまま** 아리노마마		있는 그대로
□ **アリバイ** 아리바이		알리바이
□ **ある** 아루	【有る】	있다
□ **ある** 아루	【或】	어떤, 어느
□ **あるいは** 아루이와	【或は】	혹은, 혹시
□ **あるく** 아루꾸	【歩く】	걷다
□ **アルバイト** 아루바이또		아르바이트
□ **あれ** 아레		저것, 그것
□ **あれこれ** 아레꼬레		이것저것
□ **アレルギー** 아레루기-		알레르기
□ **あわ** 아와		조, 좁쌀
□ **あわ** 아와	【泡】	거품
□ **あわい** 아와이	【淡い】	(색, 맛, 향기 등이) 연하다

24

□ **あわせて** 【合わせて】 아울러, 겸해서
　아와세떼

□ **あわせる** 【合わせる】 맞추다, 합치다
　아와세루

□ **あわだつ** 【泡立つ】 거품이 일다
　아와다쯔

□ **あわただしい** 【慌しい】 어수선하다, 분주하다
　아와타다시이

□ **あわてふためく** 【慌てふためく】 쩔쩔매다
　아와떼후따메꾸

□ **あわび** 전복
　아와비

□ **あわれ** 【哀れ】 불쌍함, 가련함
　아와레

□ **あわれむ** 【哀れむ】 불쌍히 여기다
　아와레무

□ **あんうん** 【暗雲】 암운, 검은 구름
　앙웅

□ **あんがい** 【案外】 뜻밖에도, 예상외에
　앙가이

□ **あんき** 【暗記】 암기
　앙끼

□ **あんぐり** 멍하니 입을 벌린 모양
　앙구리

□ **アンケート** 앙게이트
　앙께-또

□ **あんけん** 【案件】 안건
　앙껭

□ **あんこ** 팥소
　앙꼬

□ **あんごう** 【暗号】 암호
　앙고-

□ **アンコール** 앙코르, 재청
　앙꼬-루

□ **あんこく** 【暗黒】 암흑
　앙코꾸

□ **あんさつ** 【暗殺】 암살
안사쓰

□ **アンサンブル** 앙상블, 조화
안산부루

□ **あんじ** 【暗示】 암시
안지

□ **あんしつ** 【暗室】 암실
안시쓰

□ **あんじる** 【案じる】 근심하다, 염려하다
안지루

□ **あんしん** 【安心】 안심
안싱

□ **あんず** 【杏子】 살구
안즈

□ **あんせい** 【安静】 안정
안세이

□ **あんぜん** 【安全】 안전
안젱

□ **あんだ** 【安打】 안타
안다

□ **あんた** 당신(거친 말투)
안따

□ **あんてい** 【安定】 안정
안떼-

□ **アンテナ** 안테나
안떼나

□ **あんど** 【安堵】 안도
안도

□ **あんな** 저런
안나

□ **あんない** 【案内】 안내
안나이

□ **あんのじょう** 【案の定】 짐작대로, 과연
안노죠-

□ **あんばい** 【塩梅】 음식의 간, 맛
암바이

26

□ **あんぴ** 　　【安否】 안부
　 암삐

□ **あんま** 　　【按摩】 안마
　 안마

□ **あんまり** 　　그다지, 별로, 너무
　 암마리

□ **あんみん** 　　【安眠】 안면
　 암밍

□ **あんや** 　　【暗夜】 암야, 어두운 밤
　 앙야

□ **あんよ** 　　걸음마
　 앙요

□ **あんらく** 　　【安楽】 안락
　 안라꾸

가족 家族

① **おじいさん**
오지-상

② **おばあさん**
오바-상

③ **お<ruby>父<rt>とう</rt></ruby>さん**
오또-상

④ **お<ruby>母<rt>かあ</rt></ruby>さん**
오까-상

⑤ **お<ruby>兄<rt>にい</rt></ruby>さん・<ruby>弟<rt>おとうと</rt></ruby>**
오니-상・오토-또

⑥ **お<ruby>姉<rt>ねえ</rt></ruby>さん・<ruby>妹<rt>いもうと</rt></ruby>**
오네-상・이모-또

⑦ 夫（おっと）
옷또

⑧ 妻（つま）
쓰마

⑨ 子供（こども）
코도모

⑩ 赤ちゃん（あか）
아카짱

① 할아버지 ② 할머니 ③ 아버지 ④ 어머니 ⑤ 형(오빠)·남동생
⑥ 언니(누나)·여동생 ⑦ 남편 ⑧ 아내 ⑨ 어린이 ⑩ 아기

□ **いあん**
이앙
【慰安】 위안

□ **いいあらそい**
이-아라소이
【言い争い】 말다툼

□ **いいあらわす**
이-아라와스
【言い表わす】 말로 나타내다

□ **いいかげん**
이-카겡
【いい加減】 적당함, 알맞음

□ **いいかた**
이-카따
【言い方】 말투, 말씨

□ **いいきかせる**
이-키까세루
【言い聞かせる】 타이르다

□ **いいつける**
이-쓰께루
【言い付ける】 명령하다, 일러바치다

□ **いいわけ**
이-와께
【言い訳】 변명

□ **いいん**
이잉
【委員】 위원

□ **いう**
이우
【言う】 말하다

□ **いえ**
이에
【家】 집

□ **いえがら**
이에가라
【家柄】 가문

□ **いか**
이까
【以下】 이하

□ **いか**
이까
오징어

□ **いがい**
이가이
【意外】 의외, 뜻밖

□ **いがい** 이가이	【以外】	이외
□ **いかが** 이까가		어떻게
□ **いがく** 이가꾸	【医学】	의학
□ **いかす** 이까스	【生かす】	살리다
□ **いかだ** 이까다		뗏목
□ **いかめしい** 이까메시-	【厳しい】	엄숙하다
□ **いかり** 이까리		닻
□ **いかん** 이깡	【遺憾】	유감
□ **いき** 이끼	【息】	숨, 호흡
□ **いぎ** 이기	【意義】	의의
□ **いきさつ** 이끼사쓰	【経緯】	경위, 자초지종
□ **いきどおり** 이끼도-리	【憤り】	분노
□ **いきなり** 이끼나리		갑자기, 불쑥
□ **いきのこる** 이끼노꼬루	【生き残る】	살아남다
□ **いきのね** 이끼노네	【息の根】	숨통
□ **いきもの** 이끼모노	【生き物】	살아있는 것, 생물
□ **イギリス** 이기리스		영국
□ **いきる** 이끼루	【生きる】	살다, 생존하다

か

さ

た

な

は

ま

や

ら

わ

□ **いく** 이꾸	【行く】	가다
□ **いくじ** 이꾸지	【育児】	육아
□ **いくつ** 이꾸쓰		몇, 몇 개
□ **いくどうおん** 이꾸도-옹	【異口同音】	이구동성
□ **いくら** 이꾸라		얼마, 제아무리
□ **いけ** 이께	【池】	연못
□ **いけない** 이께나이		바람직하지 않다
□ **いけばな** 이께바나	【生け花】	꽃꽂이
□ **いげん** 이겡	【威厳】	위엄
□ **いけん** 이껭	【意見】	의견
□ **いけん** 이껭	【異見】	이견, 다른 의견
□ **いご** 이고	【囲碁】	바둑
□ **いご** 이고	【以後】	이후, 앞으로
□ **いこく** 이코꾸	【異国】	이국, 다른 나라
□ **いざかや** 이자까야	【居酒屋】	선술집
□ **いさぎよい** 이사기요이	【潔い】	맑고 깨끗하다
□ **いざこざ** 이자코자		분규, 갈등
□ **いささか** 이사사까		조금, 약간

□ **いさましい**
이사마시-
【勇ましい】 용감하다

□ **いさめる**
이사메루
타이르다, 간하다

□ **いざり**
이자리
앉은뱅이

□ **いさん**
이상
【遺産】 유산

□ **いし**
이시
【石】 돌

□ **いじ**
이지
【意地】 고집, 근성

□ **いし**
이시
【意志】 의지

□ **いし**
이시
【医師】 의사

□ **いしがき**
이시가끼
【石垣】 돌담

□ **いしき**
이시끼
【意識】 의식

□ **いしころ**
이시코로
【石ころ】 돌멩이, 잔돌

□ **いしだい**
이시다이
돌돔

□ **いしだん**
이시당
【石段】 돌계단

□ **いしばし**
이시바시
【石橋】 돌다리

□ **いしぶみ**
이시부미
【碑】 비석, 비문

□ **いじめる**
이지메루
괴롭히다

□ **いしゃ**
이샤
【医者】 의사

□ **いしょ**
이쇼
【遺書】 유서

33

□ いしょう 이쇼-	【衣装】	의상
□ いじょう 이죠-	【以上】	이상
□ いじょう 이죠-	【異常】	이상
□ いじらしい 이지라시-		애처롭다, 가련하다
□ いじわる 이지와루	【意地悪】	심술쟁이
□ いす 이스	【椅子】	의자
□ いずみ 이즈미	【泉】	샘, 샘물
□ いずれ 이즈레		조만간, 언젠가
□ いせい 이세-	【異性】	이성
□ いせえび 이세에비		왕새우
□ いぜん 이젱	【以前】	이전
□ いそ 이소		둔치, 해변
□ いそがしい 이소가시-	【忙しい】	바쁘다
□ いそぐ 이소구	【急ぐ】	서두르다
□ いぞく 이조꾸	【遺族】	유족
□ いた 이따	【板】	널빤지, 판자
□ いだい 이다이	【偉大】	위대함
□ いたい 이따이	【痛い】	아프다

34

□ **いたがる**
이따가루
【痛がる】 아파하다

□ **いたく**
이타꾸
【委託】 위탁

□ **いたずら**
이따즈라
못된 장난

□ **いたずらに**
이따즈라니
【徒に】 헛되이

□ **いただき**
이따다끼
꼭대기

□ **いただく**
이따다꾸
머리에 이다, 받다

□ **いたち**
이따치
족제비

□ **いたば**
이따바
【板場】 요리사

□ **いたむ**
이따무
【痛む】 아프다

□ **いためる**
이따메루
【炒める】 기름에 볶다, 지지다

□ **イタリア**
이따리아
이탈리아

□ **いたるどころ**
이따루도꼬로
도처, 온갖 곳

□ **いたわる**
이따와루
【労る】 노고를 치하하다

□ **いち**
이찌
【位置】 위치

□ **いち**
이찌
【一】 일, 하나

□ **いちおう**
이찌오-
【一応】 일단

□ **いちがつ**
이찌가쓰
【一月】 1월

□ **いちぎょう**
이찌교-
【一行】 한 줄

□ **いちご** 이찌고		딸기
□ **いちず** 이찌즈	【一途】	외곬으로
□ **いちだいじ** 이찌다이지	【一大事】	큰 일
□ **いちだん** 이찌당	【一段】	한 단, 더욱
□ **いちど** 이찌도	【一度】	한 번
□ **いちどう** 이찌도-	【一同】	일동
□ **いちにちおき** 이찌니찌오끼	【一日置き】	하루건너
□ **いちねん** 이찌넹	【一念】	일념
□ **いちば** 이찌바	【市場】	시장
□ **いちはやく** 이찌하야꾸		재빨리
□ **いちばん** 이찌방	【一番】	1등, 가장
□ **いちぶ** 이찌부	【一部】	일부
□ **いちまい** 이찌마이	【一枚】	한 장
□ **いちみ** 이찌미	【一味】	일당, 한 패거리
□ **いちめん** 이찌멩	【一面】	온통, 전면
□ **いちもくさん** 이찌모꾸상	【一目散】	쏜살같이
□ **いちょう** 이쬬-	【胃腸】	위장
□ **いちりゅう** 이찌류-	【一流】	일류

36

□ **いちりん** 【一輪】 꽃 한 송이
이찌링

□ **いつ** 언제, 어느 때
이쓰

□ **いつか** 언젠가
이쓰까

□ **いっきに** 【一気に】 단숨에
익끼니

□ **いっこう** 【一向】 전혀, 조금도
익꼬-

□ **いっさい** 【一切】 일체, 모두
잇사이

□ **いつしか** 어느덧, 어느새
이쓰시까

□ **いっしゅ** 【一種】 일종
잇슈

□ **いっしょ** 【一緒】 함께, 더불어
잇쇼

□ **いっしょう** 【一生】 일생, 평생
잇쇼-

□ **いっしょうけんめい** 【一生懸命】 매우 열심히 함
잇쇼-껨메-

□ **いっすんぼうし** 【一寸法師】 난쟁이
잇슴보-시

□ **いっせいに** 일제히
잇세-니

□ **いっそ** 차라리, 오히려
잇소

□ **いっそう** 【一層】 더욱, 더한층
잇소-

□ **いったい** 【一体】 일체, 도대체
잇따이

□ **いっち** 【一致】 일치
잇찌

□ **いっちょうら** 【一張羅】 단 한 벌뿐인 나들이옷
잇쬬-라

37

□ **いってい** 잇떼이	【一定】	일정
□ **いっぱい** 입빠이	【一杯】	한 잔, 가득, 잔뜩
□ **いっぽう** 입뽀-	【一方】	한 방향, 한편
□ **いつまで** 이쓰마데		언제까지
□ **いつも** 이쓰모		언제나
□ **イデオロギー** 이데오로기-		이데올로기
□ **いでん** 이뎅	【遺伝】	유전
□ **いと** 이또	【糸】	실
□ **いど** 이도	【井戸】	우물
□ **いと** 이또	【意図】	의도
□ **いどう** 이도-	【移動】	이동
□ **いときりば** 이또키리바	【糸切り歯】	송곳니
□ **いとぐち** 이또구찌	【糸口】	단서, 실마리
□ **いとこ** 이토꼬	【従兄弟】	사촌
□ **いとなむ** 이또나무	【営む】	영위하다
□ **いとま** 이또마	【暇】	짬, 틈, 여가
□ **いどむ** 이도무	【挑む】	도전하다
□ **いない** 이나이	【以内】	이내

□ **いなか** 【田舎】 시골
이나까

□ **いなかっぺ** 【田舎っぺ】 시골뜨기
이나캅뻬

□ **いなご** 메뚜기
이나고

□ **いなづま** 【稲妻】 번개
이나즈마

□ **いなびかり** 【稲光】 번갯불
이나비까리

□ **イニシャル** 이니셜
이니샤루

□ **いにん** 【委任】 위임
이닝

□ **いぬ** 【犬】 개
이누

□ **いね** 【稲】 벼
이네

□ **いねむり** 【居眠り】 앉아서 졸음
이네무리

□ **いのしし** 산돼지
이노시시

□ **いのち** 【命】 목숨, 생명
이노찌

□ **いのちびろい** 【命拾い】 구사일생
이노찌비로이

□ **いのる** 【祈る】 빌다
이노루

□ **いばら** 가시나무
이바라

□ **いばる** 【威張る】 으스대다, 뽐내다
이바루

□ **いはん** 【違反】 위반
이항

□ **いびき** 코고는 소리
이비끼

□ **いへん**　　　【異変】 이변
　　이헹

□ **いぼ**　　　　사마귀
　　이보

□ **いま**　　　　【今】 지금, 현재
　　이마

□ **いま**　　　　【居間】 거실
　　이마

□ **いまいましい**　지긋지긋하다
　　이마이마시-

□ **いまがた**　　【今方】 방금
　　이마가따

□ **いまごろ**　　【今頃】 지금쯤
　　이마고로

□ **いまさら**　　【今更】 이제 와서, 새삼스럽게
　　이마사라

□ **いまじぶん**　【今時分】 지금쯤
　　이마지붕

□ **いましめる**　【戒める】 훈계하다
　　이마시메루

□ **いまだ**　　　아직
　　이마다

□ **いまや**　　　바야흐로
　　이마야

□ **いみ**　　　　【意味】 의미, 뜻
　　이미

□ **いみん**　　　【移民】 이민
　　이밍

□ **いむ**　　　　【忌む】 꺼리다, 기피하다
　　이무

□ **イメージ**　　이미지
　　이메-지

□ **いも**　　　　【芋】 감자, 고구마, 토란
　　이모

□ **いもうと**　　【妹】 여동생
　　이모-또

40

□ **いもり** 이모리		거머리
□ **いや** 이야	【嫌】	싫음
□ **いやがる** 이야가루	【嫌がる】	싫어하다
□ **いやけ** 이야께	【嫌気】	싫증
□ **いやしい** 이야시-	【卑しい】	천하다
□ **いやらしい** 이야라시-	【嫌らしい】	징그럽다
□ **イヤリング** 이야링구		이어링, 귀걸이
□ **いよいよ** 이요이요		드디어, 마침내
□ **いらい** 이라이	【依頼】	의뢰
□ **いらい** 이라이	【以来】	이래
□ **いらいら** 이라이라		애가 탐, 초조함
□ **いりぐち** 이리구찌	【入り口】	입구
□ **いりひ** 이리히	【入り日】	지는 해
□ **いりむこ** 이리무꼬	【入り婿】	데릴사위
□ **いる** 이루	【居る】	있다
□ **いる** 이루	【射る】	쏘다
□ **いる** 이루	【要る】	필요하다, 소용되다
□ **いるか** 이루까		돌고래

□ **いれずみ** 이레즈미	【入れ墨】	문신
□ **いれば** 이레바	【入れ歯】	틀니
□ **いれもの** 이레모노	【入れ物】	그릇, 용기
□ **いれる** 이레루	【入れる】	넣다
□ **いろ** 이로	【色】	색, 빛깔
□ **いろいろ** 이로이로	【色々】	여러 가지
□ **いろう** 이로-	【慰労】	위로
□ **いろがみ** 이로가미	【色紙】	색종이
□ **いろけ** 이로께	【色気】	성적매력
□ **いろどる** 이로도루	【彩る】	물들이다, 채색하다
□ **いろめがね** 이로메가네	【色眼鏡】	색안경
□ **いろん** 이롱	【異論】	이론
□ **いろんな** 이론나	【色んな】	여러 가지
□ **いわ** 이와	【岩】	바위
□ **いわう** 이와우	【祝う】	축하하다
□ **いわし** 이와시		정어리
□ **いわば** 이와바	【言わば】	말하자면, 이를테면
□ **いわゆる** 이와유루	【所謂】	이른 바, 소위

□ **いわんや** 하물며
　이왕야

□ **いんが** 【因果】 인과, 원인과 결과
　잉가

□ **いんさつ** 【印刷】 인쇄
　인사쓰

□ **いんしょう** 【印象】 인상
　인쇼-

□ **インスタント** 인스턴트, 즉석의
　인스탄또

□ **いんせい** 【陰性】 음성
　인세이

□ **いんそつ** 【引率】 인솔
　인소쓰

□ **インターホン** 인터폰
　인타-홍

□ **インターン** 인턴
　인타-ㄴ

□ **いんたい** 【引退】 은퇴
　인따이

□ **インタビュー** 인터뷰
　인타뷰-

□ **インチ** 인치
　인찌

□ **いんちき** 엉터리, 가짜
　인찌끼

□ **いんちょう** 【院長】 원장
　인쬬-

□ **インテリ** 인텔리
　인떼리

□ **インテリア** 인테리어
　인떼리아

□ **いんとく** 【隠匿】 은닉
　인또꾸

□ **いんねん** 【因縁】 인연
　인넹

43

□ **インフレ** 인후레		인플레이션
□ **いんぼう** 인보-	【陰謀】	음모
□ **いんめつ** 인메쓰	【湮滅】	인멸
□ **いんよう** 잉요-	【引用】	인용
□ **いんらん** 인랑	【淫乱】	음란
□ **いんりょう** 인료-	【飲料】	음료
□ **いんりょく** 인료꾸	【引力】	인력
□ **いんれき** 인레끼	【陰暦】	음력

□ **ウイスキー** 위스키
　 위스끼-

□ **ウインク** 윙크
　 윙꾸

□ **ウインドー** 윈도우, 창문
　 윈도-

□ **ウーマン** 우먼
　 우-만

□ **うえ** 【上】 위, 상부
　 우에

□ **ウエーター** 웨이터, 급사
　 우에-타-

□ **ウエートレス** 웨이트리스, 여급
　 우에-토레스

□ **うえきばち** 【植木鉢】 화분
　 우에끼바찌

□ **ウエディング** 웨딩, 결혼
　 우에딩구

□ **うえる** 【植える】 (초목을) 심다
　 우에루

□ **うお** 【魚】 물고기, 어류
　 우오

□ **うがい** 양치질
　 우가이

□ **うかがう** 【伺う】 듣다, 찾아뵙다
　 우까가우

□ **うかつ** 경솔하고 멍청함
　 우카쓰

□ **うかぶ** 【浮ぶ】 뜨다, 떠오르다
　 우까부

45

□ うかべる 우까베루	【浮べる】	띄우다
□ うきぐも 우끼구모	【浮雲】	뜬구름
□ うきよ 우끼요	【浮世】	뜬세상
□ うく 우꾸	【浮く】	뜨다, 들뜨다
□ うぐいす 우구이스		휘파람새
□ うけあい 우께아이	【請合い】	보증
□ うけいれる 우께이레루	【受け入れる】	받아들이다
□ うけおい 우께오이	【請負】	청부, 도급
□ うけつけ 우께쓰께	【受付】	접수처
□ うけとりにん 우께토리닝	【受取人】	수취인
□ うけとる 우께토루	【受け取る】	받다
□ うけもつ 우께모쓰	【受け持つ】	맡다, 담당하다
□ うける 우께루	【受ける】	받다
□ うごかす 우고까스	【動かす】	움직이다
□ うごく 우고꾸	【動く】	움직이다
□ うごめく 우고메꾸		꿈틀거리다
□ うさぎ 우사기		토끼
□ うし 우시	【牛】	소

46

□ **うじ** 우지		구더기
□ **うしなう** 우시나우	【失う】	잃다, 잃어버리다
□ **うしろ** 우시로	【後ろ】	뒤, 뒤쪽
□ **うしろぐらい** 우시로구라이	【後ろ暗い】	떳떳치 못하다
□ **うしろすがた** 우시로스가따	【後ろ姿】	뒷모습
□ **うす** 우스		절구
□ **うすい** 우스이	【薄い】	얇다, 연하다
□ **うすうす** 우스우스	【薄々】	어렴풋이
□ **うすぐらい** 우스구라이	【薄暗い】	어둠침침하다
□ **うすげしょう** 우스게쇼-	【薄化粧】	엷은 화장
□ **うすっぺら** 우습뻬라	【薄っぺら】	얄팍함
□ **うずまき** 우즈마끼	【渦巻き】	소용돌이
□ **うずまる** 우즈마루	【埋まる】	파묻히다
□ **うずめる** 우즈메루	【埋める】	파묻다
□ **うずら** 우즈라		메추라기
□ **うすらさむい** 우스라사무이	【薄ら寒い】	<u>으스스</u> 춥다
□ **うそ** 우소	【嘘】	거짓말
□ **うそつき** 우소쓰끼	【嘘吐き】	거짓말쟁이

う

か

さ

た

な

は

ま

や

ら

わ

□ うた 우따	【歌】	노래
□ うたう 우따우	【歌う】	노래하다
□ うたがう 우따가우	【疑う】	의심하다
□ うたがわしい 우따가와시이	【疑わしい】	의심스럽다
□ うち 우찌	【内】	안, 내부, 속
□ うちあける 우찌아께루	【打ち明ける】	숨김없이 털어놓다
□ うちあわせ 우찌아와세	【打ち合わせ】	타협, 협의
□ うちがわ 우찌가와	【内側】	안쪽
□ うちき 우찌끼	【内気】	내성적
□ うちきる 우찌키루	【打ち切る】	중단하다
□ うちけす 우찌케스	【打ち消す】	부정하다
□ うちやぶる 우찌야부루	【打ち破る】	타파하다
□ うちゅう 우쮸-	【宇宙】	우주
□ うちょうてん 우쵸-뗑	【有頂天】	기뻐서 어쩔 줄 모름
□ うちわ 우찌와	【団扇】	부채
□ うつ 우쓰	【打つ】	치다, 두드리다
□ うっかり 욱까리		깜빡, 무심코
□ うつくしい 우쓰꾸시-	【美しい】	아름답다

48

□ **うつす**
우쓰스
【移す】 옮기다

□ **うつす**
우쓰스
【写す】 베끼다, 찍다

□ **うったえる**
웃따에루
【訴える】 호소하다, 고소하다

□ **うってつけ**
웃떼쓰께
【打って付け】 안성맞춤

□ **うっとうしい**
웃또-시-
음울하다

□ **うっとり**
웃또리
황홀한 모양

□ **うつむく**
우쓰무꾸
고개를 숙이다

□ **うつらうつら**
우쓰라우쓰라
꾸벅꾸벅

□ **うつる**
우쓰루
【移る】 옮기다, 이동하다

□ **うつる**
우쓰루
【映る】 비치다

□ **うで**
우데
【腕】 팔, 솜씨

□ **うできき**
우데키끼
【腕利き】 솜씨능력이 뛰어난 사람

□ **うでぐみ**
우데구미
【腕組み】 팔짱

□ **うでどけい**
우데도께-
【腕時計】 손목시계

□ **うでまえ**
우데마에
【腕前】 솜씨, 기량

□ **うでわ**
우데와
【腕輪】 팔찌

□ **うてん**
우뗑
【雨天】 비오는 날씨

□ **うどん**
우동
우동, 일본식 가락국수

49

□ **うなぎ** 우나기	뱀장어	
□ **うなじ** 우나지	목덜미	
□ **うなずく** 우나즈꾸	고개를 끄덕이다	
□ **うなだれる** 우나다레루	고개를 떨어뜨리다	
□ **うなる** 우나루	신음소리를 내다	
□ **うぬぼれる** 우누보레루	자부하다, 자만하다	
□ **うのみ** 우노미	통째로 삼킴	
□ **うばう** 우바우	【奪う】 빼앗다, 강탈함	
□ **うぶ** 우부	【初】 갓 낳은 때 그대로의	
□ **うま** 우마	【馬】 말	
□ **うまい** 우마이	【美味い】 맛이 있다	
□ **うまれ** 우마레	【生れ】 태생	
□ **うまれつき** 우마레쓰끼	【生まれつき】 타고난, 선천적인	
□ **うまれる** 우마레루	【生まれる】 태어나다, 출생하다	
□ **うみ** 우미	【海】 바다	
□ **うみ** 우미	【膿】 고름	
□ **うみべ** 우미베	【海辺】 바닷가	
□ **うむ** 우무	【生む】 낳다	

□ **うめ**
우메
【梅】 매화나무

□ **うめあわせ**
우메아와세
【埋合せ】 벌충, 보충

□ **うめる**
우메루
【埋める】 묻다, 메우다

□ **うやまう**
우야마우
【敬う】 존경(공경)하다

□ **うら**
우라
【裏】 뒤, 뒤편, 뒤쪽

□ **うらがき**
우라가끼
【裏書】 이서

□ **うらがわ**
우라가와
【裏側】 뒤쪽

□ **うらぎる**
우라기루
【裏切る】 배반하다

□ **うらじ**
우라지
【裏地】 의복의 안감

□ **うらづけ**
우라즈께
【裏付け】 뒷받침

□ **うらどおり**
우라도-리
【裏通り】 뒷골목

□ **うらなう**
우라나우
【占う】 점치다

□ **うらにわ**
우라니와
【裏庭】 뒤뜰

□ **うらむ**
우라무
【恨む】 원망하다

□ **うらめしい**
우라메시-
【恨めしい】 원망스럽다

□ **うらやましい**
우라야마시-
부럽다

□ **うらやむ**
우라야무
부러워하다

□ **うららか**
우라라까
【麗らか】 화창함

□ **うり** 우리	참외	
□ **うりあげ** 우리아게	【売上げ】	매상
□ **うりきれ** 우리키레	【売切れ】	매진
□ **うりこ** 우리꼬	【売り子】	판매원
□ **うりて** 우리떼	【売り手】	파는 사람
□ **うりば** 우리바	【売り場】	매장
□ **うりもの** 우리모노	【売り物】	매물, 파는 물건
□ **うる** 우루	【売る】	팔다
□ **うるさい** 우루사이	【煩い】	시끄럽다, 성가다
□ **うれしい** 우레시-	【嬉しい】	기쁘다
□ **うれっこ** 우렉꼬	【売れっ子】	인기인
□ **うれる** 우레루	【熟れる】	익다, 무르익다
□ **うれる** 우레루	【売れる】	팔리다
□ **うろこ** 우로꼬	비늘	
□ **うろたえる** 우로따에루	【訴える】	허둥대다
□ **うろつく** 우로쓰꾸	떠돌다, 방황하다	
□ **うわぎ** 우와기	【上着】	겉옷, 저고리
□ **うわごと** 우와고또	헛소리	

□ **うわさ**
우와사
소문, 평판

□ **うわのそら**
우와노소라
【上の空】 건성

□ **うわべ**
우와베
【上辺】 겉, 표면

□ **うわやく**
우와야꾸
【上役】 상관, 상사

□ **うんえい**
웅에-
【運営】 운영

□ **うんが**
웅가
【運河】 운하

□ **うんこう**
웅꼬-
【運行】 운행

□ **うんざり**
운자리
지긋지긋함, 싫증남

□ **うんそう**
운소-
【運送】 운송

□ **うんちん**
운찡
【運賃】 운임

□ **うんてん**
운뗀
【運転】 운전

□ **うんてんしゅ**
운뗀슈
【運転手】 운전사

□ **うんどう**
운도-
【運動】 운동

□ **うんぱん**
움빤
【運搬】 운반

□ **うんめい**
움메-
【運命】 운명

□ **うんゆ**
웅유
【運輸】 운수

직업 職業

① 洋服屋
ようふく や
요-후꾸야

② 理髪師
り はつ し
리하쯔시

③ 運転手
うんてんしゅ
운뗀슈

④ 郵便配達員
ゆうびん はい たつ いん
유-빙하이타쯔잉

⑤ 消防士
しょうぼう し
쇼-보-시

⑥ 大工
だい く
다이꾸

① 재단사 ② 이발사 ③ 운전사 ④ 우체부 ⑤ 소방관 ⑥ 목수

⑦ **ウエイトレス**
우에이토레스

⑧ **クック**
쿡쿠

⑨ **ウエイター**
우에이타-

⑩ **警察官** (けいさつかん)
케-사쯔깡

⑪ **美容師** (びようし)
비요-시

⑫ **医者** (いしゃ)
이샤

⑬ **看護婦** (かんごふ)
캉고후

⑦ 여종업원 ⑧ 요리사 ⑨ 남종업원 ⑩ 경찰 ⑪ 미용사
⑫ 의사 ⑬ 간호사

え

□ **え**
에
【絵】 그림

□ **エアポート**
에아포-또
공항

□ **エアメール**
에아메-루
에어메일, 항공우편

□ **えいえん**
에-엥
【永遠】 영원

□ **えいが**
에-가
【栄華】 영화

□ **えいが**
에-가
【映画】 영화

□ **えいきゅう**
에-뀨-
【永久】 영구, 영원

□ **えいきょう**
에-꾜-
【影響】 영향

□ **えいぎょう**
에-교-
【営業】 영업

□ **えいご**
에-고
【英語】 영어

□ **えいこく**
에-꼬꾸
【英国】 영국

□ **えいさい**
에-사이
【英才】 영재

□ **えいじゅう**
에-쥬-
【永住】 영주

□ **えいせい**
에-세-
【衛生】 위생

□ **えいせい**
에-세-
【衛星】 위성

□ **えいぞう** 　【映像】 영상
　에-조-

□ **えいぞく** 　【永続】 영속
　에-조꾸

□ **えいち** 　【叡智】 예지
　에-찌

□ **えいびん** 　【鋭敏】 예민
　에-빙

□ **えいぶん** 　【英文】 영문
　에-붕

□ **えいみん** 　【永眠】 영면
　에-밍

□ **えいやく** 　【英訳】 영역
　에-야꾸

□ **えいゆう** 　【英雄】 영웅
　에-유-

□ **えいよう** 　【栄養】 영양
　에-요-

□ **えいり** 　【鋭利】 예리
　에-리

□ **えいり** 　【営利】 영리
　에-리

□ **えがお** 　【笑顔】 웃음을 띈 얼굴
　에가오

□ **えがく** 　【描く】 그리다
　에가꾸

□ **えき** 　【駅】 철도역
　에끼

□ **えきいん** 　【駅員】 역무원
　에끼잉

□ **えきしゃ** 　【駅舎】 역사
　에끼샤

□ **えきしゃ** 　【易者】 점장이
　에끼샤

□ **エキストラ** 　엑스트라
　에끼스또라

□ **えきたい** 【液体】 액체
에끼따이

□ **えきちょう** 【駅長】 역장
에끼쬬-

□ **えきまえ** 【駅前】 역전, 역 앞
에끼마에

□ **えくぼ** 보조개, 볼우물
에꾸보

□ **エゴイズム** 에고이즘, 이기주의
에고이즈무

□ **えこじ** 옹고집
에꼬지

□ **エコノミー** 이코노미
에꼬노미-

□ **えさ** 【餌】 먹이, 사료
에사

□ **えじき** 【餌食】 먹이, 희생물
에지끼

□ **えしゃく** 【会釈】 고개를 끄덕이며 하는 인사
에샤꾸

□ **エスカレーター** 에스컬레이터
에스카레-따-

□ **エスコート** 에스코트, 호위
에스코-또

□ **えだ** 【枝】 나뭇가지
에다

□ **えたい** 【得体】 정체
에따이

□ **えだみち** 【枝道】 샛길, 기로
에다미찌

□ **エチケット** 에티켓
에치켓또

□ **エッセイ** 에세이, 수필
엣세이

□ **えとく** 【会得】 터득
에토꾸

58

□ **えのぐ** 에노구	【絵具】	그림물감
□ **えはがき** 에하가끼	【絵葉書】	그림엽서
□ **えび** 에비	새우	
□ **エピソード** 에피소-도	에피소드	
□ **エピローグ** 에피로-구	에필로그	
□ **エプロン** 에푸롱	에이프런	
□ **えほん** 에홍	【絵本】	그림책
□ **エメラルド** 에메라루도	에메랄드	
□ **えら** 에라	물고기의 아가미	
□ **えらい** 에라이	【偉い】	훌륭하다, 위대하다
□ **えらぶ** 에라부	【選ぶ】	고르다
□ **えり** 에리	【襟】	깃, 옷깃
□ **エリート** 에리-또	엘리트	
□ **えりくび** 에리꾸비	【襟首】	목덜미
□ **えりぬく** 에리누꾸	【選り抜く】	가려뽑다, 골라내다
□ **えりまき** 에리마끼	【襟巻き】	목도리
□ **エレガンス** 에레간스	엘레강스, 우아함	
□ **エレベーター** 에레베-따-	엘리베이터	

え

か

さ

た

な

は

ま

や

ら

わ

59

□ **えんがわ** 엥가와	【縁側】 마루
□ **えんぎ** 엥기	【演技】 연기
□ **えんき** 엥끼	【延期】 연기
□ **えんきり** 엥끼리	【縁切り】 인연을 끊음
□ **えんぐみ** 엥구미	【縁組み】 결연
□ **えんげい** 엥게-	【園芸】 원예
□ **えんげき** 엥게끼	【演劇】 연극
□ **えんこ** 엥꼬	【縁故】 연고
□ **エンジニア** 엔지니아	엔지니어, 기술자
□ **えんしゅつ** 엔슈쓰	【演出】 연출
□ **えんしょう** 엔쇼-	【炎症】 염증
□ **エンジン** 엔징	엔진
□ **えんせい** 엔세-	【遠征】 원정
□ **えんせい** 엔세-	【厭世】 염세
□ **えんぜつ** 엔제쓰	【演説】 연설
□ **えんそう** 엔소-	【演奏】 연주
□ **えんそく** 엔소꾸	【遠足】 소풍
□ **えんだん** 엔당	【縁談】 혼담

□ **えんちゃく** 【延着】 연착
　엔챠꾸

□ **えんちょう** 【延長】 연장
　엔쬬-

□ **えんてい** 【園丁】 정원사
　엔떼-

□ **えんどう** 【沿道】 연도, 길가
　엔도-

□ **えんとつ** 【煙突】 굴뚝
　엔또쓰

□ **えんぴつ** 【鉛筆】 연필
　엠삐쓰

□ **えんぽう** 【遠方】 먼 곳
　엠뽀-

□ **えんまん** 【円満】 원만
　엠망

□ **えんめつ** 【煙滅】 인멸
　엠메쓰

□ **えんよう** 【遠洋】 원양
　엥요-

□ **えんりょ** 【遠慮】 사양, 겸손
　엔료

か

さ

た

な

は

ま

や

ら

わ

- **オアシス**　　　오아시스
  오아시스
- **おい**　　　【甥】 조카, 생질
  오이
- **おいかける**　　　【追いかける】 쫓아가다
  오이카께루
- **おいこし**　　　【追越し】 추월, 앞지름
  오이꼬시
- **おいしげる**　　　【生い茂る】 (초목이) 무성하다
  오이시게루
- **おいそれと**　　　호락호락
  오이소레또
- **おいつめる**　　　【追い詰める】 몰아넣다, 추궁하다
  오이쓰메루
- **おいる**　　　【老いる】 늙다
  오이루
- **おう**　　　【負う】 짊어지다, 업다
  오우
- **おう**　　　【追う】 쫓다, 따르다
  오우
- **おうい**　　　【王位】 왕위
  오-이
- **おうえん**　　　【応援】 응원
  오-엥
- **おうか**　　　【謳歌】 구가
  오-까
- **おうかん**　　　【王冠】 왕관
  오-깡
- **おうぎ**　　　【扇】 부채
  오-기

62

□ **おうきゅう** 【応急】 응급
오-뀨-

□ **おうこく** 【王国】 왕국
오-코꾸

□ **おうごん** 【黄金】 황금
오-공

□ **おうざ** 【王座】 왕좌
오-자

□ **おうさま** 【王様】 임금님
오-사마

□ **おうじ** 【王子】 왕자
오-지

□ **おうしゅう** 【押収】 압수
오-슈-

□ **おうじる** 【応じる】 응하다
오-지루

□ **おうしん** 【往診】 왕진
오-싱

□ **おうせい** 【旺盛】 왕성
오-세-

□ **おうぞく** 【王族】 왕족
오-조꾸

□ **おうだん** 【横断】 횡단, 가로지름
오-당

□ **おうと** 【嘔吐】 구토
오-또

□ **おうねん** 【往年】 왕년, 지난 날
오-넹

□ **おうふく** 【往復】 왕복
오-후꾸

□ **おうへい** 【横柄】 거만함
오-헤이

□ **おうらい** 【往来】 왕래
오-라이

□ **おえつ** 【嗚咽】 오열, 흐느낌
오에쓰

63

□ **おおあたり**　【大当り】 크게 들어맞음(당첨)
　오-아따리

□ **おおい**　【多い】 많다
　오-이

□ **おおがかり**　【大掛り】 대규모
　오-가까리

□ **おおかた**　【大方】 대략, 대충
　오-카따

□ **おおかみ**　　늑대
　오-까미

□ **おおきい**　【大きい】 크다
　오-끼-

□ **おおぎょう**　【大仰】 호들갑스러운 모양
　오-교-

□ **おおぐち**　【大口】 호언장담
　오-구찌

□ **おおげさ**　【大袈裟】 과장됨, 허풍
　오-게사

□ **おおぜい**　【大勢】 많은 사람
　오-제이

□ **オーダー**　　오더, 주문
　오-다-

□ **おおっぴら**　【大っぴら】 공공연함
　오옵삐라

□ **おおどおり**　【大通り】 큰 길
　오-도-리

□ **オーナー**　　오너, 소유자
　오-나-

□ **オーバー**　　오버, 외투
　오-바-

□ **オープン**　　오픈
　오-풍

□ **おおまじめ**　【大真面目】 매우 진지함
　오-마지메

□ **おおよそ**　【大凡】 대략
　오-요소

□ **おか**
오까
【丘】 언덕

□ **おかしい**
오까시-
【可笑しい】 이상하다, 우습다

□ **おかね**
오까네
【お金】 돈, 금전

□ **おがむ**
오가무
【拝む】 절하다, 배례하다

□ **おき**
오끼
【沖】 먼바다

□ **おきて**
오끼떼
【掟】 규정, 규칙

□ **おぎなう**
오기나우
【補う】 보충하다, 메우다

□ **おきる**
오끼루
【起きる】 일어나다

□ **おく**
오꾸
【置く】 두다, 놓다

□ **おくがい**
오꾸가이
【屋外】 옥외

□ **おくさま**
오꾸사마
【奥様】 마님

□ **おくさん**
오꾸상
【奥さん】 아주머니

□ **おくじょう**
오꾸죠-
【屋上】 옥상

□ **おくち**
오꾸찌
【奥地】 오지, 두메

□ **おくない**
오꾸나이
【屋内】 옥내, 집 안

□ **おくば**
오꾸바
【奥歯】 어금니

□ **おくびょう**
오꾸뵤-
【臆病】 겁이 많음, 겁쟁이

□ **おくゆかしい**
오꾸유까시-
【奥床しい】 그윽하고 고상하다

65

□ **おくる** 오꾸루	【送る】	보내다
□ **おくる** 오꾸루	【贈る】	선사하다
□ **おくれる** 오꾸레루	【遅れる】	시간에 늦다
□ **おけ** 오께	【桶】	통, 나무통
□ **おこたる** 오꼬따루	【怠る】	게으름피우다
□ **おこなう** 오꼬나우	【行う】	행하다, 하다
□ **おこりっぽい** 오꼬립뽀이	【怒りっぽい】	툭하면 화내다
□ **おこる** 오꼬루	【怒る】	화내다, 성내다
□ **おさえる** 오사에루	【押さえる】	누르다
□ **おさない** 오사나이	【幼い】	어리다
□ **おさめる** 오사메루	【納める】	납부하다
□ **おじ** 오지	【伯父】	백부, 큰아버지
□ **おじ** 오지	【叔父】	숙부, 작은아버지
□ **おしい** 오시-	【惜しい】	아깝다
□ **おじいさん** 오지-상	【お爺さん】	할아버지
□ **おしいれ** 오시이레	【押入れ】	벽장
□ **おしうり** 오시우리	【押売り】	강매
□ **おしえご** 오시에고	【教え子】	제자

66

□ **おじぎ** 【お辞儀】 머리를 숙여 절함
　오지기

□ **おじさん** 【叔父さん】 아저씨
　오지상

□ **おしすすめる** 【推し進める】 밀고 나가다
　오시스스메루

□ **おしつける** 【押し付ける】 강요하다, 억누르다
　오시쓰께루

□ **おしっこ** (유아의) 오줌, 소변
　오식꼬

□ **おしどり** 원앙새
　오시도리

□ **おしはかる** 【推し量る】 헤아리다, 추측하다
　오시하까루

□ **おしまい** 【お仕舞い】 끝, 마지막
　오시마이

□ **おしゃべり** 수다스러움, 수다쟁이
　오샤베리

□ **おしゃれ** 【お洒落】 멋을 냄, 멋쟁이
　오샤레

□ **おしよせる** 【押し寄せる】 몰려들다, 쳐들어오다
　오시요세루

□ **おしろい** 【白粉】 가루분
　오시로이

□ **おす** 【押す】 밀다, 누르다
　오스

□ **おずおず** 겁나서 머뭇거리는 모양
　오즈오즈

□ **おせじ** 【お世辞】 아첨의 말
　오세지

□ **おせっかい** 참견
　오섹까이

□ **おそい** 【遅い】 늦다, 더디다
　오소이

□ **おそらく** 아마, 필경
　오소라꾸

□ **おそるべき** 【恐るべき】 무서운, 가공할
오소루베끼

□ **おそれおおい** 【恐れ多い】 송구하다, 황공하다
오소레오-이

□ **おそれる** 【恐れる】 두려워하다
오소레루

□ **おそろしい** 【恐ろしい】 무섭다
오소로시-

□ **おだてる** 추켜세우다, 부추기다
오다떼루

□ **おたまじゃくし** 올챙이
오따마쟈꾸시

□ **おちいる** 【陥る】 빠지다, 함락되다
오찌이루

□ **おちつき** 【落着き】 침착성
오치쓰끼

□ **おちど** 【落度】 잘못, 실수
오찌도

□ **おちぶれる** 【落ちぶれる】 영락하다, 망하다
오찌부레루

□ **おちる** 【落ちる】 떨어지다
오찌루

□ **おっかない** 무섭다, 두렵다
옥까나이

□ **おっちょこちょい** 덜렁이
옷쵸꼬쬬이

□ **おっと** 【夫】 남편
옷또

□ **おっぱい** 젖통
옵빠이

□ **おっぱらう** 【追っ払う】 쫓아버리다, 몰아내다
옵빠라우

□ **おつまみ** 술안주
오쓰마미

□ **おつり** 【お釣り】 거스름돈
오쓰리

68

□ **おでき** 오데끼	【お出来】	부스럼, 종기
□ **おてんば** 오뗌바		말괄량이
□ **おと** 오또	【音】	소리
□ **おとうさん** 오또-상	【お父さん】	아버지
□ **おとうと** 오또-또	【弟】	남동생
□ **おとぎばなし** 오또기바나시		옛날이야기, 동화
□ **おとこ** 오또꼬	【男】	사나이, 남자
□ **おとしあな** 오또시아나	【落し穴】	함정
□ **おとしもの** 오또시모노	【落し物】	분실물
□ **おとす** 오또스	【落とす】	떨어뜨리다
□ **おとずれる** 오또즈레루	【訪れる】	찾다, 방문하다
□ **おととい** 오또또이	【一昨日】	그저께
□ **おととし** 오또또시	【一昨年】	재작년
□ **おとな** 오또나	【大人】	어른, 성인
□ **おとなしい** 오또나시-	【大人しい】	얌전하다
□ **おとめ** 오또메	【乙女】	소녀, 처녀
□ **おどりこ** 오도리꼬	【踊り子】	무희
□ **おどりば** 오도리바	【踊り場】	무도장

□ **おとる** 오또루	【劣る】	뒤떨어지다
□ **おどる** 오도루	【踊る】	춤추다
□ **おどろく** 오도로꾸	【驚く】	놀라다
□ **おなじ** 오나지	【同じ】	같음, 동일함
□ **おなじく** 오나지꾸	【同じく】	마찬가지로
□ **おに** 오니	【鬼】	귀신, 도깨비
□ **おにごっこ** 오니곡꼬	【鬼ごっこ】	술래잡기
□ **おの** 오노		도끼
□ **おのおの** 오노오노	【各々】	각자, 제각기
□ **おのずから** 오노즈까라	【自ずから】	<u>스스로</u>, 저절로
□ **おば** 오바	【伯母】	백모, 큰어머니
□ **おば** 오바	【叔母】	숙모, 작은어머니
□ **おばあさん** 오바-상	【お祖母さん】	할머니
□ **おばさん** 오바상	【叔母さん】	아주머니
□ **おび** 오비	【帯】	띠, 허리띠
□ **おびただしい** 오비타다시-		수가 엄청나다, 매우 많다
□ **おひとよし** 오히또요시	【お人好し】	호인, 어수룩한 사람
□ **おびやかす** 오비야까스	【脅かす】	위협하다

70

□ **オフィス**
오휘스
오피스, 사무실

□ **おべっか**
오벡까
아부, 아첨

□ **オペラ**
오페라
오페라, 가극

□ **おぼえる**
오보에루
【覚える】 느끼다, 기억하다

□ **おぼれる**
오보레루
(물에) 빠지다

□ **おまけに**
오마께니
더더군다나, 게다가

□ **おまわり**
오마와리
【お巡り】 순경, 경관

□ **おむつ**
오무쓰
기저귀

□ **おめでたい**
오메데따이
경사스럽다

□ **おもい**
오모이
【重い】 무겁다

□ **おもいきり**
오모이끼리
【思い切り】 단념, 마음껏

□ **おもいつき**
오모이쓰끼
【思い付き】 착상

□ **おもいで**
오모이데
【思い出】 추억

□ **おもいやり**
오모이야리
【思いやり】 동정

□ **おもう**
오모-
【思う】 생각하다

□ **おもかげ**
오모카게
【面影】 모습

□ **おもしろい**
오모시로이
【面白い】 재미있다

□ **おもちゃ**
오모쨔
【玩具】 장난감, 완구

71

□ **おもて** 오모떼	【表】	거죽, 표면, 바깥쪽
□ **おもてむき** 오모테무끼	【表向き】	표면상
□ **おもに** 오모니	【主に】	주로
□ **おもむろに** 오모무로니	【徐に】	천천히
□ **おもんじる** 오몬지루	【重んじる】	중요시하다, 존중하다
□ **おや** 오야	【親】	어버이, 부모
□ **おやこ** 오야꼬	【親子】	부모와 자식
□ **おやつ** 오야쓰	【間食】	간식
□ **おやぶん** 오야붕	【親分】	두목, 보스
□ **おやゆび** 오야유비	【親指】	엄지손가락
□ **およぐ** 오요구	【泳ぐ】	헤엄치다
□ **およそ** 오요소		대체로, 대략
□ **および** 오요비	【及び】	및, 그리고
□ **およぶ** 오요부	【及ぶ】	미치다, 이르다
□ **おりから** 오리까라	【折から】	때마침
□ **オリジナル** 오리지나루		오리지널, 독창적
□ **おりる** 오리루	【降りる】	내리다
□ **オリンピック** 오림삑꾸		올림픽

□ **おる**
오루
【折る】 꺾다, 굽히다

□ **おれる**
오레루
【折れる】 부러지다, 꺾이다

□ **おろす**
오로스
【下ろす】 내리다, 내리게 하다

□ **おろそか**
오로소까
【疎か】 소홀함

□ **おわる**
오와루
【終る】 끝나다

□ **おん**
옹
【恩】 은혜

□ **おんがく**
옹가꾸
【音楽】 음악

□ **おんしつ**
온시쓰
【温室】 온실

□ **おんしょう**
온쇼-
【温床】 온상

□ **おんじん**
온징
【恩人】 은인

□ **おんせん**
온셍
【温泉】 온천

□ **おんだん**
온당
【温暖】 온난

□ **おんど**
온도
【温度】 온도

□ **おんどり**
온도리
【雄鳥】 수탉

□ **おんな**
온나
【女】 여자

□ **おんぶ**
옴부
어부바

건물 建物

① 駅 에끼
② 銀行 낑꼬-
③ ホテル 호테루
④ 映画館 에-가깡
⑤ レストラン 레스토랑

① 역 ② 은행 ③ 호텔 ④ 영화관 ⑤ 음식점

⑥ 学校
각꼬-

⑦ 図書館
토쇼깡

⑧ 公園
코-엥

⑨ ブランコ
부랑꼬

⑩ 滑り台
스베리다이

⑪ 噴水
훈스이

⑥ 학교 ⑦ 도서관 ⑧ 공원 ⑨ 그네 ⑩ 미끄럼틀 ⑪ 분수

- **か**
  카
  【蚊】 모기

- **カー**
  카-
  카, 차

- **ガーゼ**
  가-제
  가제

- **カーテン**
  카-뗑
  커튼

- **ガーデン**
  가-뎅
  가든, 정원

- **カード**
  카-도
  카드

- **カーニバル**
  카-니바루
  카니발, 사육제

- **カーブ**
  카-부
  커브, 곡선

- **カーペット**
  카-뻿또
  카펫, 양탄자

- **ガール**
  가-루
  걸, 소녀

- **かい**
  카이
  【貝】 조개, 조가비

- **かい**
  카이
  【甲斐】 보람, 효과

- **がいあく**
  가이아꾸
  【害悪】 해악

- **かいいれる**
  카이이레루
  【買い入れる】 사들이다

- **かいいん**
  카이잉
  【会員】 회원

□ **かいえん** 카이엥	【開演】	개연	
□ **かいか** 카이까	【開花】	개화	
□ **がいか** 가이까	【外貨】	외화	
□ **かいが** 카이가	【絵画】	회화, 그림	
□ **かいか** 카이까	【階下】	아래층	
□ **かいがい** 카이가이	【海外】	해외	
□ **かいかく** 카이까꾸	【改革】	개혁	
□ **かいかつ** 카이까쓰	【快活】	쾌활함	
□ **かいがら** 카이가라	【貝殻】	조개껍질	
□ **かいかん** 카이깡	【怪漢】	괴한	
□ **がいかん** 가이깡	【外観】	외관, 겉보기	
□ **かいかん** 카이깡	【快感】	쾌감	
□ **かいがん** 카이강	【海岸】	해안, 바닷가	
□ **かいき** 카이끼	【怪奇】	괴기	
□ **かいぎ** 카이기	【会議】	회의	
□ **かいきゅう** 카이뀨-	【階級】	계급	
□ **かいぎょう** 카이교-	【開業】	개업	
□ **かいきょう** 카이꾜-	【海峡】	해협	

かいきん	【皆勤】	개근
카이낑		
がいきん	【外勤】	외근
가이낑		
かいぐん	【海軍】	해군
카이궁		
かいけい	【会計】	회계
카이께-		
かいけつ	【解決】	해결
카이께쓰		
かいけん	【会見】	회견
카이껭		
かいこ	【解雇】	해고
카이꼬		
かいこう	【開港】	개항
카이꼬-		
がいこう	【外交】	외교
가이꼬-		
かいごう	【会合】	회합
카이고-		
がいこく	【外国】	외국
가이꼬꾸		
かいこん	【開墾】	개간
카이꽁		
かいさい	【開催】	개최
카이사이		
かいさつぐち	【改札口】	개찰구
카이사쓰구찌		
かいさん	【解散】	해산
카이상		
かいし	【開始】	개시
카이시		
かいしめる	【買い占める】	매점하다
카이시메루		
かいしゃ	【会社】	회사
카이샤		

□ **かいしゃく** 【解釈】 해석
　카이샤꾸

□ **かいじゅう** 【怪獣】 괴수
　카이쥬-

□ **かいしゅう** 【回収】 회수
　카이슈-

□ **がいしゅつ** 【外出】 외출
　가이슈쓰

□ **かいじょ** 【解除】 해제
　카이죠

□ **かいじょう** 【海上】 해상
　카이죠-

□ **かいしょう** 【解消】 해소
　카이쇼-

□ **かいじょう** 【開場】 개장
　카이죠-

□ **がいしん** 【外信】 외신
　가이싱

□ **がいじん** 【外人】 외국인
　가이징

□ **かいすいよく** 【海水浴】 해수욕
　카이스이요꾸

□ **かいせい** 【改正】 개정
　카이세-

□ **かいせつ** 【解説】 해설
　카이세쓰

□ **かいせつ** 【開設】 개설
　카이세쓰

□ **がいせん** 【凱旋】 개선
　가이셍

□ **かいぜん** 【改善】 개선
　카이젱

□ **かいせん** 【海戦】 해전
　카이셍

□ **かいぞく** 【海賊】 해적
　카이조꾸

79

□ **かいたく** 카이따꾸	【開拓】	개척
□ **かいだん** 카이당	【階段】	계단, 층계
□ **かいだん** 카이당	【会談】	회담
□ **がいちゅう** 가이쮸-	【害虫】	해충
□ **かいちょう** 카이쬬-	【会長】	회장
□ **かいつう** 카이쓰-	【開通】	개통
□ **かいて** 카이떼	【買い手】	사는 사람
□ **かいてい** 카이떼-	【改定】	개정
□ **かいてき** 카이떼끼	【快適】	쾌적
□ **かいてん** 카이뗑	【回転】	회전
□ **かいてん** 카이뗑	【開店】	개점
□ **ガイド** 가이도		가이드, 안내인
□ **かいどう** 카이도-	【街道】	가도
□ **がいとう** 가이또-	【外套】	외투, 오버
□ **がいとう** 가이또-	【街灯】	가로등
□ **かいとう** 카이또-	【解答】	해답
□ **かいとう** 카이또-	【回答】	회답
□ **かいどく** 카이도꾸	【解毒】	해독

80

□ **かいにゅう** 【介入】 개입
　카이뉴-

□ **がいねん** 【概念】 개념
　가이넹

□ **かいはつ** 【開発】 개발
　카이하쓰

□ **かいばつ** 【海抜】 해발
　카이바쓰

□ **かいひ** 【会費】 회비
　카이히

□ **かいひょう** 【開票】 개표
　카이효-

□ **かいひょう** 【解氷】 해빙
　카이효-

□ **がいぶ** 【外部】 외부
　가이부

□ **かいふく** 【回復】 회복
　카이후꾸

□ **かいぶつ** 【怪物】 괴물
　카이부쓰

□ **がいぶん** 【外聞】 세상소문
　가이붕

□ **かいへん** 【改編】 개편
　카이헹

□ **かいほう** 【開放】 개방
　카이호-

□ **かいほう** 【介抱】 병구완, 간호
　카이호-

□ **かいぼう** 【解剖】 해부, 부검
　카이보-

□ **かいほう** 【解放】 해방
　카이호-

□ **かいめい** 【解明】 해명
　카이메-

□ **かいめつ** 【潰滅】 궤멸
　카이메쓰

81

□ **がいめん** 가이멩	【外面】 외면
□ **かいもの** 카이모노	【買い物】 장보기, 쇼핑
□ **かいやく** 카이야꾸	【解約】 해약
□ **がいゆう** 가이유-	【外遊】 외유
□ **かいらく** 카이라꾸	【快楽】 쾌락
□ **かいらん** 카이랑	【回覧】 회람
□ **かいりき** 카이리끼	【怪力】 괴력
□ **かいりょう** 카이료-	【改良】 개량
□ **かいわ** 카이와	【会話】 회화
□ **かう** 카우	【買う】 사다
□ **かう** 카우	【飼う】 기르다, 사육하다
□ **ガウン** 가웅	가운
□ **カウンター** 카운따-	카운터
□ **かえって** 카엣떼	오히려
□ **かえりみる** 카에리미루	【顧みる】 뒤돌아보다, 돌이켜보다
□ **かえる** 카에루	개구리
□ **かえる** 카에루	【帰る】 돌아가다
□ **かえる** 카에루	【変える】 바꾸다

82

□ **かお**
カ오
【顔】 얼굴, 낯

□ **かおく**
카오꾸
【家屋】 가옥

□ **かおつき**
카오쓰끼
【顔付き】 얼굴모양

□ **かおなじみ**
카오나지미
【顔なじみ】 잘 아는 사이

□ **がか**
가까
【画家】 화가

□ **かがい**
카가이
【加害】 가해

□ **かかえる**
카까에루
【抱える】 안다, 껴안다

□ **かかく**
카까꾸
【価格】 가격, 값

□ **かがく**
카가꾸
【化学】 화학

□ **かがく**
카가꾸
【科学】 과학

□ **かかし**
카까시
【案山子】 허수아비

□ **かかと**
카까또
발뒤꿈치

□ **かがみ**
카가미
【鏡】 거울

□ **かがめる**
카가메루
【屈める】 구부리다, 굽히다

□ **かがやく**
카가야꾸
【輝く】 빛나다

□ **かかり**
카까리
【係】 담당, 계

□ **かかりちょう**
카까리쬬-
【係長】 계장

□ **かかる**
카까루
【掛かる】 걸리다, 대들다

□ **かき** 카끼	【垣】	울타리
□ **かき** 카끼	【柿】	감
□ **かき** 카끼		굴
□ **かぎ** 카기	【鍵】	열쇠
□ **かきとめ** 카끼또메	【書留】	등기우편
□ **かきね** 끼네	【垣根】	울타리
□ **かぐ** 카구		냄새 맡다
□ **かぐ** 카구	【家具】	가구
□ **かく** 카꾸	【書く】	(글을) 쓰다, 적다
□ **かく** 카꾸		긁다
□ **がくい** 가꾸이	【学位】	학위
□ **がくいん** 가꾸잉	【学院】	학원
□ **がくえん** 가꾸엥	【学園】	학원
□ **かくげん** 카꾸겡	【格言】	격언
□ **かくご** 카꾸고	【覚悟】	각오
□ **がくし** 가꾸시	【学資】	학자, 학비
□ **がくし** 가꾸시	【学士】	학사
□ **かくしご** 카꾸시고	【隠し子】	사생아

□ **かくじつ** 【確実】 확실
　카꾸지쓰

□ **がくしゃ** 【学者】 학자
　가꾸샤

□ **がくしゅう** 【学習】 학습
　가꾸슈-

□ **がくじゅつ** 【学術】 학술
　가꾸쥬쓰

□ **かくしん** 【革新】 혁신
　카꾸싱

□ **かくしん** 【確信】 확신
　카꾸싱

□ **かくしん** 【核心】 핵심
　카꾸싱

□ **かくす** 【隠す】 숨기다, 감추다
　카꾸스

□ **がくせい** 【学生】 학생
　가꾸세-

□ **がくせつ** 【学説】 학설
　가꾸세쓰

□ **かくだい** 【拡大】 확대
　카꾸다이

□ **かくだん** 【格段】 각별히
　카꾸당

□ **かくちょう** 【拡張】 확장
　카꾸쬬-

□ **かくてい** 【確定】 확정
　카꾸떼-

□ **カクテル** 칵테일
　카꾸떼루

□ **かくど** 【角度】 각도
　카꾸도

□ **かくとう** 【確答】 확답
　카꾸또-

□ **かくとく** 【獲得】 획득
　카꾸또꾸

□ **がくねん** 　【学年】　학년
　가꾸넹

□ **がくひ** 　【学費】　학비
　가꾸히

□ **がくぶち** 　【額縁】　액자
　가꾸부찌

□ **かくべつ** 　【格別】　각별함
　카꾸베쓰

□ **かくほ** 　【確保】　확보
　카꾸호

□ **かくめい** 　【革命】　혁명
　카꾸메-

□ **がくめん** 　【額面】　액면
　가꾸멩

□ **がくもん** 　【学問】　학문
　가꾸몽

□ **がくようひん** 　【学用品】　학용품
　가꾸요-힝

□ **かくらん** 　【撹乱】　교란
　카꾸랑

□ **かくりつ** 　【確立】　확립
　카꾸리쓰

□ **かくりつ** 　【確率】　확률
　카꾸리쓰

□ **がくれき** 　【学歴】　학력
　가꾸레끼

□ **かくれる** 　【隠れる】　숨다
　카꾸레루

□ **かくれんぼう** 　【隠れん坊】　숨바꼭질, 술래잡기
　카꾸렘보-

□ **かくん** 　【家訓】　가훈
　카꿍

□ **かけ** 　【賭】　내기, 도박
　카께

□ **がけ** 　【崖】　벼랑, 절벽
　가께

86

□ **かげ**
카게
【影】 그림자

□ **かげ**
카게
【陰】 그늘

□ **かけあし**
카께아시
【駆足】 구보, 달음박질

□ **かけい**
카께-
【佳景】 가경

□ **かけい**
카께-
【家計】 가계

□ **かけおち**
카께오찌
【駆落ち】 사랑의 도피

□ **かげき**
카게끼
【歌劇】 가극

□ **かげぐち**
카게구찌
【陰口】 험담

□ **かけざん**
카께장
【掛け算】 곱셈

□ **かけず**
카께즈
【掛図】 괘도

□ **かけつ**
카께쓰
【可決】 가결

□ **かけっこ**
카켁꼬
【駆けっこ】 달리기, 경주

□ **かけひき**
카께히끼
【駆引き】 흥정

□ **かげぼうし**
카게보-시
【影法師】 사람의 그림자

□ **かけもの**
카께모노
【掛け物】 족자

□ **かける**
카께루
【掛ける】 걸다, 잠그다

□ **かける**
카께루
【欠ける】 이지러지다, 결여되다

□ **かげろう**
카게로-
【陽炎】 아지랑이

□ **かげん** 카겡	【加減】	정도, 상태	
□ **かこ** 카꼬	【過去】	과거	
□ **かご** 카고		바구니	
□ **かこう** 카꼬-	【加工】	가공	
□ **かこむ** 카꼬무	【囲む】	둘러싸다	
□ **かさ** 카사	【笠】	삿갓	
□ **かさ** 카사	【傘】	우산, 양산	
□ **かさ** 카사		부피, 분량	
□ **かさかさ** 카사까사		까치까칠	
□ **かざぐるま** 카자구루마	【風車】	풍차, 팔랑개비	
□ **かささぎ** 카사사기		까치	
□ **かさねる** 카사네루	【重ねる】	겹치다, 거듭하다	
□ **かざり** 카자리	【飾り】	장식, 꾸밈	
□ **かざりもの** 카자리모노	【飾り物】	장식물	
□ **かざる** 카자루	【飾る】	꾸미다, 장식하다	
□ **かざん** 카장	【火山】	화산	
□ **かし** 카시		떡갈나무	
□ **かし** 카시	【菓子】	과자	

□ **かじ** 카지	(배의) 키	
□ **かじ** 카지	【火事】	화재, 불
□ **かし** 카시	【河岸】	강변, 해안
□ **かしきり** 카시끼리	【貸切り】	전세, 대절
□ **かしこい** 카시꼬이	【賢い】	현명하다
□ **かしだし** 카시다시	【貸出し】	대출
□ **かしつ** 카시쓰	【過失】	과실, 잘못
□ **がしつ** 가시쓰	【画室】	화실, 아틀리에
□ **カジノ** 카지노	카지노	
□ **かしや** 카시야	【貸屋】	셋집
□ **かしゅ** 카슈	【歌手】	가수
□ **カジュアル** 카쥬아루	캐주얼	
□ **かじょう** 카죠-	【過剰】	과잉
□ **がじょう** 가죠-	【牙城】	아성
□ **かしらもじ** 카시라모지	【頭文字】	머리글자, 이니셜
□ **かじる** 카지루	갉아먹다	
□ **ガス** 가스	가스	
□ **かす** 카스	【貸す】	빌려주다

□ **かず** 카즈	【数】	수
□ **かす** 카스		찌꺼기, 앙금
□ **かすみ** 카스미		봄안개
□ **かすむ** 카스무		안개가 끼다
□ **かぜ** 카제	【風】	바람
□ **かぜ** 카제	【風邪】	감기, 고뿔
□ **かぜい** 카제-	【課税】	과세
□ **かせき** 카세끼	【化石】	화석
□ **かせぐ** 카세구	【稼ぐ】	벌다
□ **かせつ** 카세쓰	【架設】	가설
□ **カセット** 카셋또		카세트
□ **かそう** 카소-	【火葬】	화장
□ **かぞえどし** 카조에도시	【数え年】	낳은 해로 치는 나이
□ **かぞえる** 카조에루	【数える】	세다, 헤아리다
□ **かぞく** 카조꾸	【家族】	가족
□ **かた** 카따	【肩】	어깨
□ **かたい** 카따이	【固い】	단단하다, 딱딱하다
□ **かたいじ** 카따이지	【片意地】	외고집

90

□ **かたがき** 【肩書き】 직함
카따가끼

□ **かたがわ** 【片側】 한쪽, 측면
카따가와

□ **かたき** 【敵】 원수, 경쟁상대
카따끼

□ **かたぎ** 【気質】 기질, 기풍
카따기

□ **かたぎ** 【堅気】 고지식한 성질
카따기

□ **かたきうち** 【敵討ち】 복수, 보복
카타끼우찌

□ **かたぐち** 【肩口】 어깻죽지
카따구찌

□ **かたぐるま** 【肩車】 목말
카따구루마

□ **かたこい** 【片恋】 짝사랑
카따꼬이

□ **かたこと** 【片言】 서투른 말씨
카따코또

□ **かたち** 【形】 모양, 형상
카따찌

□ **かたづける** 【片付ける】 치우다, 정리하다
카따즈께루

□ **かたつむり** 달팽이
카따쓰무리

□ **かたて** 【片手】 한 손
카따테

□ **かたとき** 【片時】 잠시, 한시
카따토끼

□ **かたどる** 본뜨다
카따도루

□ **かたな** 【刀】 칼
카따나

□ **かたなし** 【形無し】 형편(면목) 없이 됨
카따나시

□ かたはし 카따하시	【片端】 한쪽 끝
□ かたほう 카따호-	【片方】 한 쪽
□ かたまり 카따마리	【塊】 덩어리
□ かたまる 카따마루	【固まる】 굳어지다, 단단해지다
□ かたみ 카따미	【形見】 유물
□ かたみ 카따미	【肩身】 면목, 체면
□ かたみち 카따미찌	【片道】 편도, 일방
□ かたむく 카따무꾸	【傾く】 기울어지다
□ かたむける 카따무께루	【傾ける】 기울이다
□ かため 카따메	【片目】 한쪽 눈
□ かためる 카따메루	【固める】 굳히다
□ かたよる 카따요루	【偏る】 한쪽으로 기울어지다
□ かたりて 카따리떼	【語り手】 말하는 사람
□ かたる 카따루	【語る】 말하다, 이야기하다
□ カタログ 카따로구	카탈로그
□ かたわ 카따와	【片輪】 불구자, 병신
□ かたわら 카따와라	【傍】 곁, 옆, 한편
□ かち 카찌	【価値】 가치, 값어치

□ **かちく** 카찌꾸	【家畜】	가축
□ **かちょう** 카쬬-	【課長】	과장
□ **がちょう** 가쬬-		거위
□ **かつ** 카쯔	【勝つ】	이기다, 승리하다
□ **かつ** 카쯔	【且つ】	또한, 그리고
□ **がっか** 각까	【学科】	학과
□ **がっかり** 각까리		낙심천만하는 모양
□ **かっき** 칵끼	【活気】	활기
□ **がっき** 각끼	【学期】	학기
□ **がっき** 각끼	【楽器】	악기
□ **がっきゅう** 각뀨-	【学級】	학급
□ **かっきり** 칵끼리		꼭, 정확히, 딱
□ **かつぐ** 카쓰구		메다, 짊어지다
□ **かっけ** 칵께	【脚気】	각기
□ **かっけつ** 칵께쓰	【喀血】	각혈, 객혈
□ **かっこ** 칵꼬	【括弧】	괄호
□ **かっこ** 칵꼬	【確固】	확고함
□ **がっこう** 각꼬-	【学校】	학교

□ **かっこう** 칵꼬-	【恰好】	모양, 꼴
□ **かっこく** 칵코꾸	【各国】	각국
□ **かっさい** 캇사이	【喝采】	갈채
□ **かつじ** 카쓰지	【活字】	활자
□ **がっしゅく** 갓슈꾸	【合宿】	합숙
□ **がっしょう** 갓쇼-	【合唱】	합창
□ **かっちり** 캇찌리		딱
□ **かつて** 카쓰떼		일찍이, 전에
□ **かってに** 캇떼니	【勝手に】	멋대로
□ **かつどう** 카쓰도-	【活動】	활동
□ **かっぱつ** 캅빠쓰	【活発】	활발함
□ **カップ** 캅뿌		컵, 손잡이가 달린 찻잔
□ **かっぷく** 캅뿌꾸		풍채, 몸매
□ **カップル** 캅뿌루		커플, 한 쌍
□ **かつもく** 카쓰모꾸	【刮目】	괄목
□ **かつやく** 카쓰야꾸	【活躍】	활약
□ **かつよう** 카쓰요-	【活用】	활용
□ **かつら** 카쓰라	【仮髪】	가발

□ **かつりょく** 카쓰료꾸	【活力】	활력
□ **かてい** 카떼-	【家庭】	가정
□ **かてい** 카떼-	【仮定】	가정
□ **かてい** 카떼-	【課程】	과정
□ **かてい** 카떼-	【過程】	과정
□ **がてら** 가떼라		~하는 김에, 겸하여
□ **かど** 카도	【角】	모퉁이, 귀퉁이
□ **かど** 카도	【門】	문, 대문
□ **かどちがい** 카도찌가이	【門違い】	착각, 잘못 짚음
□ **カトリック** 카또릭꾸		가톨릭, 천주교
□ **かなしい** 카나시-	【悲しい】	슬프다
□ **かなしむ** 카나시무	【悲しむ】	슬퍼하다
□ **かなた** 카나따	【彼方】	저쪽, 저기
□ **カナダ** 카나다		캐나다
□ **かなづち** 카나즈찌		쇠망치
□ **かなでる** 카나데루	【奏でる】	연주하다
□ **かならず** 카나라즈	【必ず】	반드시, 꼭
□ **かなり** 카나리		제법, 상당히

あ

か

さ

た

な

は

ま

や

ら

わ

□ **カナリヤ** 카나리아
카나리야

□ **かに** 게
카니

□ **かね** 【鐘】 종
카네

□ **カネーション** 카네이션
카네-송

□ **かねがね** 전부터
카네가네

□ **かねつ** 【過熱】 과열
카네쓰

□ **かねて** 전부터, 미리
카네떼

□ **かねもうけ** 【金儲け】 돈벌이
카네모-께

□ **かねもち** 【金持ち】 부자, 재산가
카네모찌

□ **かねる** 【兼ねる】 겸하다
카네루

□ **かのう** 【可能】 가능
카노-

□ **かのじょ** 【彼女】 그녀, 그 여자
카노죠

□ **かば** 하마
카바

□ **カバー** 커버, 뚜껑
카바-

□ **かばう** 감싸다, 비호하다
카바우

□ **かばん** 가방
카방

□ **かび** 곰팡이
카비

□ **かびくさい** 【かび臭い】 곰팡내나다, 케케묵다
카비쿠사이

□ **かびん**
카빙
【花瓶】 화병, 꽃병

□ **かぶ**
카부
【株】 그루터기

□ **カフェー**
카훼-
카페

□ **かぶき**
카부끼
【歌舞伎】 일본의 전통 음악극

□ **かぶしき**
카부시끼
【株式】 주식

□ **かぶせる**
가부세루
【被せる】 씌우다, 덮다

□ **カプセル**
카뿌세루
캡슐

□ **かぶと**
카부또
【兜】 투구

□ **かぶぬし**
카부누시
【株主】 주주

□ **かぶる**
카부루
【被る】 쓰다

□ **かぶん**
카붕
【過分】 과분

□ **かべ**
카베
【壁】 벽

□ **かへい**
카헤-
【貨幣】 화폐

□ **かほうもの**
카호-모노
【果報者】 행운아

□ **かぼそい**
카보소이
【か細い】 가냘프다, 연약하다

□ **かぼちゃ**
카보쨔
호박

□ **かま**
카마
낫

□ **かま**
카마
【釜】 솥, 가마

□ **がま** 카마	두꺼비	
□ **かまど** 카마도	아궁이	
□ **かまぼこ** 카마보꼬	생선묵	
□ **がまん** 카망	【我慢】 참음, 자제	
□ **かみ** 카미	【神】 신	
□ **かみ** 카미	【紙】 종이	
□ **かみ** 카미	【髪】 머리카락	
□ **かみいれ** 카미이레	【紙入れ】 지갑	
□ **かみきれ** 카미끼레	【紙切れ】 종잇조각	
□ **かみくず** 카미쿠즈	【紙屑】 휴지	
□ **かみさま** 카미사마	【神様】 하느님	
□ **かみしめる** 카미시메루	힘껏 깨물다, 악물다	
□ **かみそり** 카미소리	면도칼	
□ **かみなり** 카미나리	【雷】 천둥, 우레	
□ **かみわざ** 카미와자	【神業】 신의 조화	
□ **かむ** 카무	물다, 씹다	
□ **ガム** 가무	껌	
□ **かむ** 카무	【嚙む】 코를 풀다	

□ **かめ**
카메
【亀】 거북

□ **かめ**
카메
【瓶】 항아리, 독

□ **かめい**
카메-
【仮名】 가명

□ **カメラ**
카메라
카메라, 사진기

□ **カメレオン**
카메레옹
카멜레온

□ **かめん**
카멩
【仮面】 가면, 탈

□ **がめん**
가멩
【画面】 화면

□ **かも**
카모
오리

□ **かもく**
카모꾸
【課目】 과목

□ **かもしか**
카모시까
영양

□ **かもつ**
카모쓰
【貨物】 화물

□ **かもめ**
카모메
갈매기

□ **かもん**
카몽
【家門】 가문

□ **かや**
카야
【蚊屋】 모기장

□ **かゆ**
카유
죽

□ **かゆい**
카유이
가렵다

□ **かよう**
카요-
【歌謡】 가요

□ **かよう**
카요우
【通う】 다니다

□ **がようし**
가요-시
【画用紙】 도화지

□ **かようび**
카요-비
【火曜日】 화요일

□ **かよわい**
카요와이
【か弱い】 가냘프다, 연약하다

□ **から**
카라
【空】 텅 비었음, 거짓

□ **がら**
가라
【柄】 무늬, 도안

□ **から**
카라
【殻】 껍데기, 껍질

□ **カラー**
카라-
컬러, 색채

□ **からい**
카라이
【辛い】 맵다

□ **からかう**
카라카우
놀리다, 조롱하다

□ **からから**
카라까라
껄껄

□ **がらくた**
가라쿠따
잡동사니

□ **からくり**
카라꾸리
꼭두각시, 조작

□ **からげんき**
카라겡끼
【空元気】 허세, 객기

□ **からし**
카라시
겨자

□ **からす**
카라스
까마귀

□ **からだ**
카라다
【体】 몸

□ **からだつき**
카라다쓰끼
【体付き】 몸매

□ **カラット**
카랏또
캐럿

100

□ **からっぽ** 카랍뽀	【空っぽ】 텅 빔, 아무 것도 없음
□ **からて** 카라떼	【空手】 빈손, 맨손, 당수
□ **からねんぶつ** 카라넴부쓰	【空念仏】 공염불
□ **からまる** 카라마루	뒤엉키다
□ **からまわり** 카라마와리	【空回り】 헛돌다, 공전
□ **かり** 카리	사냥, 수렵
□ **かり** 카리	기러기
□ **カリカチュア** 카리카츄아	캐리커처
□ **かりに** 카리니	【仮に】 가령
□ **かりぬい** 카리누이	【仮縫い】 가봉
□ **かりゅう** 카류-	【下流】 하류
□ **かりゅうど** 카류-도	【狩人】 사냥꾼
□ **かりる** 카리루	【借りる】 꾸다, 빌리다
□ **かる** 카루	베다
□ **かるい** 카루이	【軽い】 가볍다
□ **かるがる** 카루가루	【軽々】 아주 가볍게, 거뜬히
□ **カルシウム** 카루시우무	칼슘
□ **カルテ** 카루떼	카르데, 진료기록

あ
か
さ
た
な
は
ま
や
ら
わ

□ **かるわざ** 카루와자	【軽業】	곡예
□ **かれ** 카레	【彼】	그, 그 사람
□ **かれい** 카레-		가자미
□ **かれき** 카레끼	【枯れ木】	고목, 마른 나무
□ **かれこれ** 카레꼬레		대충, 이러쿵저러쿵
□ **かれは** 카레하	【枯葉】	고엽, 마른 잎
□ **かれら** 카레라	【彼等】	그들, 그 사람들
□ **かれる** 카레루	【枯れる】	초목이 시들다
□ **カレンダー** 카렌다-		캘린더, 달력
□ **カロリー** 카로리-		칼로리
□ **かわ** 카와	【川】	내, 개천
□ **かわ** 카와	【皮】	껍질, 가죽
□ **かわ** 카와	【革】	가죽
□ **かわいい** 카와이-	【可愛い】	귀엽다, 사랑스럽다
□ **かわいそう** 카와이소-	【可愛そう】	불쌍한 모양
□ **かわいらしい** 카와이라시-	【可愛らしい】	귀엽다, 사랑스러운
□ **かわうそ** 카와우소		수달
□ **かわかす** 카와까스	【乾かす】	말리다, 건조시키다

□ **かわく** 카와꾸	【乾く】	마르다
□ **かわせ** 카와세	【為替】	환
□ **かわべ** 카와베	【川辺】	냇가, 강변
□ **かわら** 카와라		기와
□ **かわら** 카와라	【河原】	강가의 모래밭
□ **かわり** 카와리	【代り】	대리, 대신
□ **かわりもの** 카와리모노	【変り者】	괴짜
□ **かわる** 카와루	【代わる】	대신하다, 바꾸다
□ **かわるがわる** 카와루가와루	【代わる代わる】	번갈아 가며, 교대로
□ **がん** 강	【癌】	암
□ **がん** 강	【雁】	기러기
□ **かんか** 캉까	【感化】	감화
□ **がんか** 강까	【眼科】	안과
□ **かんがい** 캉가이	【感慨】	감개
□ **かんがえる** 캉가에루	【考える】	생각하다
□ **かんかく** 캉까꾸	【感覚】	감각
□ **カンガルー** 캉가루-		캥거루
□ **かんき** 캉끼	【歓喜】	환희

あ

か

さ

た

な

は

ま

や

ら

わ

103

□ **かんきゃく** 【観客】 관객
캉캬꾸

□ **かんきょう** 【環境】 환경
캉꾜-

□ **かんきり** 【缶切り】 깡통따개
캉끼리

□ **かんきん** 【監禁】 감금
캉낑

□ **がんぐ** 【玩具】 완구, 장난감
강구

□ **かんげい** 【歓迎】 환영
캉게-

□ **かんけい** 【関係】 관계
캉께-

□ **かんげき** 【感激】 감격
캉게끼

□ **かんけつ** 【完結】 완결
캉께쓰

□ **かんけん** 【関鍵】 관건
캉껭

□ **がんこ** 【頑固】 완고함
강꼬

□ **かんこ** 【歓呼】 환호
캉꼬

□ **かんこう** 【観光】 관광
캉꼬-

□ **かんこう** 【慣行】 관행
캉꼬-

□ **かんごく** 【監獄】 감옥, 교도소
캉고꾸

□ **かんこく** 【韓国】 한국
캉꼬꾸

□ **かんごふ** 【看護婦】 간호사
캉고후

□ **かんさつ** 【観察】 관찰
칸사쓰

104

□ **かんし** 칸시	【監視】	감시
□ **かんじ** 칸지	【感じ】	느낌, 감각
□ **かんじ** 칸지	【漢字】	한자
□ **がんじつ** 간지쓰	【元日】	설날, 1월1일
□ **かんしゃ** 칸샤	【感謝】	감사
□ **かんじゃ** 칸쟈	【患者】	환자
□ **かんしゅう** 칸슈-	【慣習】	관습, 버릇
□ **かんしょう** 칸쇼-	【鑑賞】	감상
□ **かんじょう** 칸죠-	【感情】	감정
□ **かんじょう** 칸죠-	【勘定】	계산, 셈
□ **がんしょう** 간쇼-	【岩礁】	암초
□ **かんしょう** 칸쇼-	【干渉】	간섭
□ **かんじる** 칸지루	【感じる】	느끼다
□ **かんしん** 칸싱	【感心】	감탄, 기특함
□ **かんしん** 칸싱	【関心】	관심
□ **かんせい** 칸세-	【完成】	완성
□ **かんぜい** 칸제이	【関税】	관세
□ **かんせつ** 칸세쓰	【間接】	간접

□ **かんせつえん** 칸세쓰엥	【関節炎】	관절염
□ **かんぜん** 칸젱	【完全】	완전
□ **がんそ** 간소	【元祖】	원조
□ **かんぞう** 칸조-	【肝臓】	간(장)
□ **かんそう** 칸소-	【観相】	관상
□ **かんそう** 칸소-	【感想】	감상
□ **かんそう** 칸소-	【乾燥】	건조
□ **かんそく** 칸소꾸	【観測】	관측
□ **かんたい** 칸따이	【艦隊】	함대
□ **かんだい** 칸다이	【寛大】	관대함
□ **かんだかい** 칸다까이	【甲高い】	(목소리가) 새되다
□ **かんたん** 칸땅	【簡単】	간단
□ **かんたん** 칸땅	【感嘆】	감탄
□ **かんだんけい** 칸당께-	【寒暖計】	온도계
□ **かんちがい** 칸찌가이	【勘違い】	착각
□ **かんつう** 칸쓰-	【貫通】	관통
□ **かんつう** 칸쓰-	【姦通】	간통
□ **かんづめ** 칸즈메	【缶詰】	통조림

□ **かんてい**　【鑑定】 감정
　칸떼-

□ **かんてん**　【観点】 관점
　칸뗑

□ **かんどう**　【感動】 감동
　칸도-

□ **かんどう**　【勘当】 인연을 끊음, 의절
　칸도-

□ **かんとく**　【監督】 감독
　칸또꾸

□ **カンナ**　칸나
　칸나

□ **かんにん**　【堪忍】 용서, 참고 견딤
　칸닝

□ **カンニング**　커닝
　칸닝구

□ **かんぬき**　【閂】 빗장
　칸누끼

□ **かんねん**　【観念】 각오, 단념, 관념
　칸넹

□ **かんのう**　【感応】 감응
　칸노-

□ **かんのう**　【官能】 관능
　칸노-

□ **かんのん**　【観音】 관음, 관세음
　칸농

□ **かんぱ**　【看破】 간파
　캄빠

□ **かんぱい**　【乾杯】 건배, 축배
　캄빠이

□ **カンバス**　캔버스, 화폭
　캄바스

□ **がんばる**　【頑張る】 버티다, 계속 노력하다
　감바루

□ **かんばん**　【看板】 간판
　캄방

□ **かんぱん** 캄빵	【甲板】	갑판
□ **かんびょう** 캄뵤-	【看病】	간병
□ **かんぶん** 캄붕	【漢文】	한문
□ **かんぺき** 캄뻬끼	【完璧】	완벽
□ **かんべん** 캄벵	【勘弁】	용서
□ **かんぽう** 캄뽀-	【漢方】	한방
□ **かんぼう** 캄보-	【観望】	관망
□ **がんもく** 감모꾸	【眼目】	안목
□ **かんもん** 캄몽	【関門】	관문
□ **かんよう** 캉요-	【慣用】	관용
□ **がんらい** 간라이	【元来】	원래
□ **かんり** 칸리	【管理】	관리
□ **かんり** 칸리	【官吏】	관리, 공무원
□ **かんりゅう** 칸류-	【寒流】	한류
□ **かんれい** 칸레-	【慣例】	관례

- □ **き**
  키
  【木】 나무, 수목

- □ **きあつ**
  키아쓰
  【気圧】 기압

- □ **きあん**
  키앙
  【起案】 기안

- □ **きい**
  키-
  【奇異】 기이

- □ **キー**
  키-
  키, 열쇠

- □ **きいっぽん**
  키입뽕
  【生一本】 순수하기 짝이 없음

- □ **きいろい**
  키-로이
  【黄色い】 노랗다

- □ **ぎいん**
  기잉
  【議員】 의원

- □ **きえつ**
  키에쓰
  【喜悦】 희열

- □ **きえる**
  키에루
  【消える】 꺼지다, 스러지다

- □ **きえん**
  키엥
  【気炎】 기염, 기세

- □ **きおく**
  키오꾸
  【記憶】 기억

- □ **きおくれ**
  키오꾸레
  【気後れ】 주눅, 기가 죽음

- □ **きおん**
  키옹
  【気温】 기온

- □ **きが**
  키가
  【飢餓】 기아, 굶주림

□ **きか** 키까	【帰化】	귀화
□ **きかい** 키까이	【機械】	기계
□ **きかい** 키까이	【奇怪】	기괴
□ **きかい** 키까이	【機会】	기회
□ **ぎかい** 기까이	【議会】	의회
□ **きがえる** 키가에루	【着替える】	옷을 갈아입다
□ **きがかり** 키가까리	【気掛り】	염려, 근심
□ **きかく** 키까꾸	【規格】	규격
□ **きかん** 키깡	【期間】	기간
□ **きがん** 키강	【奇岩】	기암
□ **きがん** 키강	【祈願】	기원
□ **きかん** 키깡	【機関】	기관
□ **きかん** 키깡	【帰還】	귀환
□ **きき** 키끼	【危機】	위기
□ **ききて** 키끼떼	【聞き手】	듣는 사람
□ **ききめ** 키끼메	【利き目】	효과, 효험
□ **きぎょう** 키교-	【企業】	기업
□ **ぎきょく** 기쿄꾸	【戯曲】	희곡

110

□ **ききん** 키낑	【基金】	기금
□ **ききん** 키낑	【飢饉】	기근
□ **きぐ** 키구	【器具】	기구
□ **きく** 키꾸	【聞く】	듣다, 묻다
□ **きく** 키꾸	【菊】	국화
□ **きく** 키꾸	【利く】	효과가 있다, 듣다
□ **ぎくり** 기꾸리		놀라서 움찔하는 모양
□ **きけつ** 키께쓰	【既決】	기결
□ **きげん** 키겡	【紀元】	기원
□ **きけん** 키껭	【危険】	위험
□ **きげん** 키겡	【気嫌】	기분, 비위
□ **ぎこう** 기꼬-	【技巧】	기교
□ **きこう** 키꼬-	【気候】	기후
□ **きこう** 키꼬-	【寄稿】	기고
□ **きこう** 키꼬-	【起工】	기공
□ **きこう** 키꼬-	【機構】	기구
□ **きこう** 키꼬-	【寄港】	기항
□ **きこう** 키꼬-	【帰港】	귀항

あ

き

さ

た

な

は

ま

や

ら

わ

□ **きこえる** 키꼬에루	【聞える】	들리다
□ **きこん** 키꽁	【既婚】	기혼
□ **きさい** 키사이	【鬼才】	귀재
□ **きさい** 키사이	【記載】	기재
□ **ぎざぎざ** 기자기자		꺼칠꺼칠한 모양
□ **きざし** 키자시	【兆】	조짐, 징조
□ **きざわり** 키자와리	【気障り】	비위에 거슬림
□ **ぎし** 기시	【技師】	기사
□ **きし** 키시	【岸】	물가
□ **きじ** 키지		꿩
□ **きじ** 키지	【記事】	기사
□ **きじ** 키지	【生地】	옷감, 천
□ **ぎしき** 기시끼	【儀式】	의식
□ **きじつ** 키지쓰	【期日】	기일
□ **きしむ** 키시무	【軋む】	삐걱거리다
□ **きしゃ** 키샤	【汽車】	기차
□ **きしゃ** 키샤	【記者】	기자
□ **きしゅ** 키슈	【旗手】	기수

□ **きしゅう**
키슈-
【奇襲】 기습

□ **きしゅくしゃ**
키슈꾸샤
【寄宿舎】 기숙사

□ **ぎじゅつ**
기쥬쓰
【技術】 기술

□ **きじゅん**
키즁
【基準】 기준

□ **きしょう**
키쇼-
【気性】 성깔, 기질

□ **きじょう**
키죠-
【気丈】 다부짐

□ **きしょう**
키쇼-
【起床】 기상

□ **きしょう**
키쇼-
【気象】 기상

□ **きず**
키즈
【傷】 상처

□ **キス**
키스
키스, 입맞춤

□ **きすう**
키스-
【奇数】 기수, 홀수

□ **きずく**
키즈꾸
【築く】 쌓다, 구축하다

□ **きずな**
키즈나
【絆】 고삐, 인연

□ **きずもの**
키즈모노
【傷物】 흠이 있는 것

□ **きせいちゅう**
키세-쮸-
【寄生虫】 기생충

□ **きせいふく**
키세-후꾸
【既製服】 기성복

□ **きせき**
키세끼
【奇跡】 기적

□ **きせつ**
키세쓰
【季節】 계절

113

□ **きせる** 키세루	【着せる】	옷을 입히다
□ **キセル** 키세루	담뱃대	
□ **きせん** 키셍	【汽船】	기선
□ **きそ** 키소	【起訴】	기소
□ **きそ** 키소	【基礎】	기초
□ **きぞう** 키조-	【寄贈】	기증, 증정
□ **ぎそう** 기소-	【偽装】	위장
□ **きそく** 키소꾸	【規則】	규칙
□ **ぎそく** 기소꾸	【義足】	의족
□ **きた** 키따	【北】	북, 북쪽
□ **ギター** 기따-	기타	
□ **きたい** 키따이	【期待】	기대
□ **きたえる** 키따에루	【鍛える】	단련하다
□ **きたく** 키따꾸	【寄託】	기탁
□ **きだて** 키다떼	【気立て】	마음씨
□ **きたない** 키따나이	【汚い】	더럽다
□ **きたん** 키땅	【忌憚】	기탄
□ **きだん** 키당	【気団】	기단

114

□ **きち** 【基地】 기지
  키찌

□ **きち** 【機智】 기지, 재치
  키찌

□ **きちがい** 【気違い】 미치광이
  키찌가이

□ **きちむ** 【吉夢】 길몽
  키찌무

□ **きちょうひん** 【貴重品】 귀중품
  키쬬-힝

□ **きちょうめん** 【几帳面】 착실하고 꼼꼼한 모양
  키쬬-멩

□ **キチン** 키친, 주방
  키찡

□ **きちんと** 제대로, 정확하게
  키찐또

□ **きつえん** 【喫煙】 흡연, 끽연
  키쓰엥

□ **きっかり** 꼭, 딱
  킼까리

□ **きづく** 【気付く】 눈치채다, 깨닫다
  키즈꾸

□ **きっさてん** 【喫茶店】 다방
  킷사뗑

□ **ぎっしり** 잔뜩, 가득
  깃시리

□ **きって** 【切手】 우표
  킷떼

□ **きっと** 반드시, 틀림없이
  킷또

□ **きつね** 【狐】 여우
  키쓰네

□ **きっぱり** 딱 잘라
  킵빠리

□ **きっぷ** 【切符】 표, 티켓
  킵뿌

115

□ **きてい** 키떼-	【規定】	규정
□ **きてい** 키떼-	【既定】	기정
□ **きてき** 키떼끼	【汽笛】	기적
□ **きどう** 키도-	【軌道】	궤도
□ **きとく** 키토꾸	【危篤】	위독
□ **きどる** 키도루	【気取る】	뽐내다
□ **きながに** 키나가니	【気長に】	느긋하게
□ **きにいる** 키니이루	【気に入る】	마음에 들다
□ **きにゅう** 키뉴-	【記入】	기입
□ **きぬ** 키누	【絹】	비단, 명주
□ **きねん** 키넹	【記念】	기념
□ **ぎのう** 기노-	【技能】	기능
□ **きのう** 키노-	【昨日】	어제
□ **きのう** 키노-	【機能】	기능
□ **きのこ** 키노꼬		버섯
□ **きのどく** 키노도꾸	【気の毒】	딱함, 가엾음
□ **きのり** 키노리	【気乗り】	마음이 내킴
□ **きば** 키바	【牙】	짐승의 어금니

116

□ **きば** 　　　　【騎馬】 기마
　키바

□ **きはく** 　　　　【気魄】 기백
　키하꾸

□ **きはだ** 　　　　【木肌】 나무껍질
　키하다

□ **きばつ** 　　　　【奇抜】 기발함
　키바쓰

□ **きばらし** 　　　　【気晴らし】 기분전환
　키바라시

□ **きばん** 　　　　【基盤】 기반
　키방

□ **きひ** 　　　　【忌避】 기피
　키히

□ **きび** 　　　　【黍】 수수
　키비

□ **きびきび** 　　　　시원스러운 모양
　키비끼비

□ **きびしい** 　　　　【厳しい】 엄하다
　키비시-

□ **きふ** 　　　　【寄付】 기부
　키후

□ **キプス** 　　　　깁스, 석고붕대
　키뿌스

□ **きぶつ** 　　　　【器物】 기물
　키부쓰

□ **きぶん** 　　　　【気分】 기분
　키붕

□ **きぼ** 　　　　【規模】 규모
　키보

□ **きぼう** 　　　　【希望】 희망
　키보-

□ **きほん** 　　　　【基本】 기본
　키홍

□ **きまえ** 　　　　【気前】 시원스런 성미
　키마에

117

□ **きまぐれ** 키마구레	【気紛れ】	변덕
□ **きまずい** 키마즈이	【気まずい】	서먹서먹하다
□ **きまま** 키마마	【気侭】	제멋대로 굴다
□ **きまりもんく** 키마리몽꾸	【決まり文句】	틀에 박힌 말
□ **きまる** 키마루	【決まる】	정해지다, 결정되다
□ **ぎまん** 기망	【欺瞞】	기만
□ **きみ** 키미	【君】	자네, 너
□ **きみつ** 키미쓰	【機密】	기밀
□ **きみょう** 키묘-	【奇妙】	기묘
□ **きみわるい** 키미와루이	【気味悪い】	어쩐지 기분이 나쁘다
□ **ぎむ** 기무	【義務】	의무
□ **きむずかしい** 키무즈까시-	【気むずかしい】	성미가 까다롭다
□ **きめる** 키메루	【決める】	정하다, 결정하다
□ **きも** 키모	【肝】	간, 간장
□ **きもち** 키모찌	【気持ち】	기분
□ **きもったま** 키못따마	【肝っ玉】	간덩이, 배짱
□ **きもの** 키모노	【着物】	옷, 특히 일본옷
□ **ぎもん** 기몽	【疑問】	의문

□ **きゃく** 【客】 손님, 객
  캬꾸

□ **きゃくあつかい** 【客扱い】 손님접대, 접객
  캬꾸아쓰까이

□ **ぎゃくこうか** 【逆効果】 역효과
  갸꾸코-까

□ **きゃくしつ** 【客室】 객실
  캬꾸시쓰

□ **きゃくしゃ** 【客車】 객차
  캬꾸샤

□ **ぎゃくせつ** 【逆説】 역설
  갸꾸세쓰

□ **きゃくせん** 【客船】 객선
  캬꾸셍

□ **きゃくせんび** 【脚線美】 각선미
  캬꾸셈비

□ **ぎゃくたい** 【虐待】 학대
  갸꾸따이

□ **ぎゃくてん** 【逆転】 역전
  갸꾸뗑

□ **きゃくほん** 【脚本】 각본
  캬꾸홍

□ **きゃくま** 【客間】 객실, 응접실
  캬꾸마

□ **ぎゃくもどり** 【逆戻り】 제자리로 되돌아감
  갸꾸모도리

□ **ぎゃくりゅう** 【逆流】 역류
  갸꾸류-

□ **キャスト** 캐스트, 배역
  캬스또

□ **きゃっか** 【却下】 각하
  캭까

□ **きゃっかんてき** 【客観的】 객관적
  캭깐테끼

□ **きゃっこう** 【脚光】 각광
  캭꼬-

119

□ **キャバレー** 캬바레-	카바레	
□ **キャビネット** 캬비넷또	캐비닛	
□ **キャベツ** 캬베쓰	양배추	
□ **キャラバン** 캬라방	카라반, 대상	
□ **キャラメル** 캬라메루	캐러멜	
□ **ギャラリー** 캬라리-	갤러리, 화랑	
□ **キャンプ** 캼뿌	캠프	
□ **キャンペーン** 캼페-ㅇ	캠페인	
□ **きゅうえん** 큐-엥	【救援】	구원
□ **きゅうか** 큐-까	【休暇】	휴가
□ **きゅうぎょう** 큐-교-	【休業】	휴업
□ **きゅうくつ** 큐-꾸쓰	【窮屈】	답답함, 갑갑함
□ **きゅうけいしょ** 큐-께-쇼	【休憩所】	휴게소
□ **きゅうけつき** 큐-께쓰끼	【吸血鬼】	흡혈귀
□ **きゅうこう** 큐-꼬-	【急行】	급행
□ **きゅうこん** 큐-꽁	【求婚】	구혼
□ **きゅうしき** 큐-시끼	【旧式】	구식
□ **きゅうじつ** 큐-지쓰	【休日】	휴일

- **きゅうしゅう** 큐-슈- 【吸収】 흡수
- **きゅうじょ** 큐-죠 【救助】 구조
- **きゅうしょ** 큐-쇼 【急所】 급소
- **きゅうしん** 큐-싱 【休診】 휴진
- **きゅうす** 큐-스 【急須】 찻주전자
- **きゅうせい** 큐-세- 【急性】 급성
- **きゅうせいしゅ** 큐-세-슈 【救世主】 구세주
- **きゅうせん** 큐-셍 【休戦】 휴전
- **きゅうそく** 큐-소꾸 【休息】 휴식
- **きゅうち** 큐-찌 【窮地】 궁지
- **きゅうてい** 큐-떼- 【宮廷】 궁정
- **きゅうでん** 큐-뎅 【宮殿】 궁전
- **きゅうでん** 큐-뎅 【急電】 긴급전보
- **きゅうに** 큐-니 【急に】 갑자기
- **ぎゅうにく** 규-니꾸 【牛肉】 쇠고기
- **ぎゅうにゅう** 규-뉴- 【牛乳】 우유
- **きゅうば** 큐-바 【急場】 급한 고비
- **キューバ** 큐-바 쿠바

□ **キューピット** 큐-핏또	큐피드	
□ **きゅうへん** 큐-헹	【急変】	급변
□ **きゅうめい** 큐-메-	【糾明】	규명
□ **きゅうやく** 큐-야꾸	【旧約】	구약
□ **きゅうゆう** 큐-유-	【級友】	급우
□ **きゅうよう** 큐-요-	【急用】	급한 일, 급한 용무
□ **きゅうり** 큐-리	【胡瓜】	오이
□ **きゅうりょう** 큐-료-	【給料】	급료
□ **きょう** 쿄-	【今日】	오늘
□ **きよう** 키요-	【器用】	잔재주가 있음
□ **きょうい** 쿄-이	【驚異】	경이, 놀라움
□ **きょういく** 쿄-이꾸	【教育】	교육
□ **きょういん** 쿄-잉	【教員】	교원
□ **きょうか** 쿄-까	【強化】	강화
□ **きょうかい** 쿄-까이	【境界】	경계
□ **きょうかい** 쿄-까이	【教会】	교회
□ **きょうがく** 쿄-가꾸	【驚悪】	경악
□ **きょうがく** 쿄-가꾸	【共学】	공학

122

□ **きょうかしょ**　【教科書】 교과서
　쿄-까쇼

□ **きょうかつ**　【恐喝】 공갈
　쿄-까쓰

□ **きょうかん**　【共感】 공감
　쿄-깡

□ **きょうぎ**　【競技】 경기
　쿄-기

□ **ぎょうぎ**　【行儀】 예의범절, 행실
　쿄-기

□ **きょうきゅう**　【供給】 공급
　쿄-뀨-

□ **きょうくん**　【教訓】 교훈
　쿄-꿍

□ **きょうこう**　【恐慌】 공황
　쿄-꼬-

□ **ぎょうじ**　【行事】 행사
　쿄-지

□ **きょうし**　【教師】 교사
　쿄-시

□ **きょうしつ**　【教室】 교실
　쿄-시쓰

□ **きょうじゅ**　【教授】 교수
　쿄-쥬

□ **きょうしゅく**　【恐縮】 죄송함, 송구함
　쿄-슈꾸

□ **きょうしょう**　【協商】 협상
　쿄-쇼-

□ **きょうじん**　【狂人】 광인, 미친 사람
　쿄-징

□ **きょうせい**　【矯正】 교정
　쿄-세-

□ **ぎょうせい**　【行政】 행정
　쿄-세-

□ **きょうせい**　【強制】 강제
　쿄-세-

□ きょうそう 쿄-소-	【競走】	경주
□ きょうそう 쿄-소-	【競争】	경쟁
□ きょうだい 쿄-다이	【鏡台】	경대
□ きょうだい 쿄-다이	【兄弟】	형제
□ きょうちょう 쿄-쬬-	【強調】	강조
□ きょうつう 쿄-쓰-	【共通】	공통
□ きょうてい 쿄-떼-	【協定】	협정
□ ぎょうてん 교-뗑	【仰天】	놀라 자빠짐, 몹시 놀람
□ きょうどう 쿄-도-	【共同】	공동
□ きょうばい 쿄-바이	【競売】	경매
□ きょうはく 쿄-하꾸	【脅迫】	협박
□ きょうはん 쿄-항	【共犯】	공범
□ きょうふ 쿄-후	【恐怖】	공포
□ きょうぼう 쿄-보-	【共謀】	공모
□ きょうみ 쿄-미	【興味】	흥미
□ ぎょうむ 교-무	【業務】	업무
□ きょうめい 쿄-메-	【共鳴】	공명
□ きょうよう 쿄-요-	【共用】	공용

□ **きょうよう** 쿄-요-	【強要】 강요
□ **きょうらん** 쿄-랑	【狂乱】 광란
□ **きょうり** 쿄-리	【教理】 교리
□ **きょうりゅう** 쿄-류-	【恐竜】 공룡
□ **きょうりょく** 쿄-료꾸	【協力】 협력
□ **ぎょうれつ** 교-레쓰	【行列】 행렬
□ **きょうれん** 쿄-렝	【教練】 교련
□ **きょうわこく** 쿄-와코꾸	【共和国】 공화국
□ **きょえい** 쿄에-	【虚栄】 허영
□ **きょか** 쿄까	【許可】 허가
□ **きょがく** 쿄가꾸	【巨額】 거액
□ **きょぎ** 쿄기	【虚偽】 허위
□ **ぎょぎょう** 교교-	【漁業】 어업
□ **きょくげい** 쿄꾸게-	【曲芸】 곡예
□ **きょくげん** 쿄꾸겡	【極限】 극한
□ **ぎょくせき** 교꾸세끼	【玉石】 옥석
□ **きょくせんび** 쿄꾸셈비	【曲線美】 곡선미
□ **きょくたん** 쿄꾸땅	【極端】 극단

□ **きょくち** 쿄꾸찌	【局地】	국지	
□ **きょくど** 쿄꾸도	【極度】	극도	
□ **きょくめん** 쿄꾸멩	【局面】	국면	
□ **きょくもく** 쿄꾸모꾸	【曲目】	곡목	
□ **ぎょこう** 교꼬-	【漁港】	어항	
□ **きょしょう** 쿄쇼-	【巨匠】	거장	
□ **きょじん** 쿄징	【巨人】	거인	
□ **きょせい** 쿄세-	【巨星】	거성	
□ **きょぜつ** 쿄제쓰	【拒絶】	거절	
□ **ぎょせん** 교셍	【漁船】	어선	
□ **ぎょそん** 교송	【漁村】	어촌	
□ **きょどう** 쿄도-	【挙動】	거동	
□ **きょねん** 쿄넹	【去年】	작년	
□ **ぎょふ** 교후	【漁夫】	어부	
□ **きょぼく** 쿄보꾸	【巨木】	거목, 큰 나무	
□ **きょむ** 쿄무	【虚無】	허무	
□ **きょり** 쿄리	【距離】	거리	
□ **きょりゅうみん** 쿄류-밍	【居留民】	거류민	

□ **きらう** 키라우	【嫌う】	싫어하다
□ **ぎらぎら** 기라기라		눈부시게 빛나는 모양
□ **きらく** 키라꾸	【気楽】	마음 편함, 홀가분함
□ **きらめく** 키라메꾸		빛나다, 번쩍이다
□ **きり** 키리	【霧】	안개
□ **ぎり** 기리	【義理】	의리
□ **きり** 키리		송곳
□ **きりかぶ** 키리까부	【切り株】	그루터기
□ **ぎりぎり** 기리기리		빠듯한 상태
□ **きりぎりす** 키리기리스		여치
□ **きりさめ** 키리사메	【霧雨】	이슬비
□ **ギリシア** 기리시아		그리스
□ **きりつ** 키리쓰	【規律】	규율
□ **きりつ** 키리쓰	【起立】	기립, 일어섬
□ **きりつける** 키리쓰께루	【切り付ける】	칼로 치려고 대들다
□ **きりぬき** 키리누끼	【切り抜き】	오려낸 것
□ **きりょう** 키료-	【器量】	재능과 기량
□ **きりょく** 키료꾸	【気力】	기력

あ

き

さ

た

な

は

ま

や

ら

わ

□ **きりん** 키링		기린
□ **きる** 키루	【着る】	옷을 입다
□ **きれい** 키레-		예쁘다, 깨끗하다
□ **きろく** 키로꾸	【記録】	기록
□ **きわめて** 키와메떼	【極めて】	지극히
□ **きんえん** 킹엥	【禁煙】	금연
□ **きんぎょばち** 킹교바찌	【金魚鉢】	어항
□ **きんこ** 킹꼬	【金庫】	금고
□ **ぎんこう** 깅꼬-	【銀行】	은행
□ **きんし** 킨시	【禁止】	금지
□ **きんし** 킨시	【近視】	근시
□ **きんしゅ** 킨슈	【禁酒】	금주
□ **きんじょ** 킨죠	【近所】	근처
□ **きんじる** 킨지루	【禁じる】	금지하다
□ **きんせい** 킨세-	【近世】	근세
□ **きんせん** 킨셍	【金銭】	금전
□ **きんぞく** 킨조꾸	【金属】	금속
□ **きんだい** 킨다이	【近代】	근대

128

□ **きんたま** 【金玉】 불알
킨따마

□ **きんちょう** 【緊張】 긴장
킨쬬-

□ **きんにく** 【筋肉】 근육
킨니꾸

□ **きんねん** 【近年】 근년, 근래
킨넹

□ **きんぴん** 【金品】 금품
킴삥

□ **きんべん** 【勤勉】 근면, 부지런함
킴벵

□ **ぎんまく** 【銀幕】 은막, 스크린
김마꾸

□ **ぎんみ** 【吟味】 음미
김미

□ **きんみつ** 【緊密】 긴밀함
킴미쓰

□ **きんもつ** 【禁物】 금물
킴모쓰

□ **きんゆう** 【金融】 금융
킹유-

□ **きんようび** 【金曜日】 금요일
킹요-비

□ **きんよく** 【禁欲】 금욕
킹요꾸

□ **きんらい** 【近来】 근래
킨라이

□ **きんりん** 【近隣】 근린, 가까운 곳
킨링

□ **きんろう** 【勤労】 근로
킨로-

교실 教室

① せんせい 先生
센세-

② ち きゅう ぎ 地球儀
치큐-기

③ チョーク
쵸-꾸

④ せい と 生徒
세-또

⑤ えんぴつ 鉛筆
엠피쓰

⑥ けし 消ゴム
케시고무

⑦ じ しょ 辞書
지쇼

①교사 ②지구본 ③분필 ④학생 ⑤연필 ⑥지우개 ⑦사전

⑧ 黒板 (こくばん)
코꾸방

⑨ 地図 (ちず)
치즈

⑩ 机 (つくえ)
쓰꾸에

⑪ 椅子 (いす)
이스

⑫ シャープナー
샤-푸나-

⑬ 筆箱 (ふでばこ)
후데바꼬

---

⑧ 칠판　⑨ 지도　⑩ 책상　⑪ 의자　⑫ 연필깎이　⑬ 필통

- **ぐあい**
  구아이
  【具合】 형편, 상태

- **くい**
  쿠이
  말뚝

- **クイーン**
  쿠이-ㅇ
  퀸, 여왕

- **くいき**
  쿠이끼
  【区域】 구역

- **くいしんぼう**
  쿠이심보-
  【食いしん坊】 먹보, 걸신들린 사람

- **クイズ**
  쿠이즈
  퀴즈

- **くいちがう**
  쿠이찌가우
  【食い違う】 어긋나다, 엇갈리다

- **くいる**
  쿠이루
  【悔いる】 뉘우치다

- **くう**
  쿠우
  【食う】 먹다

- **くうかん**
  쿠-깡
  【空間】 공간

- **くうき**
  쿠-끼
  【空気】 공기

- **くうぐん**
  쿠-궁
  【空軍】 공군

- **くうこう**
  쿠-꼬-
  【空港】 공항

- **くうしゅう**
  쿠-슈-
  【空襲】 공습

- **ぐうすう**
  구-스-
  【偶数】 우수, 짝수

□ **くうせき**
쿠-세끼
【空席】 빈자리

□ **ぐうぜん**
구-젱
【偶然】 우연

□ **くうそう**
쿠-소-
【空想】 공상

□ **ぐうぞう**
구-조-
【偶像】 우상

□ **くうてん**
쿠-뗑
【空転】 공전, 헛돎

□ **くうはく**
쿠-하꾸
【空白】 공백

□ **ぐうはつ**
구-하쓰
【偶発】 우발

□ **クーポン**
쿠-뽕
쿠폰

□ **ぐうわ**
구-와
【寓話】 우화

□ **くおん**
쿠옹
【久遠】 구원, 영원

□ **くがく**
쿠가꾸
【苦学】 고학

□ **くかん**
쿠깡
【区間】 구간

□ **くぎ**
쿠기
【釘】 못

□ **くき**
쿠끼
【茎】 나무의 줄기

□ **くぎょう**
쿠교-
【苦行】 고행

□ **くぎる**
쿠기루
【区切る】 구분하다, 일단락 짓다

□ **くぐる**
쿠구루
【潜る】 빠져나가다, 잠수하다

□ **くさ**
쿠사
【草】 풀

133

□ **くさい** 쿠사이	【臭い】	고약한 냄새가 나다
□ **くさいろ** 쿠사이로	【草色】	초록색
□ **くさばな** 쿠사바나	【草花】	화초
□ **くさはら** 쿠사하라	【草原】	초원
□ **くさむら** 쿠사무라	【叢】	풀숲
□ **くさり** 쿠사리	【鎖】	쇠사슬
□ **くさる** 쿠사루	【腐る】	썩다, 부패하다
□ **くされえん** 쿠사레엥	【腐れ縁】	나쁜 인연, 악연
□ **くし** 쿠시	【串】	꼬챙이, 꼬치
□ **くし** 쿠시		빗
□ **くじ** 쿠지		제비, 추첨
□ **くじく** 쿠지꾸		삐다, 접질리다
□ **くじゃく** 쿠쟈꾸	【孔雀】	공작새
□ **くしゃくしゃ** 쿠샤꾸샤		쭈글쭈글, 꼬깃꼬깃
□ **くしゃみ** 쿠샤미		재채기
□ **くしょう** 쿠쇼-	【苦笑】	쓴웃음
□ **くじょう** 쿠죠-	【苦情】	불평, 불만
□ **くじら** 쿠지라		고래

□ **くしん**
쿠싱
【苦心】 고심, 고생

□ **ぐずぐず**
구즈구즈
우물우물, 우물쭈물

□ **くすぐる**
쿠스구루
간질이다

□ **くずす**
쿠즈스
【崩す】 무너뜨리다

□ **ぐずつく**
구즈쓰꾸
꾸물대다

□ **くすぶる**
쿠스부루
그을다

□ **くすり**
쿠스리
【薬】 약

□ **くすりや**
쿠스리야
【薬屋】 약국

□ **くずれる**
쿠즈레루
【崩れる】 무너지다

□ **くせ**
쿠세
버릇, 습관

□ **くせもの**
쿠세모노
【曲者】 수상한 놈

□ **くそ**
쿠소
똥, 대변

□ **ぐたいてき**
구따이떼끼
【具体的】 구체적

□ **くだく**
쿠다꾸
【砕く】 부수다, 깨다

□ **くたくた**
쿠다꾸따
피곤해서 녹초가 됨

□ **くだける**
쿠다께루
【砕ける】 부서지다, 깨지다

□ **くださる**
쿠다사루
【下さる】 주시다

□ **くたばる**
쿠따바루
뻗다, 죽다

□ **くたびれる** 지치다, 낡아빠지다
　쿠따비레루

□ **くだもの** 【果物】 과일
　쿠다모노

□ **くだらない** 시시하다, 하찮다
　쿠다라나이

□ **くだりざか** 【下り坂】 내리막길
　쿠다리자까

□ **くだる** 【下る】 내려가다
　쿠다루

□ **くち** 【口】 입, 아가리
　쿠찌

□ **ぐち** 푸념
　구찌

□ **くちいれ** 【口入れ】 말참견
　쿠찌이레

□ **くちぐせ** 【口癖】 입버릇
　쿠찌구세

□ **くちごたえ** 【口答え】 말대꾸
　쿠찌고따에

□ **くちごもる** 【口籠る】 우물거리다
　쿠찌고모루

□ **くちずさむ** 【口ずさむ】 읊조리다, 흥얼거리다
　쿠찌즈사무

□ **くちすっぱく** 【口酸っぱく】 입이 닳도록
　쿠찌습빠꾸

□ **くちつき** 【口付き】 입모습
　쿠찌쓰끼

□ **くちどめ** 【口止め】 입막음
　쿠찌도메

□ **くちなめずり** 【口なめずり】 입맛을 다심
　쿠찌나메즈리

□ **くちばし** 새의 부리
　쿠찌바시

□ **くちばしる** 【口走る】 무의식중에 말하다
　쿠찌바시루

□ **くちびる**
쿠찌비루
【唇】 입술

□ **くちぶえ**
쿠찌부에
【口笛】 휘파람

□ **くちべた**
쿠찌베따
【口下手】 말주변이 없음

□ **くちべに**
쿠찌베니
【口紅】 입술연지, 루주

□ **くちゃくちゃ**
쿠쨔꾸쨔
몹시 구겨진 모양

□ **くちょう**
쿠쬬-
【口調】 어조, 말투

□ **くちる**
쿠찌루
【朽ちる】 나무 따위가 썩다

□ **くつ**
쿠쓰
【靴】 구두, 신발

□ **くつう**
쿠쓰-
【苦痛】 고통

□ **くつがえす**
쿠쓰가에스
뒤집어엎다

□ **クッキング**
쿡낑구
요리

□ **くつした**
쿠쓰시따
【靴下】 양말

□ **くつじょく**
쿠쓰죠꾸
【屈辱】 굴욕

□ **クッション**
쿳숑
쿠션

□ **ぐっすり**
굿스리
깊이 잠든 모양, 푹

□ **くっせつ**
쿳세쓰
【屈折】 굴절

□ **くったく**
쿳따꾸
【屈託】 꺼림칙하게 여겨져 근심함

□ **ぐったり**
굿따리
지쳐서 축 늘어진 모양

137

□ **くっつく** 쿳쓰꾸	달라붙다
□ **くっつける** 쿳쓰께루	【くっ付ける】 갖다 붙이다
□ **ぐっと** 굿또	힘주어 단숨에 하는 모양
□ **グッドバイ** 굿도바이	굿바이, 안녕
□ **くつや** 쿠쓰야	【靴屋】 양화점, 구둣가게
□ **くつろぐ** 쿠쓰로구	편히 지내다
□ **くつわ** 쿠쓰와	재갈
□ **くどい** 쿠도이	끈덕지다
□ **くどく** 쿠도꾸	【口説く】 설득하다
□ **くどくどしい** 쿠도꾸도시-	장황하다, 번거롭다
□ **くなん** 쿠낭	【苦難】 고난
□ **くに** 쿠니	【国】 나라
□ **ぐにゃぐにゃ** 구냐구냐	흐물흐물
□ **くぬぎ** 쿠누기	상수리나무
□ **くねくね** 쿠네꾸네	구불구불
□ **くのう** 쿠노-	【苦悩】 고뇌
□ **くび** 쿠비	【首】 목, 모가지
□ **くびかざり** 쿠비가자리	【首飾り】 목걸이

138

□ くびすじ 쿠비스지	【首筋】	목덜미
□ くびったけ 쿠빗따께	【首っ丈】	홀딱 반해 버림
□ くびまき 쿠비마끼	【首巻き】	목도리
□ くびわ 쿠비와	【首輪】	목걸이
□ くふう 쿠후-	【工夫】	고안함, 연구함
□ くぶん 쿠붕	【区分】	구분
□ くべつ 쿠베쓰	【区別】	구별
□ くぼむ 쿠보무		움푹 들어가다
□ くま 쿠마	【熊】	곰
□ くまで 쿠마데	【熊手】	갈퀴
□ くみあい 쿠미아이	【組合】	조합
□ くみあわせ 쿠미아와세	【組合わせ】	짝지음, 짜맞춤
□ くみたて 쿠미타떼	【組立て】	조립
□ くむ 쿠무	【汲む】	푸다, 퍼올리다
□ くめん 쿠멩	【工面】	돈마련
□ くも 쿠모	【雲】	구름
□ くも 쿠모		거미
□ くもる 쿠모루	【曇る】	흐리다, 흐려지다

□ **くやしい** 【悔しい】 분하다, 억울하다
　쿠야시-

□ **くやしまぎれ** 【悔し紛れ】 홧김에
　쿠야시마기레

□ **くら** 【鞍】 안장
　쿠라

□ **くらい** 【暗い】 어둡다
　쿠라이

□ **くらい** 【位】 지위, 계급
　쿠라이

□ **クライマックス** 클라이맥스
　쿠라이막꾸스

□ **グラウンド** 그라운드, 경기장
　구라운도

□ **クラクション** 크랙선
　쿠라꾸숑

□ **ぐらぐら** 흔들흔들, 근들근들
　구라구라

□ **くらげ** 【水母】 해파리
　쿠라게

□ **クラシック** 클래식, 고전
　쿠라식꾸

□ **くらす** 【暮らす】 살다, 하루를 보내다
　쿠라스

□ **クラス** 클래스, 학급
　쿠라스

□ **グラス** 글라스, 유리컵
　구라스

□ **ぐらつく** 흔들리다, 동요하다
　구라쓰꾸

□ **クラブ** 클럽
　쿠라부

□ **グラフ** 그래프, 도표
　구라후

□ **グラフィック** 그래픽
　구라휙꾸

□ **くらべる** 쿠라베루	【比べる】	비교하다
□ **グラム** 구라무	그램	
□ **くらやみ** 쿠라야미	【暗闇】	어둠
□ **クラリネット** 쿠라리넷또	클라리넷	
□ **グランプリ** 구랑푸리	그랑프리	
□ **くり** 쿠리	【栗】	밤, 밤색
□ **クリーニング** 쿠리-닝구	클리닝	
□ **クリーム** 쿠리-무	크림	
□ **グリーン** 구리-ㅇ	그린, 녹색	
□ **くりかえす** 쿠리까에스	【繰り返す】	되풀이하다
□ **クリスマス** 쿠리스마스	크리스마스	
□ **クリニック** 쿠리닉꾸	클리닉, 진료소	
□ **グリル** 구리루	그릴, 간이양식점	
□ **ぐる** 구루	【共謀】	공모하다, 한 패가 되다
□ **くる** 쿠루	【来る】	오다
□ **くるう** 쿠루우	【狂う】	미치다, 뒤틀리다
□ **グループ** 구루-뿌	그룹	
□ **ぐるぐる** 구루구루	빙글빙글	

あ

く

さ

た

な

は

ま

や

ら

わ

141

□ **くるしい** 쿠루시-	【苦しい】	괴롭다
□ **くるしむ** 쿠루시무	【苦しむ】	괴로워하다
□ **くるしめる** 쿠리시메루	【苦しめる】	괴롭히다
□ **くるぶし** 쿠루부시		복사뼈
□ **くるま** 쿠루마	【車】	차, 수레
□ **くるみ** 쿠루미		호도
□ **くるめる** 쿠루메루		하나로 뭉뚱그리다
□ **くれぐれ** 쿠레구레		부디, 제발
□ **くれない** 쿠레나이	【紅】	주홍색
□ **クレヨン** 쿠레용		크레용
□ **くれる** 쿠레루	【暮れる】	저물다, 해가 지다
□ **くろい** 쿠로이	【黒い】	검다, 까맣다
□ **くろう** 쿠로-	【苦労】	고생, 노고
□ **クローバ** 쿠로-바		클로버, 토끼풀
□ **くろじ** 쿠로지	【黒字】	흑자
□ **くろまく** 쿠로마꾸	【黒幕】	흑막
□ **くろんぼう** 쿠롬보-	【黒ん坊】	검둥이
□ **くわ** 쿠와		괭이

142

□ **くわ** 쿠와		뽕나무
□ **くわえる** 쿠와에루	【加える】	보태다, 가하다
□ **くわしい** 쿠와시-	【詳しい】	상세하다, 소상하다
□ **ぐんか** 궁까	【軍歌】	군가
□ **ぐんかん** 궁깡	【軍艦】	군함
□ **ぐんき** 궁끼	【軍紀】	군기
□ **ぐんこう** 궁꼬-	【軍港】	군항
□ **ぐんじ** 군지	【軍事】	군사
□ **くんじ** 쿤지	【訓示】	훈시
□ **くんしゅ** 쿤슈	【君主】	군주
□ **ぐんしゅう** 군슈-	【群衆】	군중
□ **ぐんしゅく** 군슈꾸	【軍縮】	군축
□ **くんしょう** 쿤쇼-	【勲章】	훈장
□ **ぐんじん** 군징	【軍人】	군인
□ **ぐんせい** 군세-	【軍政】	군정
□ **ぐんぞう** 군조-	【群像】	군상
□ **ぐんぞく** 군조꾸	【軍属】	군속
□ **ぐんたい** 군따이	【軍隊】	군대

□ ぐんだん 　　【軍団】 군단
　군당

□ ぐんと 　　　　힘껏, 꾹, 홱, 뚝
　군또

□ ぐんとう 　　【群島】 군도
　군또-

□ ぐんび 　　　【軍備】 군비
　굼비

□ ぐんぶ 　　　【軍部】 군부
　굼부

□ ぐんぷく 　　【軍服】 군복
　굼뿌꾸

□ ぐんぼう 　　【軍帽】 군모
　굼보-

□ ぐんぽう 　　【軍法】 군법
　굼뽀-

□ ぐんよう 　　【軍用】 군용
　궁요-

□ くんりん 　　【君臨】 군림
　쿤링

□ くんれん 　　【訓練】 훈련
　쿤렝

144

け

- □ け
  케
  【毛】 털
- □ けいい
  케-이
  【経緯】 경위
- □ けいえい
  케-에-
  【経営】 경영
- □ けいか
  케-까
  【経過】 경과
- □ けいかい
  케-까이
  【警戒】 경계
- □ けいかい
  케-까이
  【軽快】 경쾌함
- □ けいかく
  케-까꾸
  【計画】 계획
- □ けいかん
  케-깡
  【警官】 경찰관
- □ けいき
  케-끼
  【景気】 경기
- □ けいき
  케-끼
  【契機】 계기
- □ けいき
  케-끼
  【刑期】 형기
- □ けいけん
  케-껭
  【経験】 경험
- □ けいご
  케-고
  【敬語】 경어
- □ けいご
  케-고
  【警護】 경호
- □ けいこ
  케-꼬
  【稽古】 연습, 레슨

□ **けいこう** 케-꼬-	【傾向】	경향
□ **けいこく** 케-꼬꾸	【警告】	경고
□ **けいざい** 케-자이	【経済】	경제
□ **けいさつ** 케-사쓰	【警察】	경찰
□ **けいさん** 케-상	【計算】	계산
□ **けいじ** 케-지	【刑事】	형사
□ **けいじ** 케-지	【掲示】	게시
□ **けいしき** 케-시끼	【形式】	형식
□ **げいしゃ** 게-샤	【芸者】	기생
□ **げいじゅつ** 게-쥬쓰	【芸術】	예술
□ **けいしょう** 케-쇼-	【継承】	계승
□ **けいず** 케-즈	【系図】	계도
□ **けいせい** 케-세-	【形成】	형성
□ **けいぞく** 케-조꾸	【継続】	계속
□ **けいそつ** 케-소쓰	【軽率】	경솔함
□ **けいたい** 케-따이	【形態】	형태
□ **けいたい** 케-따이	【携帯】	휴대
□ **けいてき** 케-떼끼	【警笛】	경적

□ **けいと**
케-또
【毛糸】 털실

□ **けいとう**
케-또-
【系統】 계통

□ **げいのう**
게-노-
【芸能】 예능

□ **けいば**
케-바
【競馬】 경마

□ **けいばつ**
케-바쓰
【刑罰】 형벌

□ **けいび**
케-비
【警備】 경비

□ **けいひ**
케-히
【経費】 경비

□ **けいべつ**
케-베쓰
【軽蔑】 경멸

□ **けいほう**
케-호-
【刑法】 형법

□ **けいむしょ**
케-무쇼
【刑務所】 <u>교도소</u>

□ **けいもう**
케-모-
【啓蒙】 계몽

□ **けいやく**
케-야꾸
【契約】 계약

□ **けいゆ**
케-유
【経由】 경유

□ **けいり**
케-리
【経理】 경리

□ **けいりゃく**
케-랴꾸
【計略】 계략

□ **けいりん**
케-링
【競輪】 경륜

□ **けいれい**
케-레-
【敬礼】 경례

□ **けいれき**
케-레끼
【経歴】 경력

□ **けいれん** 케-렝	【痙攣】	경련
□ **けいろ** 케-로	【経路】	경로
□ **けいろう** 케-로-	【敬老】	경로
□ **ケーキ** 케-끼		케이크
□ **ケース** 케-스		케이스
□ **ケーブルカー** 케-부루까-		케이블카
□ **ゲーム** 게-무		게임, 시합
□ **けが** 케가	【怪我】	부상, 다치다
□ **げか** 게까	【外科】	외과
□ **けがす** 케가스	【汚す】	더럽히다
□ **けがわ** 케가와	【毛皮】	모피, 털가죽
□ **げき** 게끼	【劇】	극, 연극
□ **げきさっか** 게끼삭까	【劇作家】	극작가
□ **げきじょう** 게끼죠-	【劇場】	극장
□ **げきたい** 게끼따이	【撃退】	격퇴
□ **げきちん** 게끼찡	【撃沈】	격침
□ **げきてき** 게끼떼끼	【劇的】	극적
□ **げきれい** 게끼레-	【激励】	격려

□ **げこ** 게꼬	【下戸】	술을 못 마시는 사람
□ **げこう** 게꼬-	【下校】	하교
□ **けさ** 케사	【今朝】	오늘아침
□ **げさん** 게상	【下山】	하산
□ **けしいん** 케시잉	【消印】	소인, 스탬프
□ **けしき** 케시끼	【景色】	경치, 풍경
□ **けしゴム** 케시고무	【消ゴム】	지우개
□ **げしゃ** 게샤	【下車】	하차
□ **げしゅく** 게슈꾸	【下宿】	하숙
□ **げじゅん** 게쥰	【下旬】	하순
□ **けしょう** 케쇼-	【化粧】	화장
□ **けす** 케스	【消す】	끄다, 지우다
□ **げすい** 게스이	【下水】	하수
□ **ゲスト** 게스또		게스트, 손님
□ **けずる** 케즈루	【削る】	깎다, 삭제하다
□ **げた** 게따	【下駄】	나막신
□ **けだかい** 케다까이	【気高い】	품격이 높다, 고상하다
□ **けたたましい** 케따타마시-		요란하다, 소란하다

149

일본어	발음	한자	뜻
けたちがい	케따찌가이	【桁違い】	단수가 틀림
けち	케찌		인색함, 다라움
ケチャップ	케찹뿌		케첩
けつあつ	케쓰아쓰	【血圧】	혈압
けつえき	케쓰에끼	【血液】	혈액
けつえん	케쓰엥	【血縁】	혈연, 혈육
けっか	켁까	【結果】	결과
けっかく	켁까꾸	【結核】	결핵
げっかん	겍깡	【月刊】	월간
けっかん	켁깡	【血管】	혈관
けっかん	켁깡	【欠陥】	결함
けっき	켁끼	【血気】	혈기, 객기
げっきゅう	겍뀨-	【月給】	월급
けっきゅう	켁뀨-	【血球】	혈구
けっきょく	켁꾜꾸	【結局】	결국
けっきん	켁낑	【欠勤】	결근
げっけい	겍께-	【月経】	월경
げっけいかん	겍께-깡	【月桂冠】	월계관

150

□ **けっこう** 켁꼬-	【結構】	훌륭함, 좋음, 충분함
□ **けつごう** 케쓰고-	【結合】	결합
□ **けっこう** 켁꼬-	【欠航】	결항
□ **けっこん** 켁꽁	【結婚】	결혼
□ **けっさい** 켓사이	【決裁】	결재
□ **けっさく** 켓사꾸	【傑作】	걸작
□ **けっさん** 켓상	【決算】	결산
□ **けつじつ** 켓쓰지쓰	【結実】	결실
□ **けっして** 켓시떼	【決して】	결코, 절대로
□ **けっしてき** 켓시테끼	【決死的】	결사적
□ **けつじょ** 케쓰죠	【欠如】	결여
□ **けっしょう** 켓쇼-	【決勝】	결승
□ **けっしょく** 켓쇼꾸	【血色】	혈색
□ **けっしん** 켓싱	【決心】	결심
□ **けっせき** 켓세끼	【欠席】	결석
□ **けっせん** 겟셍	【決戦】	결전
□ **けっせん** 켓셍	【血戦】	혈전
□ **けつぞく** 케쓰조꾸	【血族】	혈족

あ

け

さ

た

な

は

ま

や

ら

わ

151

□ **けつだん** 케쓰당	【決断】	결단
□ **けってい** 켓떼-	【決定】	결정
□ **けってん** 켓뗑	【欠点】	결점
□ **けっとう** 켓또-	【血統】	혈통
□ **けっとう** 켓또-	【決闘】	결투
□ **けっとう** 켓또-	【血糖】	혈당
□ **けつにく** 케쓰니꾸	【血肉】	혈육
□ **げっぷ** 겝뿌	【月賦】	월부
□ **けっぺき** 켑뻬끼	【潔癖】	결벽
□ **けつぼう** 케쓰보-	【欠乏】	결핍
□ **けつまつ** 케쓰마쓰	【結末】	결말
□ **げつまつ** 게쓰마쓰	【月末】	월말
□ **げつようび** 게쓰요-비	【月曜日】	월요일
□ **けつれつ** 케쓰레쓰	【決裂】	결렬
□ **けつろん** 케쓰롱	【結論】	결론
□ **げどく** 게도꾸	【解毒】	해독
□ **けなす** 케나스	【貶す】	헐뜯다
□ **けなみ** 케나미	【毛並み】	혈통, 출신성분

□ **げにん** 게닝	【下人】	하인
□ **けねん** 케넹	【懸念】	염려, 괘념
□ **けはい** 케하이	【気配】	기색, 낌새
□ **けびょう** 케뵤-	【仮病】	꾀병
□ **げひん** 게힝	【下品】	(인품이) 천박함
□ **けむり** 케무리	【煙】	연기
□ **けもの** 케모노	【獣】	짐승
□ **けやき** 케야끼		느티나무
□ **けらい** 케라이	【家来】	가신
□ **げらく** 게라꾸	【下落】	하락
□ **げり** 게리	【下痢】	설사
□ **ゲリラ** 게리라		게릴라, 유격대
□ **ける** 케루	【蹴る】	걷어차다
□ **けわしい** 케와시-	【険しい】	험하다
□ **けんい** 켕이	【権威】	권위
□ **げんいん** 겡잉	【減員】	감원
□ **げんいん** 겡잉	【原因】	원인
□ **げんえい** 겡에-	【幻影】	환영

153

□ **げんえき** 겡에끼	【現役】	현역	
□ **けんえき** 켕에끼	【検疫】	검역	
□ **けんえつ** 켕에쓰	【検閲】	검열	
□ **けんお** 켕오	【嫌悪】	혐오	
□ **げんか** 켕까	【原価】	원가	
□ **けんか** 켕까	【喧嘩】	싸움, 다툼	
□ **けんかい** 켕까이	【見解】	견해	
□ **げんかい** 겡까이	【限界】	한계	
□ **けんがく** 켕가꾸	【見学】	견학	
□ **げんかく** 겡카꾸	【厳格】	엄격	
□ **げんかん** 겡깡	【玄関】	현관	
□ **げんき** 겡끼	【元気】	원기, 기력	
□ **けんぎ** 켕기	【嫌疑】	혐의	
□ **げんきゅう** 겡뀨-	【言及】	언급	
□ **けんきゅう** 켕뀨-	【研究】	연구	
□ **けんきょ** 켕꾜	【謙虚】	겸허	
□ **げんきん** 겡낑	【現金】	현금	
□ **けんきん** 켕낑	【献金】	헌금	

□ **けんご**
 켕고
【堅固】 견고

□ **げんご**
 겡고
【言語】 언어

□ **けんこう**
 켕꼬-
【健康】 건강

□ **げんこう**
 겡꼬-
【原稿】 원고

□ **けんこく**
 켕꼬꾸
【建国】 건국

□ **げんこつ**
 겡꼬쓰
【拳骨】 주먹

□ **けんさ**
 켄사
【検査】 검사

□ **げんざい**
 겐자이
【現在】 현재

□ **げんさく**
 겐사꾸
【原作】 원작

□ **けんさつ**
 켄사쓰
【検察】 검찰

□ **げんし**
 겐시
【原子】 원자

□ **けんじ**
 켄지
【検事】 검사

□ **げんしじん**
 겐시징
【原始人】 원시인

□ **げんじつ**
 겐지쓰
【現実】 현실

□ **げんしゅ**
 겐슈
【厳守】 엄수

□ **けんしゅう**
 켄슈-
【見習】 견습

□ **けんしゅう**
 켄슈-
【研修】 연수

□ **けんじゅつ**
 켄쥬쓰
【剣術】 검술

155

□ けんしゅつ 켄슈쯔	【検出】	검출
□ げんしょ 겐쇼	【原書】	원서
□ げんしょう 겐쇼-	【現象】	현상
□ げんしょく 겐쇼꾸	【原色】	원색
□ けんせい 켄세-	【牽制】	견제
□ けんせつ 켄세쯔	【建設】	건설
□ けんぜん 켄젱	【健全】	건전
□ げんぞう 겐조-	【幻像】	환상
□ げんそく 겐소꾸	【原則】	원칙
□ けんそん 켄송	【謙遜】	겸손
□ けんたい 켄따이	【倦怠】	권태
□ げんたい 겐따이	【原隊】	원대
□ げんだい 겐다이	【現代】	현대
□ げんち 겐찌	【言質】	언질
□ けんちく 켄찌꾸	【建築】	건축
□ げんてい 겐떼-	【限定】	한정
□ けんとう 켄또-	【見当】	짐작, 어림
□ けんどう 켄도-	【剣道】	검도

156

□ **げんなま** 겐나마	【現生】	현금(은어)	
□ **けんなん** 켄낭	【険難】	험난함	
□ **げんば** 겜바	【現場】	현장	
□ **けんばん** 켐방	【鍵盤】	건반	
□ **けんぶつ** 켐부쓰	【見物】	구경	
□ **けんぶん** 켐붕	【見聞】	견문	
□ **げんぶん** 겜붕	【原文】	원문	
□ **けんぺい** 켐뻬-	【憲兵】	헌병	
□ **けんぽう** 켐뽀-	【憲法】	헌법	
□ **けんぼく** 켐보꾸	【原木】	원목	
□ **げんまい** 겜마이	【玄米】	현미	
□ **げんみつ** 겜미쯔	【厳密】	엄밀	
□ **けんめい** 켐메-	【賢明】	현명	
□ **けんめい** 켐메-	【懸命】	목숨을 걺, 힘껏 함	
□ **げんめつ** 겜메쓰	【幻滅】	환멸	
□ **けんやく** 켕야꾸	【倹約】	검약	
□ **げんゆ** 겡유	【原油】	원유	
□ **けんよう** 켕요-	【兼用】	겸용	

□ **げんり** 겐리	【原理】	원리
□ **けんり** 켄리	【権利】	권리
□ **げんりょう** 겐료-	【原料】	원료
□ **げんりょう** 겐료-	【減量】	감량
□ **けんりょく** 켄료꾸	【権力】	권력
□ **げんろう** 겐로-	【元老】	원로
□ **げんろん** 겐롱	【言論】	언론
□ **げんわく** 겡와꾸	【眩惑】	현혹

□ **コアラ**
코아라
코알라

□ **こい**
코이
【濃い】 진하다, 짙다

□ **こい**
코이
잉어

□ **こい**
코이
【恋】 사랑

□ **こいし**
코이시
【小石】 잔돌, 자갈

□ **こいしい**
코이시-
【恋しい】 그립다

□ **こいぬ**
코이누
【小犬】 강아지

□ **こいびと**
코이비또
【恋人】 연인

□ **こいぶみ**
코이부미
【恋文】 연애편지

□ **コイン**
코잉
코인, 동전

□ **こうあん**
코-앙
【考案】 고안

□ **ごうい**
고-이
【合意】 합의

□ **こうい**
코-이
【行為】 행위

□ **こうい**
코-이
【好意】 호의

□ **こういってん**
코-잇뗑
【紅一点】 홍일점

159

□ こうう 코-우	【降雨】	강우
□ ごうう 고-우	【豪雨】	호우
□ こううん 코-웅	【幸運】	행운
□ こうえい 코-에-	【後裔】	후예
□ こうえん 코-엥	【講演】	강연
□ こうえん 코-엥	【公演】	공연
□ こうえん 코-엥	【公園】	공원
□ ごうおん 고-옹	【轟音】	굉음
□ こうか 코-까	【効果】	효과
□ ごうか 고-까	【豪華】	호화
□ こうか 코-까	【降下】	강하
□ こうか 코-까	【高価】	고가, 비싼 값
□ こうかい 코-까이	【公開】	공개
□ こうがい 코-가이	【公害】	공해
□ こうがい 코-가이	【郊外】	교외
□ ごうがい 고-가이	【号外】	호외
□ こうかい 코-까이	【航海】	항해
□ こうかい 코-까이	【後悔】	후회

□ **こうがく**
コ-가꾸
【工学】 공학

□ **ごうかく**
고-카꾸
【合格】 합격

□ **こうかん**
코-깡
【交換】 교환

□ **こうぎ**
코-기
【講義】 강의

□ **こうぎ**
코-기
【抗議】 항의

□ **こうきあつ**
코-끼아쓰
【高気圧】 고기압

□ **こうきしん**
코-끼싱
【好奇心】 호기심

□ **こうきゅう**
코-뀨-
【高級】 고급

□ **こうきゅう**
코-뀨-
【好況】 호황

□ **こうぎょう**
코-교-
【工業】 공업

□ **こうぎょう**
코-교-
【興行】 흥행

□ **こうきょうがく**
코-꾜-가꾸
【交響楽】 교향악

□ **こうくう**
코-꾸-
【航空】 항공

□ **こうぐん**
코-궁
【行軍】 행군

□ **こうけい**
코-께-
【光景】 광경

□ **ごうけい**
고-께-
【合計】 합계

□ **ごうけつ**
고-께쓰
【豪傑】 호걸

□ **こうげん**
코-겡
【高原】 고원

□ こうげん 코-겡	【広言】	큰소리, 호언장담
□ こうご 코-고	【交互】	번갈아
□ こうこう 코-꼬-	【孝行】	효도
□ こうこく 코-코꾸	【広告】	광고
□ こうこつ 코-꼬쓰	【恍惚】	황홀
□ こうさ 코-사	【考査】	고사
□ こうさい 코-사이	【光彩】	광채
□ こうさい 코-사이	【交際】	교제
□ こうさく 코-사꾸	【耕作】	경작
□ こうさく 코-사꾸	【工作】	공작
□ こうさつ 코-사쓰	【考察】	고찰
□ こうさん 코-상	【降参】	항복
□ こうざん 코-장	【鉱山】	광산
□ こうじ 코-지	【工事】	공사
□ こうし 코-시	【子牛】	송아지
□ こうし 코-시	【講師】	강사
□ こうし 코-시	【考試】	고시
□ こうし 코-시	【孝子】	효자

□ **こうしき** 코-시끼	【公式】	공식
□ **こうじつ** 코-지쓰	【口実】	구실
□ **こうしつ** 코-시쓰	【皇室】	황실
□ **こうしゅう** 코-슈-	【講習】	강습
□ **こうしゅう** 코-슈-	【公衆】	공중
□ **こうしょう** 코-쇼-	【公証】	공증
□ **こうしょう** 코-쇼-	【交渉】	교섭
□ **こうじょう** 코-죠-	【向上】	향상
□ **ごうじょう** 고-죠-	【強情】	고집이 셈
□ **こうじょう** 코-죠-	【工場】	공장
□ **こうしょく** 코-쇼꾸	【公職】	공직
□ **こうしょく** 코-쇼꾸	【好色】	호색
□ **こうしん** 코-싱	【行進】	행진
□ **こうしん** 코-싱	【更新】	갱신
□ **こうしんじょ** 코-신죠	【興信所】	흥신소
□ **こうすい** 코-스이	【香水】	향수
□ **こうずい** 코-즈이	【洪水】	홍수
□ **こうせい** 코-세-	【構成】	구성

あ

こ

さ

た

な

は

ま

や

ら

わ

163

□ こうせい 코-세-	【更生】	갱생	
□ こうせい 코-세-	【校正】	교정	
□ こうせい 코-세-	【後世】	후세	
□ こうせき 코-세끼	【功績】	공적	
□ こうせん 코-셍	【光線】	광선	
□ こうそう 코-소-	【高層】	고층	
□ こうぞう 코-조-	【構造】	구조	
□ こうそう 코-소-	【構想】	구상	
□ こうそく 코-소꾸	【拘束】	구속	
□ こうそく 코-소꾸	【高速】	고속	
□ こうたい 코-따이	【交替】	교대, 교체	
□ こうたく 코-따꾸	【光沢】	광택	
□ こうちゃ 코-쨔	【紅茶】	홍차	
□ こうちょう 코-쬬-	【校長】	교장	
□ こうつう 코-쓰-	【交通】	교통	
□ こうつごう 코-쓰고-	【好都合】	형편이 좋음, 알맞음	
□ こうてい 코-떼-	【肯定】	긍정	
□ こうてい 코-떼-	【校庭】	교정	

164

□ **こうてい**
코-떼-
【皇帝】 황제

□ **こうてつ**
코-떼쓰
【鋼鉄】 강철

□ **こうてつ**
코-떼쓰
【更迭】 경질

□ **こうど**
코-도
【高度】 고도

□ **こうどう**
코-도-
【講堂】 강당

□ **こうとう**
코-또-
【高等】 고등

□ **ごうどう**
고-도-
【合同】 합동

□ **ごうとう**
고-또-
【強盗】 강도

□ **こうない**
코-나이
【構内】 구내

□ **こうない**
코-나이
【港内】 항내

□ **こうにゅう**
코-뉴-
【購入】 구입

□ **こうにん**
코-닝
【公認】 공인

□ **こうねつ**
코-네쓰
【高熱】 고열

□ **こうねんき**
코-넹끼
【更年期】 갱년기

□ **こうのとり**
코-노도리
황새

□ **こうば**
코-바
【工場】 공장

□ **こうばい**
코-바이
【購買】 구매

□ **こうばい**
코-바이
【勾配】 경사, 기울기

□ こうはい 코-하이	【後輩】	후배
□ こうばん 코-방	【交番】	파출소, 지서
□ こうひょう 코-효-	【公表】	공표
□ こうひょう 코-효-	【好評】	호평
□ こうふく 코-후꾸	【降伏】	항복
□ こうふく 코-후꾸	【幸福】	행복
□ こうぶつ 코-부쓰	【好物】	즐기는 음식
□ こうふん 코-훙	【興奮】	흥분
□ こうへい 코-헤-	【公平】	공평
□ こうほ 코-호	【候補】	후보
□ こうぼう 코-보-	【興亡】	흥망
□ こうみょう 코-묘-	【巧妙】	교묘
□ こうみょう 코-묘-	【光明】	광명
□ こうもく 코-모꾸	【項目】	항목
□ ごうもん 고-몽	【拷問】	고문
□ こうもん 코-몽	【校門】	교문
□ こうもん 코-몽	【肛門】	항문
□ こうや 코-야	【広野】	광야, 넓은 들

こうよう 코-요-	【公用】 공용
こうら 코-라	【甲羅】 거북 등의 등딱지
こうり 코-리	【行李】 고리짝
こうりつ 코-리쓰	【公立】 공립
ごうりてき 고-리테끼	【合理的】 합리적
こうりゃく 코-랴꾸	【攻略】 공략
こうりゅう 코-류-	【交流】 교류
こうりょ 코-료	【考慮】 고려
こうりょく 코-료꾸	【効力】 효력
ごうれい 고-레-	【号令】 호령
こうわん 코-왕	【港湾】 항만
こえ 코에	【声】 목소리
こえる 코에루	【越える】 넘다
コース 코-스	코스
コーチ 코-찌	코치
コート 코-또	코트, 외투
コーナー 코-나-	코너, 귀퉁이
コーヒー 코-히-	커피

167

□ コーラス 코-라스		코러스, 합창
□ コーラン 코-랑		코란, 회교의 성전
□ こおり 코-리	【氷】	얼음
□ こおる 코-루	【凍る】	얼다
□ こおろぎ 코-로기		귀뚜라미
□ ごかい 고까이	【誤解】	오해
□ ごがく 고가꾸	【語学】	어학
□ こがたな 코가따나	【小刀】	작은 칼, 나이프
□ こがねむし 코가네무시		풍뎅이
□ こがら 코가라	【小柄】	몸집이 작음
□ こがらし 코가라시	【木枯し】	초겨울의 찬바람
□ こぎって 코깃떼	【小切手】	수표
□ ごきぶり 고끼부리		바퀴벌레
□ こきゃく 코갸꾸	【顧客】	고객
□ こきゅう 코뀨-	【呼吸】	호흡
□ こきゅう 코뀨-	【古宮】	고궁
□ こぎれい 코기레-	【小綺麗】	깔끔함, 말쑥함
□ ごく 고꾸	【極<】	극히, 매우

□ こぐ
코구
【漕ぐ】 노를 젓다

□ こくう
코꾸-
【虚空】 허공

□ こくおう
코꾸오-
【国王】 국왕

□ こくご
코꾸고
【国語】 국어

□ こくさい
코꾸사이
【国際】 국제

□ こくさん
코꾸상
【国産】 국산

□ こくじ
코꾸지
【告示】 고시

□ こくし
코꾸시
【国史】 국사

□ こくじん
코꾸징
【黒人】 흑인

□ こくせき
코꾸세끼
【国籍】 국적

□ こくそう
코꾸소-
【穀倉】 곡창

□ こくど
코꾸도
【国土】 국토

□ こくない
코꾸나이
【国内】 국내

□ こくなん
코꾸낭
【国難】 국난

□ こくはつ
코꾸하쓰
【告発】 고발

□ こくばん
코꾸방
【黒板】 흑판, 칠판

□ こくふく
코꾸후꾸
【克服】 극복

□ こくぶん
코꾸붕
【国文】 국문

□ こくべつ 코꾸베쓰	【告別】	고별
□ こくぼう 코꾸보-	【国防】	국방
□ こくほう 코꾸호-	【国法】	국법
□ こくほう 코꾸호-	【国宝】	국보
□ こくみん 코꾸밍	【国民】	국민
□ こくもつ 코꾸모쓰	【穀物】	곡물
□ こくゆう 코꾸유-	【国有】	국유
□ ごくらく 고꾸라꾸	【極楽】	극락
□ こくりつ 코꾸리쓰	【国立】	국립
□ こくりょく 코꾸료꾸	【国力】	국력
□ こけ 코께	【苔】	이끼
□ こげる 코게루	【焦げる】	눋다, 타서 까맣게 되다
□ ごご 고고	【午後】	오후
□ ここ 코꼬		이곳, 여기
□ こごと 코고또	【小言】	잔소리
□ ココナツ 코꼬나쓰		코코넛
□ こころ 코꼬로	【心】	마음
□ こころあたり 코꼬로아따리	【心当り】	짐작

170

□ **こころがかり** 코꼬로가까리	【心掛り】	염려, 걱정
□ **こころがけ** 코꼬로가께	【心掛け】	마음가짐
□ **こころがまえ** 코꼬로가마에	【心構え】	각오, 마음의 준비
□ **こころがわり** 코꼬로가와리	【心変り】	변심, 변덕
□ **こころざす** 코꼬로자스	【志す】	뜻하다, 뜻을 두다
□ **こころづかい** 코꼬로즈까이	【心遣い】	배려, 심려
□ **こころづよい** 코꼬로즈요이	【心強い】	마음 든든하다
□ **こころね** 코꼬로네	【心根】	마음씨
□ **こころのこり** 코꼬로노꼬리	【心残り】	미련
□ **こころぼそい** 코꼬로보소이	【心細い】	허전하다, 불안하다
□ **こころもち** 코꼬로모찌	【心持ち】	기분, 느낌
□ **こころよい** 코꼬로요이	【快い】	상쾌하다
□ **ここん** 코꽁	【古今】	고금
□ **こさん** 코상	【古参】	고참
□ **こじ** 코지	【孤児】	고아
□ **こじ** 코지	【誇示】	과시
□ **こし** 코시	【腰】	허리
□ **こしかけ** 코시카께	【腰掛け】	걸상

あ

こ

さ

た

な

は

ま

や

ら

わ

171

□ **こじき** 코지끼	【乞食】	거지
□ **ゴシップ** 고십뿌		가십, 소문
□ **こしぬけ** 코시누께	【腰抜け】	겁쟁이
□ **こじゅうと** 코쥬-또	【小姑】	시누
□ **こしょう** 코쇼-	【故障】	고장
□ **こしょう** 코쇼-	【胡椒】	후추
□ **こしらえる** 코시라에루		만들다, 마련하다
□ **こじん** 코징	【個人】	개인
□ **こじん** 코징	【故人】	고인, 죽은 사람
□ **コスト** 코스또		코스트, 원가
□ **コスモス** 코스모스		코스모스
□ **こする** 코스루	【擦る】	문지르다, 비비다
□ **こせい** 코세-	【個性】	개성
□ **こせき** 코세끼	【戸籍】	호적
□ **こぜに** 코제니	【小銭】	잔돈
□ **ごぜん** 고젱	【午前】	오전
□ **こそこそ** 코소꼬소		몰래 하는 모양
□ **こそどろ** 코소도로	【泥どろ】	좀도둑

172

□ **こそばゆい**
코소바유이
근질근질하다, 간지럽다

□ **こたい**
코따이
【個体】 고체

□ **こだい**
코다이
【古代】 고대

□ **こたえる**
코따에루
【答える】 대답하다

□ **こだち**
코다찌
【木立】 나무숲

□ **こだま**
코다마
【木霊】 메아리, 신울림

□ **ごちそう**
고찌소-
【御馳走】 진수성찬

□ **こちょう**
코쬬-
【誇張】 과장

□ **こちら**
코찌라
이쪽, 이곳

□ **こつ**
코쓰
요령

□ **こっか**
콕까
【国家】 국가

□ **こづかい**
코즈까이
【小遣い】 용돈

□ **こっき**
콕끼
【国旗】 국기

□ **こっきょう**
콕꾜-
【国境】 국경

□ **コック**
콕꾸
쿡, 요리사

□ **コック**
콕꾸
콕, 마개

□ **こっけい**
콕께-
【滑稽】 익살스러움

□ **ごつごつ**
고쓰고쓰
울퉁불퉁

173

□ こつこつ 콧쓰꼬쓰		꾸준히 노력하는 모양
□ こつぜん 코쓰젱	【忽然】	홀연히
□ こっそり 콧소리		몰래, 살짝
□ こづつみ 코즈쓰미	【小包】	소포
□ こっとうひん 콧또-힝	【骨董品】	골동품
□ こっぱみじん 콥빠미징		산산조각
□ こつばん 코쓰방	【骨盤】	골반
□ コップ 콥뿌		컵
□ こてい 코떼-	【固定】	고정
□ こてん 코뗑	【古典】	고전
□ ことう 코또-	【孤島】	고도
□ こどく 코도꾸	【孤独】	고독
□ ことごとく 코또고또꾸		모조리, 몽땅
□ ことさら 코또사라	【殊更】	유난히
□ ことし 코또시	【今年】	금년, 올해
□ ことづて 코또즈떼	【言伝】	전갈, 전언
□ ことに 코또니	【殊に】	특히
□ ことのほか 코또노호까	【殊の外】	의외로, 더한층

□ **ことば**　【言葉】말
코또바

□ **こども**　【子供】아이, 어린아이
코도모

□ **ことり**　【小鳥】작은 새
코또리

□ **ことわざ**　【諺】속담
코또와자

□ **ことわる**　【断る】거절하다, 미리 알리다
코또와루

□ **こな**　【粉】가루, 분말
코나

□ **こにもつ**　【小荷物】작은 짐
코니모쓰

□ **ごにん**　【誤認】오인
고닝

□ **このは**　【木の葉】나뭇잎
코노하

□ **このまま**　이대로
코노마마

□ **このむ**　【好む】좋아하다, 즐기다
코노무

□ **こばむ**　【拒む】거부하다
코바무

□ **ごはん**　【ご飯】밥
고항

□ **ごびゅう**　【誤謬】오류
고뷰-

□ **こびりつく**　달라붙다
코비리쓰꾸

□ **こぶ**　혹
코부

□ **ごふくや**　【呉服屋】포목점
고후꾸야

□ **ごぶさた**　오랫동안 격조함
고부사따

□ こぶし 코부시	주먹	
□ コブラ 코부라	코브라, 독사	
□ こぶん 코붕	【子分】 부하, 똘마니	
□ こべつ 코베쓰	【個別】 개별	
□ ごぼう 고보-	우엉	
□ こぼく 코보꾸	【古木】 고목	
□ こぼす 코보스	엎지르다	
□ こぼれる 코보레루	넘쳐흐르다	
□ ごま 고마	참깨	
□ こま 코마	팽이	
□ こまいぬ 코마이누	해태	
□ こまかい 코마까이	【細かい】 잘다, 상세하다	
□ ごまかす 고마까스	속이다	
□ ごまごま 고마고마	자질구레한 모양	
□ こまる 코마루	【困る】 곤란하다, 난처하다	
□ ごみ 고미	쓰레기, 먼지	
□ コミッション 코밋숑	커미션, 구문	
□ コミュニケーション 코뮤니케-숑	커뮤니케이션	

176

□ **ゴム** 코무		고무
□ **こむ** 코무	【混む】	붐비다
□ **こむすめ** 코무스메	【小娘】	계집아이
□ **こめかみ** 코메까미		관자놀이
□ **こめつぶ** 코메쓰부	【米粒】	쌀알
□ **コメディー** 코메디-		코미디, 희극
□ **こもりうた** 코모리우따	【子守歌】	자장가
□ **こや** 코야	【小屋】	오두막집
□ **こゆび** 코유비	【小指】	새끼손가락
□ **こよみ** 코요미	【暦】	달력
□ **こらえる** 코라에루	【堪える】	참다, 견디다
□ **ごらく** 고라꾸	【娯楽】	오락
□ **こらしめる** 코라시메루		징계하다, 혼내주다
□ **こりくつ** 코리꾸쓰	【小理屈】	그럴싸한 핑계
□ **ごりごり** 고리고리		지긋지긋함
□ **こりつ** 코리쓰	【孤立】	고립
□ **ゴリラ** 고리라		고릴라
□ **コルセット** 코루셋또		코르셋, 여자의 양장 속옷

177

□ **これ** 코레	이것	
□ **コレクション** 코레꾸숑	컬렉션, 수집	
□ **これほど** 코레호도	이렇게까지, 이렇듯	
□ **コレラ** 코레라	콜레라	
□ **ころがる** 코로가루	【転がる】 구르다, 넘어지다	
□ **ころす** 코로스	【殺す】 죽이다	
□ **ころぶ** 코로부	【転ぶ】 넘어지다	
□ **ころも** 코로모	【衣】 옷, 의복	
□ **こわい** 코와이	【恐い】 무섭다, 두렵다	
□ **こわがる** 코와가루	【恐がる】 두려워하다	
□ **こわごわ** 코와고와	【恐恐】 두려워하는 모양	
□ **こわれる** 코와레루	【壊れる】 부서지다, 깨지다	
□ **こんいろ** 콩이로	【紺色】 감색	
□ **こんがらかる** 콩가라까루	뒤얽히다	
□ **こんかん** 콩깡	【根幹】 근간	
□ **こんき** 콩끼	【根気】 끈기	
□ **こんきょ** 콩꾜	【根拠】 근거	
□ **コンクリート** 콩꾸리-또	콘크리트	

178

□ **こんげつ** 【今月】 이달
콩게쓰

□ **こんご** 【今後】 앞으로
콩고

□ **こんごう** 【混合】 혼합
콩고-

□ **コンサート** 콘서트
콘사-또

□ **コンサイス** 소형사전
콘사이스

□ **こんざつ** 【混雑】 혼잡
콘자쓰

□ **コンサルタント** 컨설턴트, 상담역
콘사루탄또

□ **こんじき** 【金色】 금빛
콘지끼

□ **こんしゅう** 【今週】 금주, 이번 주
콘슈-

□ **こんじょう** 【根性】 근성
콘죠-

□ **こんせん** 【混線】 혼선
콘셍

□ **コンソメ** 콩소메, 맑은 수프
콘소메

□ **コンダクター** 컨덕터, 지휘자
콘다쿠따-

□ **こんだてひょう** 【献立表】 메뉴판
콘다떼효-

□ **こんたん** 【魂胆】 속셈, 책략
콘땅

□ **こんちゅう** 【昆虫】 곤충
콘쮸-

□ **コンディション** 컨디션
콘디숑

□ **コンテスト** 콘테스트, 경연대회
콘테스또

□ こんど 【今度】 이번, 금번
　콘도

□ コント 콩트
　콘또

□ こんどう 【混同】 혼동
　콘도-

□ コントロール 컨트롤
　콘토로-루

□ こんなん 【困難】 곤란
　콘낭

□ こんにち 【今日】 오늘, 오늘날
　콘니찌

□ こんにゃく 곤약, 구약나물
　콘냐꾸

□ こんねん 【今年】 금년
　콘넹

□ コンパクト 콤팩트
　콤파꾸또

□ コンパニー 컴퍼니, 회사
　콤파니-

□ こんばん 【今晩】 오늘밤
　콤방

□ コンビ 콤비, 짝
　콤비

□ こんぶ 【昆布】 다시마
　콤부

□ コンピューター 컴퓨터
　콤퓨-따-

□ コンプレックス 콤플렉스
　콤푸렉꾸스

□ こんぼう 【棍棒】 곤봉
　콤보-

□ こんもり 나무들이 울창한 모양
　콤모리

□ こんや 【今夜】 오늘밤
　콩야

180

□ **こんやく**
　こんやぐ
　【婚約】　약혼

□ **こんよう**
　こんよ-
　【混用】　혼용

□ **こんらん**
　こんらん
　【混乱】　혼란

□ **こんりゅう**
　こんりゅ-
　【建立】　건립

□ **こんれい**
　こんれ-
　【婚礼】　혼례

□ **こんろ**
　こんろ
　【焜炉】　풍로

□ **こんわく**
　こんわぐ
　【困惑】　곤혹

あ

こ

さ

た

な

は

ま

や

ら

わ

과일과 야채 果物と野菜

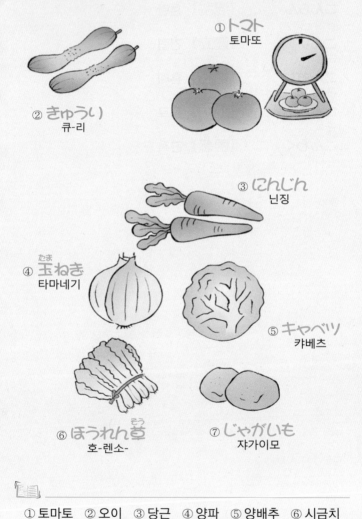

① トマト
토마또

② きゅうり
큐-리

③ にんじん
닌징

④ 玉ねき
たま
타마네기

⑤ キャベツ
캬베츠

⑥ ほうれん草
そう
호-렌소-

⑦ じゃがいも
쟈가이모

---

① 토마토 ② 오이 ③ 당근 ④ 양파 ⑤ 양배추 ⑥ 시금치
⑦ 감자

⑧ レモン
레몽

⑨ さくらんぼう
사꾸람보-

⑩ すいか
스이까

⑪ バナナ
바나나

⑫ いちご
이찌고

⑬ ぶどう
부도-

⑭ もも
모모

⑮ くり
쿠리

⑯ りんご
링고

⑰ オレンジ
오렌지

---

⑧ 레몬 ⑨ 체리 ⑩ 수박 ⑪ 바나나 ⑫ 딸기 ⑬ 포도
⑭ 복숭아 ⑮ 밤 ⑯ 사과 ⑰ 오렌지

□ **サーカス** 서커스
사-카스

□ **サークル** 서클, 동호회
사-쿠루

□ **サービス** 서비스
사-비스

□ **ざいあく** 【罪悪】 죄악
자이아꾸

□ **さいあく** 【最悪】 최악
사이아꾸

□ **さいう** 【細雨】 이슬비, 가랑비
사이우

□ **さいえん** 【才媛】 재원
사이엥

□ **さいかい** 【再開】 재개
사이까이

□ **ざいかい** 【財界】 재계
자이까이

□ **さいかい** 【再会】 재회
사이까이

□ **さいがい** 【災害】 재해
사이가이

□ **ざいがく** 【在学】 재학
자이가꾸

□ **さいき** 【再起】 재기
사이끼

□ **さいきん** 【細菌】 세균
사이낑

□ **さいきん** 【最近】 최근
사이낑

□ **サイクル** 사이쿠루	사이클, 주파수	
□ **さいくん** 사이꿍	【細君】	남의 아내
□ **さいけつ** 사이께쓰	【採血】	채혈
□ **さいげつ** 사이게쓰	【歳月】	세월
□ **さいけん** 사이껭	【再建】	재건
□ **さいけん** 사이껭	【債権】	채권
□ **ざいこ** 자이꼬	【在庫】	재고
□ **さいご** 사이고	【最後】	최후
□ **さいこう** 사이꼬-	【最高】	최고
□ **さいこん** 사이꽁	【再婚】	재혼
□ **ざいさん** 자이상	【財産】	재산
□ **さいし** 사이시	【妻子】	처자
□ **ざいじゅう** 자이쥬-	【在住】	거주
□ **さいしゅう** 사이슈-	【採集】	채집
□ **さいしゅう** 사이슈-	【最終】	최종
□ **さいしょ** 사이쇼	【最初】	최초
□ **さいじょう** 사이죠-	【最上】	최상
□ **さいしょう** 사이쇼-	【最少】	최소

□ **ざいしょく** 자이쇼꾸	【在職】	재직
□ **さいしょく** 사이쇼꾸	【菜食】	채식
□ **さいしん** 사이싱	【最新】	최신
□ **サイズ** 사이즈		사이즈, 치수
□ **さいせい** 사이세-	【再生】	재생
□ **ざいせい** 자이세-	【財政】	재정
□ **さいぜん** 사이젱	【最善】	최선
□ **さいそく** 사이소꾸	【催促】	재촉, 독촉
□ **サイダー** 사이다-		사이다
□ **さいだい** 사이다이	【最大】	최대
□ **ざいたく** 자이따꾸	【在宅】	집에 있음
□ **ざいだん** 자이당	【財団】	재단
□ **さいちゅう** 사이쮸-	【最中】	한창인 때
□ **さいてい** 사이떼-	【最低】	최저
□ **サイド** 사이도		사이드, 옆, 측면
□ **さいなん** 사이낭	【災難】	재난
□ **ざいにん** 자이닝	【罪人】	죄인
□ **さいのう** 사이노-	【才能】	재능

186

□ **さいばい** 【栽培】 재배
　사이바이

□ **ざいばつ** 【財閥】 재벌
　자이바쓰

□ **さいばん** 【裁判】 재판
　사이방

□ **さいふ** 【財布】 돈지갑
　사이후

□ **さいぼう** 【細胞】 세포
　사이보-

□ **さいみんじゅつ** 【催眠術】 최면술
　사이민쥬쓰

□ **ざいもく** 【材木】 재목
　자이모꾸

□ **さいよう** 【採用】 채용
　사이요-

□ **ざいらい** 【在来】 재래
　자이라이

□ **ざいりょう** 【材料】 재료
　자이료-

□ **ざいりょく** 【財力】 재력
　자이료꾸

□ **サイレン** 사이렌
　사이렝

□ **さいわい** 【幸い】 다행, 요행
　사이와이

□ **サイン** 사인, 서명
　사잉

□ **サウナ** 사우나
　사우나

□ **さえぎる** 가로막다, 가리다
　사에기루

□ **さえずる** 새가 지저귀다
　사에즈루

□ **さお** 작대기, 장대
　사오

187

□ **さか** 　사까	【坂】 언덕, 고개
□ **さかさま** 　사까사마	【逆様】 거꾸로 매달린 상태
□ **さがす** 　사가스	【探す】 뒤지다
□ **さがす** 　사가스	【捜す】 찾다
□ **さかずき** 　사까즈끼	【杯】 술잔
□ **さかだい** 　사까다이	【酒代】 술값
□ **さかだち** 　사까다찌	【逆立ち】 물구나무서기
□ **さかな** 　사까나	【魚】 물고기
□ **さかのぼる** 　사까노보루	【遡る】 거슬러 올라가다
□ **さかみち** 　사까미찌	【坂道】 언덕길, 비탈길
□ **さかや** 　사까야	【酒屋】 술집
□ **さからう** 　사까라우	【逆らう】 거스르다, 거역하다
□ **さぎ** 　사기	【詐欺】 사기
□ **さき** 　사끼	【先】 선두, 앞, 끝
□ **さきごろ** 　사끼고로	【先頃】 일전, 요전
□ **さきだつ** 　사끼다쓰	【先立つ】 앞서다
□ **さきに** 　사끼니	【先に】 먼저, 앞서
□ **さきばらい** 　사끼바라이	【先払い】 선불

188

□ **さきぶれ** 【先触れ】 예고
사끼부레

□ **さきほど** 【先程】 아까, 조금 전
사끼호도

□ **さぎょう** 【作業】 작업
사교-

□ **さく** 【咲く】 (꽃이) 피다
사꾸

□ **さくご** 【錯誤】 착오
사꾸고

□ **さくじつ** 【昨日】 어제, 어저께
사꾸지쓰

□ **さくしゃ** 【作者】 작자
사꾸샤

□ **さくじょ** 【削除】 삭제
사꾸죠

□ **さくせい** 【作成】 작성
사꾸세-

□ **さくせん** 【作戦】 작전
사꾸셍

□ **さくねん** 【昨年】 작년
사꾸넹

□ **さくばん** 【昨晩】 어젯밤
사꾸방

□ **さくひん** 【作品】 작품
사꾸힝

□ **さくぶん** 【作文】 작문
사꾸붕

□ **さくや** 【昨夜】 어젯밤
사꾸야

□ **さくら** 【桜】 벚꽃
사꾸라

□ **さくりゃく** 【策略】 책략
사꾸랴꾸

□ **さぐる** 【探る】 뒤지다
사구루

□ ざくろ 자꾸로		석류
□ さけ 사께	【酒】	술
□ さけ 사께		연어
□ さげすむ 사게스무		멸시하다
□ さけぶ 사께부	【叫ぶ】	외치다, 소리치다
□ さける 사께루	【裂ける】	찢어지다, 터지다
□ さける 사께루	【避ける】	피하다
□ ざこ 자꼬	【雑魚】	송사리
□ ささえる 사사에루	【支える】	떠받치다, 지탱하다
□ ささげる 사사게루		바치다
□ さざなみ 사자나미	【さざ波】	잔물결
□ ささやく 사사야꾸		속삭이다
□ さざれ 사자레	【細石】	잔돌, 조약돌
□ さじ 사지		숟가락, 스푼
□ さしあげる 사시아게루	【差し上げる】	들어올리다, 드리다
□ さしあたり 사시아따리	【差し当り】	당장, 당분간
□ さしおさえ 사시오사에	【差押さえ】	차압
□ ざしき 자시끼	【座敷】	객실

□ **さしず** 사시즈	【指図】	지시, 지휘
□ **さしだしにん** 사시다시닝	【差出人】	발신인
□ **さしつかえ** 사시쓰까에	【差し支え】	지장
□ **さしづめ** 사시즈메		우선, 결국
□ **さしみ** 사시미	【刺身】	생선회
□ **さしょう** 사쇼-	【査証】	사증, 비자
□ **さす** 사스	【刺す】	찌르다
□ **さす** 사스	【指す】	가리키다
□ **さすが** 사스가	【流石】	과연, 딴은
□ **サスペンス** 사스펜스		서스펜스
□ **さすらい** 사스라이	【流離い】	방랑, 유랑
□ **ざせき** 자세끼	【座席】	좌석
□ **ざせつ** 자세쓰	【挫折】	좌절
□ **さそう** 사소우	【誘う】	꾀다, 유혹하다
□ **さだまる** 사다마루	【定まる】	정해지다
□ **さだめし** 사다메시	【定めし】	필경
□ **さだめる** 사다메루	【定める】	정하다
□ **ざだんかい** 자당까이	【座談会】	좌담회

□ さつえい 사쓰에-	【撮影】	촬영
□ ざつおん 자쓰옹	【雑音】	잡음
□ さっか 삭까	【作家】	작가
□ さつがい 사쓰가이	【殺害】	살해
□ さっかく 삭까꾸	【錯覚】	착각
□ さっき 삭끼		아까, 조금 전
□ さっきょく 삭쿄꾸	【作曲】	작곡
□ ざっくばらん 작꾸바랑		탁 터놓고
□ ざっけん 작껭	【雑犬】	잡견, 똥개
□ さっさと 삿사또		척척, 서둘러
□ ざっし 잣시	【雑誌】	잡지
□ サッシュ 삿슈		섀시, 창문틀
□ さつじん 사쓰징	【殺人】	살인
□ さっする 삿스루	【察する】	헤아리다, 짐작하다
□ ざっそう 잣소-	【雑草】	잡초
□ さっそく 삿소꾸	【早速】	당장, 즉시
□ さつたば 사쓰타바	【札束】	지폐뭉치
□ ざつだん 자쓰당	【雑談】	잡담

□ **さっとう** 【殺到】 쇄도
  삿또-

□ **ざつねん** 【雑念】 잡념
  자쓰넹

□ **さっぱり** 산뜻한 모양, 전혀
  삽빠리

□ **ざっぴ** 【雑費】 잡비
  잡삐

□ **さつまいも** 고구마
  사쓰마이모

□ **さて** 가만있자, 막상
  사떼

□ **さとう** 【砂糖】 설탕
  사또-

□ **さとごころ** 【里心】 친정생각
  사또고꼬로

□ **さとる** 【悟る】 깨닫다
  사또루

□ **さながら** 마치, 영락없이
  사나가라

□ **さなぎ** 번데기
  사나기

□ **サナトリウム** 요양소
  사나토리우무

□ **さば** 고등어
  사바

□ **さばく** 【砂漠】 사막
  사바꾸

□ **さびしい** 쓸쓸하다, 허전하다
  사비시-

□ **さびる** 녹슬다
  사비루

□ **ざぶとん** 【座布団】 방석
  자부똥

□ **さべつ** 【差別】 차별
  사베쓰

193

□ さほう 사호-	【作法】	예의범절
□ サボテン 사보뗑		사보텐, 선인장
□ さほど 사호도		과히, 그리
□ サボる 사보루		사보타지하다
□ さまざま 사마자마	【様々】	여러 가지, 가지각색
□ さまたげる 사마따게루	【妨げる】	방해하다, 지장을 주다
□ さまよう 사마요-	【さ迷う】	헤매다, 떠돌다
□ さむい 사무이	【寒い】	춥다, 차다
□ さめ 사메		상어
□ さめる 사메루	【冷める】	식다
□ さもしい 사모시-		치사하다
□ さゆう 사유-	【左右】	좌우
□ さよう 사요-	【作用】	작용
□ さようなら 사요-나라		안녕, 굿바이
□ さらあらい 사라아라이	【皿洗い】	접시닦기
□ さらう 사라우		낚아채다
□ ざらざら 자라자라		거칠거칠
□ サラダ 사라다		샐러드

- **サラリーマン** 샐러리맨
  사라리-망
- **ざりがに** 가재
  자리가니
- **さる** 【去る】 떠나다, 사라지다
  사루
- **さる** 【猿】 원숭이
  사루
- **ざる** 소쿠리
  자루
- **さるすべり** 【百日紅】 백일홍
  사루스베리
- **さるまね** 【猿真似】 덮어놓고 흉내를 냄
  사루마네
- **サロン** 살롱
  사롱
- **さわぐ** 【騒ぐ】 떠들다, 시끄럽게 하다
  사와구
- **さわやか** 【爽やか】 상쾌함
  사와야까
- **さわる** 【触る】 만지다, 손을 대다
  사와루
- **さんか** 【参加】 참가
  상까
- **さんがく** 【山岳】 산악
  상가꾸
- **さんかく** 【三角】 삼각
  상까꾸
- **ざんぎょう** 【残業】 잔업
  장교-
- **ざんきん** 【残金】 잔금
  장낑
- **サングラス** 선글라스
  상구라스
- **ざんげ** 【懺悔】 참회
  장게

195

□ **さんこうしょ** 【参考書】 참고서
　상꼬-쇼

□ **ざんこく** 【残酷】 잔혹
　장코꾸

□ **さんざん** 마구, 호되게
　산장

□ **さんしゅつ** 【算出】 산출
　산슈쓰

□ **さんすいが** 【山水画】 산수화
　산스이가

□ **さんせい** 【賛成】 찬성
　산세-

□ **さんそ** 【酸素】 산소
　산소

□ **さんそう** 【山荘】 산장
　산소-

□ **さんぞく** 【山賊】 산적
　산조꾸

□ **サンダル** 샌들
　산다루

□ **さんだん** 【算段】 방법을 생각해 냄, 변통
　산당

□ **さんち** 【産地】 산지
　산찌

□ **サンドイッチ** 샌드위치
　산도잇찌

□ **ざんにん** 【残忍】 잔인함
　잔닝

□ **ざんねん** 【残念】 분함, 억울함
　잔넹

□ **さんばし** 【桟橋】 선창, 부두
　삼바시

□ **さんぱつ** 【散髪】 이발
　삼빠쓰

□ **さんびか** 【讃美歌】 찬송가
　삼비까

196

□ **さんぷく** 【山腹】 산허리
　삼뿌꾸

□ **さんぶつ** 【産物】 산물
　삼부쓰

□ **サンプル** 샘플, 견본
　삼뿌루

□ **さんぽ** 【散歩】 산책
　삼뽀

□ **さんみゃく** 【山脈】 산맥
　삼먀꾸

□ **さんりゅう** 【三流】 삼류
　산류-

□ **さんりん** 【山林】 산림
　산링

날씨 天気

① 太陽<ruby>たいよう</ruby>
타이요-

② 雲<ruby>くも</ruby>
쿠모

③ 雪<ruby>ゆき</ruby>
유끼

④ 風<ruby>かぜ</ruby>
카제

① 태양 ② 구름 ③ 눈 ④ 바람

⑤ にじ
니지

⑥ かみなり
카미나리

⑦ あめ
雨
아메

⑧ あま ぐつ
雨靴
아마구쯔

⑨ かさ
傘
카사

⑩ レインコート
레잉코-또

⑤ 무지개 ⑥ 천둥 ⑦ 비 ⑧ 장화 ⑨ 우산 ⑩ 비옷

□ **しあい**
시아이
【試合】 시합

□ **じあい**
지아이
【慈愛】 자애

□ **しあげる**
시아게루
【仕上げる】 완성시키다, 마무리하다

□ **しあさって**
시아삿떼
【明明後日】 글피

□ **しあわせ**
시아와세
【幸せ】 행복

□ **しあん**
시앙
【思案】 궁리

□ **しい**
시-
【思惟】 사유, 사고

□ **じい**
지-
【示威】 시위, 데모

□ **じい**
지-
【自慰】 자위

□ **しいく**
시-꾸
【飼育】 사육

□ **シーズン**
시-증
시즌, 계절

□ **シーソ**
시-소
시소

□ **しいて**
시-떼
【強いて】 억지로

□ **シート**
시-또
시트, 좌석

□ **ジープ**
지-뿌
지프, 소형 군용차

200

□ **しいる** 【強いる】 강요하다
시-루

□ **シーン** 신, 장면
시-ㅇ

□ **しえん** 【支援】 지원
시엥

□ **しお** 【塩】 소금
시오

□ **しおからい** 【塩辛い】 짜다
시오카라이

□ **しおけ** 【塩気】 소금기, 염분
시오께

□ **しおしお** 풀죽은 모양, 맥없이
시오시오

□ **しおみず** 【塩水】 소금물
시오미즈

□ **しおらしい** 귀엽고 기특하다
시오라시-

□ **しおれる** 시들다
시오레루

□ **しか** 【鹿】 사슴
시까

□ **じが** 【自我】 자아
지가

□ **しかい** 【司会】 사회
시까이

□ **しがい** 【死骸】 시체
시가이

□ **しがい** 【市街】 시가
시가이

□ **じがい** 【自害】 자해
지가이

□ **しかえし** 【仕返し】 보복
시까에시

□ **しかく** 【資格】 자격
시카꾸

□ **しかく** 시카꾸	【四角】 사각
□ **しかく** 시카꾸	【死角】 사각
□ **しかく** 시카꾸	【視覚】 시각
□ **しかけ** 시카께	【仕掛け】 장치, 속임수
□ **しかし** 시까시	그러나, 하지만
□ **しかた** 시카따	【仕方】 수단, 방도
□ **しかめる** 시까메루	낯을 찌푸리다
□ **しかも** 시까모	게다가, 더구나
□ **しからば** 시까라바	그렇다면
□ **しかる** 시까루	【叱る】 꾸짖다, 야단치다
□ **じかん** 지깡	【時間】 시간
□ **しがん** 시강	【志願】 지원
□ **しき** 시끼	【士気】 사기
□ **じき** 지끼	【時期】 시기
□ **しき** 시끼	【指揮】 지휘
□ **しぎ** 시기	도요새
□ **しき** 시끼	【四季】 사계절
□ **しきい** 시끼이	【敷居】 문턱, 문지방

□ **しきさい** 시끼사이	【色彩】	색채
□ **しきそ** 시끼소	【色素】	색소
□ **じきに** 지끼니	【直に】	곧, 바로
□ **しきべつ** 시끼베쓰	【識別】	식별
□ **しきもう** 시끼모-	【色盲】	색맹
□ **しきもの** 시끼모노	【敷物】	깔개
□ **しきゅう** 시뀨-	【子宮】	자궁
□ **しきゅう** 시뀨-	【支給】	지급
□ **しきゅう** 시뀨-	【至急】	지급
□ **じぎょう** 지교-	【事業】	사업
□ **しきり** 시끼리	【仕切り】	칸막이
□ **しきりに** 시끼리니		연달아, 자꾸만
□ **しきん** 시낑	【資金】	자금
□ **しく** 시꾸	【敷く】	깔다, 펴다
□ **しぐさ** 시구사	【仕草】	처사, 행위
□ **しくしく** 시꾸시꾸		코를 훌쩍이며 우는 모양
□ **しくじる** 시꾸지루		실수하다
□ **シグナル** 시구나루		시그널, 신호기

203

□ しけい 시께-	【死刑】	사형
□ しげき 시게끼	【刺激】	자극
□ しげき 시게끼	【史劇】	사극
□ しげしげ 시게시게	뻔질나게	
□ じけつ 지께쓰	【自決】	자결
□ しげる 시게루	무성하다	
□ じけん 지껭	【事件】	사건
□ しけん 시껭	【試験】	시험
□ しげん 시겡	【資源】	자원
□ じげん 지겡	【次元】	차원
□ じこ 지꼬	【事故】	사고
□ じこ 지꼬	【自己】	자기
□ じこう 지꼬-	【事項】	사항
□ しこう 시꼬-	【施行】	시행
□ しこう 시꼬-	【嗜好】	기호
□ しこう 시꼬-	【思考】	사고
□ しこう 시꼬-	【施工】	시공
□ じこく 지꼬꾸	【時刻】	시각, 때

204

□ **しごく** 시고꾸	【至極】	지극히
□ **じごく** 지고꾸	【地獄】	지옥
□ **しごと** 시고또	【仕事】	일, 업무
□ **しこり** 시꼬리	【凝】	응어리
□ **じさ** 지사	【時差】	시차
□ **しさく** 시사꾸	【思索】	사색
□ **しさく** 시사꾸	【施策】	시책
□ **じさつ** 지사쓰	【自殺】	자살
□ **じさんきん** 지상낑	【持参金】	지참금
□ **しし** 시시	【獅子】	사자
□ **しじ** 시지	【指示】	지시
□ **しじ** 시지	【支持】	지지
□ **じじつ** 지지쓰	【事実】	사실
□ **ししゃ** 시샤	【試写】	시사
□ **ししゃ** 시샤	【支社】	지사
□ **じしゃく** 지샤꾸	【磁石】	자석
□ **じしゅ** 지슈	【自首】	자수
□ **じしゅ** 지슈	【自主】	자주

あ

か

し

た

な

は

ま

や

ら

わ

□ **しじゅう** 시쥬-	【始終】	줄곧, 끊임없이
□ **じしゅう** 지슈-	【自習】	자습
□ **ししゅう** 시슈-	【刺繍】	자수
□ **ししゅつ** 시슈쓰	【支出】	지출
□ **ししゅんき** 시슝끼	【思春期】	사춘기
□ **じじょ** 지죠	【次女】	차녀
□ **じしょ** 지쇼	【辞書】	사전
□ **ししょう** 시쇼-	【師匠】	스승
□ **じじょう** 지죠-	【事情】	사정
□ **しじょう** 시죠-	【試乗】	시승
□ **じしょく** 지쇼꾸	【辞職】	사직
□ **しじん** 시징	【詩人】	시인
□ **じしん** 지싱	【地震】	지진
□ **じしん** 지싱	【自信】	자신
□ **じしん** 지싱	【自身】	자신
□ **しずか** 시즈까	【静か】	조용함
□ **しずく** 시즈꾸		물방울
□ **シスター** 시스따-		시스터, 자매

□ **システム** 시스떼무	시스템		
□ **しずまる** 시즈마루	【静まる】	조용해지다, 진정되다	
□ **しずむ** 시즈무	【沈む】	가라앉다	
□ **しずめる** 시즈메루	【沈める】	가라앉히다	
□ **しせい** 시세-	【詩聖】	시성	
□ **しせい** 시세-	【姿勢】	자세	
□ **じせい** 지세-	【自制】	자제	
□ **じせい** 지세-	【自生】	자생	
□ **じせい** 지세-	【自省】	자성	
□ **しせいじ** 시세-지	【私生児】	사생아	
□ **しせつ** 시세쓰	【施設】	시설	
□ **じせつ** 지세쓰	【時節】	시절	
□ **しせん** 시셍	【視線】	시선	
□ **じぜん** 지젱	【慈善】	자선	
□ **しぜん** 시젱	【自然】	자연	
□ **しそう** 시소-	【思想】	사상	
□ **しそう** 시소-	【試走】	시주	
□ **じぞく** 지조꾸	【持続】	지속	

あ

か

し

た

な

は

ま

や

ら

わ

207

□ **しそん** 시송	【子孫】	자손
□ **した** 시따	【下】	아래, 밑
□ **した** 시따	【舌】	혀, 혓바닥
□ **じたい** 지따이	【事態】	사태
□ **じだい** 지다이	【時代】	시대
□ **したい** 시따이	【姿態】	자태
□ **しだいに** 시다이니	【次第に】	차츰, 점차
□ **したう** 시따우	【慕う】	사모하다, 그리워하다
□ **したうけ** 시따우께	【下請け】	하청
□ **したうち** 시따우찌	【舌打ち】	혀를 참
□ **したがう** 시따가우	【従う】	따르다
□ **したがって** 시따갓떼	【従って】	따라서, 그러므로
□ **したぎ** 시따기	【下着】	속옷, 내의
□ **じたく** 지따꾸	【自宅】	자택
□ **したく** 시따꾸	【支度】	준비, 채비
□ **したごころ** 시따고꼬로	【下心】	속셈, 본심
□ **したじ** 시따지	【下地】	밑바탕
□ **したしい** 시따시-	【親しい】	친하다

208

□ **したじき** 【下敷き】 책받침
　시따지끼

□ **したしらべ** 【下調べ】 예비조사
　시따시라베

□ **したたかもの** 【強か者】 만만치 않은 자
　시따타까모노

□ **したたる** 【滴る】 방울져 떨어지다
　시따타루

□ **したつづみ** 【舌鼓】 입맛을 다심
　시따쓰즈미

□ **じたばた** 버둥거리는 모양
　지따바따

□ **したやく** 【下役】 하급관리
　시따야꾸

□ **じち** 【自治】 자치
　지찌

□ **しちめんちょう** 【七面鳥】 칠면조
　시찌멘쬬-

□ **しちや** 【質屋】 전당포
　시찌야

□ **しちょう** 【市長】 시장
　시쬬-

□ **しちょう** 【視聴】 시청
　시쬬-

□ **じちょう** 【次長】 차장
　지쬬-

□ **しちょく** 【司直】 사직
　시쬬꾸

□ **じっか** 【実家】 친정
　직까

□ **しっかり** 견고한 모양, 똑똑히
　식까리

□ **しっき** 【湿気】 습기
　식끼

□ **しつぎょう** 【失業】 실업
　시쓰교-

□ じつぎょう　　【実業】　실업
　지쓰교-

□ じっくり　　　　곰곰이，차분히
　직꾸리

□ しっけい　　　【失敬】　실례
　식께-

□ しつげん　　　【失言】　실언
　시쓰겡

□ じつげん　　　【実現】　실현
　지쓰겡

□ じっけん　　　【実験】　실험
　직껭

□ しつこい　　　끈질기다，집요하다
　시쓰꼬이

□ しっこう　　　【執行】　집행
　식꼬-

□ じっこう　　　【実行】　실행
　직꼬-

□ じっさい　　　【実際】　실제
　짓사이

□ じっし　　　　【実施】　실시
　짓시

□ じっしゅう　　【実習】　실습
　짓슈-

□ じつじょう　　【実情】　실정
　지쓰쬬-

□ じっせき　　　【実績】　실적
　짓세끼

□ じっせん　　　【実践】　실천
　짓셍

□ しっそ　　　　【質素】　검소
　싯소

□ しっそう　　　【失踪】　실종
　싯소-

□ しっそう　　　【疾走】　질주
　싯소-

210

□ **しった**
싯따
【叱咤】 질타

□ **じったい**
짓따이
【実態】 실태

□ **しっと**
싯또
【嫉妬】 질투

□ **しつど**
시쓰도
【湿度】 습도

□ **しっとう**
싯또
【執刀】 집도

□ **しっとり**
싯또리
촉촉이, 함초롬히

□ **じつに**
지쓰니
【実に】 실로, 참으로

□ **ジッパー**
집빠-
지퍼

□ **しっぱい**
십빠이
【失敗】 실패

□ **しっぴつ**
십삐쓰
【執筆】 집필

□ **しっぷ**
십뿌
【湿布】 찜질

□ **しっぽ**
십뽀
【尻尾】 짐승의 꼬리

□ **しつぼう**
시쓰보-
【失望】 실망

□ **しっぽり**
십뽀리
흠뻑 젖은 모양

□ **しつめい**
시쓰메-
【失明】 실명

□ **しつもん**
시쓰몽
【質問】 질문

□ **しつよう**
시쓰요-
【執拗】 집요함

□ **じつよう**
지쓰요-
【実用】 실용

211

□ じつりょく 지쓰료꾸	【実力】	실력
□ しつれい 시쓰레-	【失礼】	실례
□ しつれん 시쓰렝	【失恋】	실연
□ じつわ 지쓰와	【実話】	실화
□ してい 시떼-	【指定】	지정
□ しでかす 시데까스		저지르다, 해버리다
□ してき 시떼끼	【指摘】	지적
□ してん 시뗑	【支店】	지점
□ じてん 지뗑	【辞典】	사전
□ じてんしゃ 지뗀샤	【自転車】	자전거
□ じどう 지도-	【自動】	자동
□ しどう 시도-	【指導】	지도
□ じどう 지도-	【児童】	아동
□ しとしと 시또시또		부슬부슬(비)
□ しどろもどろ 시도로모도로		횡설수설
□ しない 시나이	【市内】	시내
□ しなぎれ 시나기레	【品切れ】	품절
□ しなびる 시나비루	【萎びる】	시들다

212

□ **しなもの** 시나모노	【品物】	물건, 물품
□ **しにものぐるい** 시니모노구루이	【死物狂】	필사적, 결사적
□ **しにん** 시닝	【死人】	죽은 사람
□ **しぬ** 시누	【死ぬ】	죽다
□ **しののめ** 시노노메	【黎明】	여명, 새벽
□ **しのぶ** 시노부	【偲ぶ】	그리워하다
□ **しのぶ** 시노부	【忍ぶ】	남이 모르게 하다
□ **しばい** 시바이	【芝居】	연극
□ **しはい** 시하이	【支配】	지배
□ **じはく** 지하꾸	【自白】	자백
□ **しばしば** 시바시바		종종, 누차
□ **しばたく** 시바타꾸	【瞬く】	눈을 깜빡거리다
□ **しばふ** 시바후	【芝生】	잔디밭
□ **しはらう** 시하라우	【支払う】	지불하다
□ **しばらく** 시바라꾸		잠시, 잠깐
□ **しばる** 시바루	【縛る】	묶다
□ **しはん** 시항	【師範】	사범
□ **しはん** 시항	【市販】	시판

あ
か
し
た
な
は
ま
や
ら
わ

□ じばん 【地盤】 지반
지방

□ じひ 【慈悲】 자비
지히

□ じびき 【字引き】 옥편
지비끼

□ じびょう 【持病】 지병
지뵤-

□ じひょう 【辞表】 사표
지효-

□ しびれる 저리다, 마비되다
시비레루

□ しぶい 【渋い】 떫다
시부이

□ しぶき 【飛沫】 물보라
시부끼

□ ジプシー 집시
지뿌시-

□ しぶしぶ 마지못해
시부시부

□ じぶん 【自分】 자기, 자신
지붕

□ じべた 【地べた】 땅바닥
지베따

□ しぼ 【思慕】 사모
시보

□ しぼう 【死亡】 사망
시보-

□ しほう 【四方】 사방
시호-

□ しほう 【司法】 사법
시호-

□ しぼう 【脂肪】 지방
시보-

□ しぼむ 시들다
시보무

214

□ **しぼる**
시보루
【絞る】 쥐어짜다

□ **しほん**
시홍
【資本】 자본

□ **しま**
시마
【島】 섬

□ **しま**
시마
【縞】 줄무늬

□ **しまい**
시마이
【姉妹】 자매

□ **しまう**
시마우
【終う】 끝나다, 챙기다

□ **しまうま**
시마우마
【縞馬】 얼룩말

□ **しまつしょ**
시마쓰쇼
【始末書】 시말서

□ **しまった**
시맛따
아차, 아뿔싸

□ **じまん**
지망
【自慢】 자랑

□ **じみ**
지미
【地味】 빛깔이 수수함

□ **しみじみ**
시미지미
절실히

□ **しみったれ**
시밋따레
노랑이, 구두쇠

□ **しみる**
시미루
【染みる】 스며들다, 배다

□ **しみん**
시밍
【市民】 시민

□ **じむしょ**
지무쇼
【事務所】 사무실

□ **しめい**
시메-
【使命】 사명

□ **しめい**
시메-
【指名】 지명

215

□ **しめきり** 【締切り】 마감
시메끼리

□ **じめじめ** 축축함
지메지메

□ **しめす** 【示す】 나타내다
시메스

□ **じめつ** 【自滅】 자멸
지메쓰

□ **しめっぽい** 눅눅하다, 축축하다
시멥뽀이

□ **しめる** 【占める】 차지하다
시메루

□ **しめる** 【締める】 조이다, 매다
시메루

□ **しめる** 【閉める】 닫다
시메루

□ **しも** 【霜】 서리
시모

□ **しもやけ** 【霜焼け】 동상
시모야께

□ **しもん** 【諮問】 자문
시몽

□ **しもん** 【指紋】 지문
시몽

□ **しや** 【視野】 시야
시야

□ **ジャーナリズム** 저널리즘
쟈-나리즈무

□ **ジャイアント** 자이언트
쟈이안또

□ **しゃいん** 【社員】 사원
샤잉

□ **しゃおく** 【社屋】 사옥
샤오꾸

□ **ジャガー** 재규어, 아메리카표범
쟈가-

□ **しゃかい** 【社会】 사회
샤까이

□ **じゃがいも** 감자
쟈가이모

□ **しゃがむ** 쪼그리고 앉다
샤가무

□ **しゃくし** 국자
샤꾸시

□ **じゃぐち** 수도꼭지
쟈꾸찌

□ **じゃくてん** 【弱点】 약점
쨔꾸뗑

□ **しゃくど** 【尺度】 척도
샤꾸도

□ **しゃくはち** 【尺八】 퉁소
샤꾸히찌

□ **しゃくほう** 【釈放】 석방
샤꾸호-

□ **しゃくや** 【借家】 셋집
샤꾸야

□ **しゃくよう** 【借用】 차용
샤꾸요-

□ **しゃげき** 【射撃】 사격
샤게끼

□ **ジャケット** 재킷
쟈켓또

□ **じゃけん** 매정하고 무자비함
쟈껭

□ **しゃこ** 【車庫】 차고
샤꼬

□ **しゃこう** 【社交】 사교
샤꼬-

□ **シャシー** 새시, 창문틀
샤시-

□ **しゃしょう** 【車掌】 차장
샤쇼-

□ しゃしん 샤싱	【写真】	사진
□ じゃすい 쟈스이	【邪推】	그릇된 짐작
□ ジャスミン 쟈스밍		재스민
□ しゃせいが 샤세-가	【写生画】	사생화
□ しゃそう 샤소-	【車窓】	차창
□ しゃだん 샤당	【遮断】	차단
□ シャツ 샤쓰		셔츠
□ じゃっかん 쟉깡	【若干】	약간
□ ジャッキ 쟉끼		잭, 작은 기중기
□ しゃっきん 샥낑	【借金】	빚, 돈을 빌림
□ ジャック 쟉꾸		자크
□ しゃっくり 샥꾸리		딸꾹질
□ シャッター 샷따-		셔터
□ しゃどう 샤도-	【車道】	차도
□ しゃない 샤나이	【社内】	사내
□ しゃべる 샤베루		지껄이다
□ シャベル 샤베루		삽
□ シャボン 샤봉		비누

218

□ **じゃま** 【邪魔】 방해, 장애
쟈마

□ **ジャム** 잼
쟈무

□ **しゃめん** 【斜面】 사면
샤멩

□ **しゃよう** 【社用】 사용, 회사용
샤요-

□ **しゃよう** 【斜陽】 사양
샤요-

□ **じゃり** 【砂利】 자갈
쟈리

□ **しゃり** 【舍利】 사리
샤리

□ **しゃりん** 【車輪】 수레바퀴
샤링

□ **しゃれ** 익살, 멋을 부림
샤레

□ **シャワー** 샤워
샤와-

□ **ジャングル** 정글, 밀림
쟝구루

□ **シャンソン** 샹송
샨송

□ **シャンデリア** 샹들리에
샨데리아

□ **ジャンパー** 점퍼
쟘빠-

□ **シャンペン** 샴페인
샴뻰

□ **ジャンボ** 점보, 거대함
쟘보

□ **ジャンル** 장르, 종류
쟝루

□ **しゆう** 【私有】 사유
시유-

□ じゆう 지유-	【自由】	자유	
□ しゅうあく 슈-아꾸	【醜悪】	추악	
□ しゅうい 슈-이	【周囲】	주위	
□ じゅうい 쥬-이	【獣医】	수의	
□ しゅうかい 슈-까이	【集会】	집회	
□ しゅうがく 슈-가꾸	【修学】	수학	
□ しゅうがく 슈-가꾸	【就学】	취학	
□ しゅうかく 슈-까꾸	【収穫】	수확	
□ しゅうかん 슈-깡	【習慣】	습관	
□ しゅうかん 슈-깡	【週刊】	주간	
□ しゅうかん 슈-깡	【週間】	주일, 주간	
□ しゅうきょう 슈-꾜-	【宗教】	종교	
□ しゅうきん 슈-낑	【集金】	수금	
□ じゅうげき 쥬-게끼	【銃撃】	총격	
□ しゅうけつ 슈-께쓰	【終結】	종결	
□ じゅうけつ 쥬-께쓰	【充血】	충혈	
□ じゅうご 쥬-고	【銃後】	후방	
□ しゅうごう 슈-고-	【集合】	집합	

220

□ **しゅうさい**　【秀才】　수재
　　슈-사이

□ **しゅうさく**　【習作】　습작
　　슈-사꾸

□ **じゅうし**　【重視】　중시
　　쥬-시

□ **じゅうじ**　【従事】　종사
　　쥬-지

□ **じゅうじか**　【十字架】　십자가
　　쥬-지까

□ **じゅうしまつ**　【十姉妹】　십자매
　　쥬-시마쓰

□ **しゅうじょ**　【修女】　수녀
　　슈-죠

□ **じゅうしょ**　【住所】　주소
　　쥬-쇼

□ **じゅうしょう**　【重傷】　중상
　　쥬-쇼-

□ **しゅうしょく**　【就職】　취직
　　슈-쇼꾸

□ **ジュース**　주스
　　쥬-스

□ **しゅうせい**　【習性】　습성
　　슈-세-

□ **しゅうせい**　【終生】　평생
　　슈-세-

□ **じゅうせき**　【重責】　중책
　　쥬-세끼

□ **しゅうせん**　【終戦】　종전
　　슈-셍

□ **しゅうたい**　【醜態】　추태
　　슈-따이

□ **じゅうだい**　【重大】　중대
　　쥬-다이

□ **しゅうたいせい**　【集大成】　집대성
　　슈-따이세-

□ じゅうたく 쥬-타꾸	【住宅】	주택	
□ じゅうたん 쥬-땅	【絨毯】	융단, 카펫	
□ しゅうだん 슈-당	【集団】	집단	
□ しゅうちゅう 슈-쮸-	【集中】	집중	
□ しゅうてん 슈-뗑	【終点】	종점	
□ じゅうでん 쥬-뎅	【充電】	충전	
□ しゅうと 슈-또	【舅】	시아버지, 장인	
□ しゅうと 슈-또	【姑】	시어머니, 장모	
□ じゅうどう 쥬-도-	【柔道】	유도	
□ しゅうとく 슈-토꾸	【習得】	습득	
□ じゅうなん 쥬-낭	【柔軟】	유연함	
□ しゅうにゅう 슈-뉴-	【収入】	수입	
□ じゅうはちばん 쥬-하찌방	【十八番】	가장 뛰어난 장기	
□ じゅうぶん 쥬-붕	【充分】	충분	
□ しゅうまつ 슈-마쓰	【週末】	주말	
□ じゅうみん 쥬-밍	【住民】	주민	
□ じゅうめん 쥬-멩	【渋面】	찌푸린 얼굴	
□ じゅうやく 쥬-야꾸	【重役】	이사, 중역	

222

□ **じゅうよう** 쥬-요-	【重要】	중요
□ **しゅうり** 슈-리	【修理】	수리
□ **じゅうりょう** 쥬-료-	【重量】	중량, 무게
□ **じゅうりょく** 쥬-료꾸	【重力】	중력
□ **しゅがん** 슈강	【主眼】	주안
□ **しゅかん** 슈깡	【主観】	주관
□ **しゅき** 슈끼	【手記】	수기
□ **しゅぎ** 슈기	【主義】	주의
□ **じゅぎょう** 쥬교-	【授業】	수업
□ **しゅぎょう** 슈교-	【修行】	수행
□ **しゅぎょく** 슈교꾸	【珠玉】	주옥
□ **しゅくがん** 슈꾸강	【宿願】	숙원
□ **じゅくご** 쥬꾸고	【熟語】	숙어
□ **しゅくじつ** 슈꾸지쓰	【祝日】	축제일
□ **しゅくしゃ** 슈꾸샤	【宿舎】	숙사
□ **しゅくじょ** 슈꾸죠	【淑女】	숙녀
□ **じゅくする** 쥬꾸스루	【熟する】	무르익다
□ **しゅくだい** 슈꾸다이	【宿題】	숙제

あ

か

し

た

な

は

ま

や

ら

わ

□ **しゅくちょく** 슈꾸쵸꾸	【宿直】	숙직
□ **しゅくてき** 슈꾸테끼	【宿敵】	숙적
□ **しゅくでん** 슈꾸뎅	【祝電】	축전
□ **しゅくはい** 슈꾸하이	【祝杯】	축배
□ **しゅくぼう** 슈꾸보-	【宿望】	숙망
□ **しゅくめい** 슈꾸메-	【宿命】	숙명
□ **じゅくれん** 쥬꾸렝	【熟練】	숙련
□ **しゅげい** 슈게-	【手芸】	수예
□ **じゅけん** 쥬껭	【受験】	수험
□ **しゅけん** 슈껭	【主権】	주권
□ **しゅご** 슈고	【守護】	수호
□ **しゅこう** 슈꼬-	【手工】	수공
□ **しゅさい** 슈사이	【主催】	주최
□ **しゅし** 슈시	【種子】	종자, 씨앗
□ **しゅじゅつ** 슈쥬쓰	【手術】	수술
□ **じゅしょう** 쥬쇼-	【受賞】	수상
□ **しゅしょう** 슈쇼-	【殊勝】	기특함
□ **しゅじん** 슈징	【主人】	주인

□ **じゅず** 쥬즈	【数珠】	염주
□ **しゅぞく** 슈조꾸	【種族】	종족
□ **じゅたい** 쥬따이	【受胎】	수태
□ **しゅだい** 슈다이	【主題】	주제
□ **じゅだく** 쥬다꾸	【受諾】	수락
□ **しゅだん** 슈당	【手段】	수단
□ **しゅちょう** 슈쬬-	【主張】	주장
□ **しゅつえん** 슈쓰엥	【出演】	출연
□ **しゅっきん** 슉낑	【出勤】	출근
□ **しゅっけ** 슉께	【出家】	출가
□ **しゅっけつ** 슉께쓰	【出血】	출혈
□ **しゅつげん** 슈쓰겡	【出現】	출현
□ **じゅつご** 쥬쓰고	【述語】	술어
□ **しゅっこ** 슉꼬	【出庫】	출고
□ **しゅっこう** 슉꼬-	【出航】	출항
□ **しゅつごく** 슈쓰고꾸	【出獄】	출옥
□ **しゅっこく** 슉꼬꾸	【出国】	출국
□ **しゅっさん** 슛상	【出産】	출산

あ

か

し

た

な

は

ま

や

ら

わ

225

□ しゅっし 【出資】 출자
　　슛시

□ しゅつじん 【出陣】 출진
　　슈쓰징

□ しゅっせ 【出世】 출세
　　슛세

□ しゅっせい 【出生】 출생
　　슛세-

□ しゅっせき 【出席】 출석
　　슛세끼

□ しゅっちょう 【出張】 출장
　　슛쬬-

□ しゅつどう 【出動】 출동
　　슈쓰도-

□ しゅつば 【出馬】 출마
　　슈쓰바

□ しゅっぱつ 【出発】 출발
　　슙빠쓰

□ しゅっぱん 【出帆】 출범
　　슙빵

□ しゅっぱん 【出版】 출판
　　슙빵

□ しゅつりょく 【出力】 출력
　　슈쓰료꾸

□ しゅと 【首都】 수도
　　슈또

□ じゅどう 【受動】 수동
　　쥬도-

□ しゅどうしゃ 【主動者】 주동자
　　슈도-샤

□ じゅなん 【受難】 수난
　　쥬낭

□ ジュニア 주니어, 연소자
　　쥬니아

□ じゅにゅう 【授乳】 수유
　　쥬뉴-

226

□ **しゅにん** 슈닝	【主任】	주임	
□ **じゅのう** 쥬노-	【受納】	수납	
□ **しゅのう** 슈노-	【首脳】	수뇌	
□ **しゅはん** 슈항	【主犯】	주범	
□ **しゅび** 슈비	【守備】	수비	
□ **しゅふ** 슈후	【主婦】	주부	
□ **しゅほう** 슈호-	【手法】	수법	
□ **しゅみ** 슈미	【趣味】	취미	
□ **シュミーズ** 슈미-즈		속치마	
□ **じゅみょう** 쥬묘-	【寿命】	수명	
□ **しゅもく** 슈모꾸	【種目】	종목	
□ **しゅやく** 슈야꾸	【主役】	주역	
□ **じゅよ** 쥬요	【授与】	수여	
□ **じゅよう** 쥬요-	【需要】	수요	
□ **じゅりつ** 쥬리쓰	【樹立】	수립	
□ **しゅりゅう** 슈류-	【主流】	주류	
□ **じゅりょう** 쥬료-	【受領】	수령	
□ **しゅりょく** 슈료꾸	【主力】	주력	

□ **しゅるい** 슈루이	【種類】	종류
□ **じゅわき** 쥬와끼	【受話器】	수화기
□ **しゅわん** 슈왕	【手腕】	수완
□ **じゅんおう** 쥰오-	【順応】	순응
□ **じゅんかい** 쥰까이	【巡回】	순회
□ **しゅんかん** 슝깡	【瞬間】	순간
□ **じゅんかん** 쥰깡	【循環】	순환
□ **しゅんぎく** 슝기꾸	【春菊】	쑥갓
□ **じゅんぐり** 쥰구리	【順繰り】	차례로
□ **じゅんけつ** 쥰께쓰	【純潔】	순결
□ **じゅんさ** 쥰사	【巡査】	순경
□ **じゅんしゅ** 쥰슈	【遵守】	준수
□ **しゅんじゅう** 슌쥬-	【春秋】	춘추
□ **じゅんじょ** 쥰죠	【順序】	순서
□ **じゅんじょう** 쥰죠-	【純情】	순정
□ **じゅんしょく** 쥰쇼꾸	【潤色】	윤색
□ **じゅんすい** 쥰스이	【純粋】	순수
□ **じゅんちょう** 쥰쬬-	【順調】	순조

□ **じゅんばん**　【順番】 순번, 차례
　じゅんばん

□ **じゅんび**　【準備】 준비
　쥼비

□ **じゅんぽう**　【遵法】 준법
　쥼뽀-

□ **じゅんれい**　【巡礼】 순례
　쥰레-

□ **じょい**　【女医】 여의, 여의사
　죠이

□ **しよう**　【使用】 사용
　시요-

□ **しよう**　【仕様】 방도, 도리
　시요-

□ **じょうえい**　【上映】 상영
　죠-에-

□ **じょうえん**　【上演】 상연
　죠-엥

□ **しょうか**　【唱歌】 창가, 음악
　쇼-까

□ **しょうか**　【消化】 소화
　쇼-까

□ **しょうか**　【消火】 소화
　쇼-까

□ **しょうかい**　【商会】 상회, 상점
　쇼-까이

□ **しょうがい**　【生涯】 생애, 일생
　쇼-가이

□ **しょうかい**　【紹介】 소개
　쇼-까이

□ **しょうがい**　【障害】 장해
　쇼-가이

□ **しょうがつ**　【正月】 정월
　쇼-가쓰

□ **しょうがっこう**　【小学校】 초등학교
　쇼-각꼬-

□ じょうかん 죠-깡	【上官】	상관, 상사	
□ じょうぎ 죠-기	【定規】	자	
□ しょうき 쇼-끼	【正気】	제정신	
□ じょうき 죠-끼	【蒸気】	증기	
□ じょうきげん 죠-끼겡	【上機嫌】	기분이 매우 좋음	
□ じょうきゃく 죠-캬꾸	【乗客】	승객	
□ じょうきゅう 죠-뀨-	【上級】	상급	
□ じょうきょう 죠-꾜-	【上京】	상경	
□ しょうぎょう 쇼-교-	【商業】	상업	
□ じょうきょう 죠-꾜-	【状況】	상황	
□ しょうきょくてき 쇼-쿄꾸테끼	【消極的】	소극적	
□ しょうきん 쇼-낑	【賞金】	상금	
□ しょうぐん 쇼-궁	【将軍】	장군	
□ じょうげ 죠-게	【上下】	상하	
□ じょうけい 죠-께-	【情景】	정경	
□ しょうけん 쇼-껭	【証券】	증권	
□ じょうけん 죠-껭	【条件】	조건	
□ じょうご 죠-고	【上戸】	술꾼	

230

□ しょうご 【正午】 정오
쇼-고

□ しょうこ 【証拠】 증거
쇼-꼬

□ しょうごう 【商号】 상호
쇼-고-

□ しょうこう 【将校】 장교
쇼-꼬-

□ しょうこん 【商魂】 상혼
쇼-꽁

□ じょうざい 【錠剤】 정제, 알약
죠-자이

□ しょうじ 【商事】 상사
쇼-지

□ しょうじ 【障子】 장지문, 미닫이
쇼-지

□ じょうしき 【常識】 상식
죠-시끼

□ しょうじき 【正直】 정직
쇼-지끼

□ しょうしゃ 【商社】 상사
쇼-샤

□ じょうしゃ 【乗車】 승차
죠-샤

□ じょうじゅ 【成就】 성취
죠-쥬

□ しょうしゅう 【召集】 소집
쇼-슈-

□ じょうしゅうはん 【常習犯】 상습범
죠-슈-항

□ じょうじゅん 【上旬】 상순
죠-쥰

□ しょうじょ 【少女】 소녀
쇼-죠

□ じょうじょう 【上々】 더할 나위 없이 좋음
죠-죠-

□ じょうしょう 죠-쇼-	【上昇】	상승	
□ しょうしょう 쇼-쇼-	【少々】	조금, 약간	
□ しょうじる 쇼-지루	【生じる】	생기다, 돋아나다	
□ しょうしん 쇼-싱	【昇進】	승진	
□ じょうず 죠-즈	【上手】	능숙함, 솜씨가 좋음	
□ しょうすう 쇼-스-	【少数】	소수	
□ しょうする 쇼-스루	【称する】	칭하다	
□ じょうせい 죠-세-	【情勢】	정세	
□ しょうせつ 쇼-세쓰	【小説】	소설	
□ しょうぞうが 쇼-조-가	【肖像画】	초상화	
□ しょうたい 쇼-따이	【正体】	정체	
□ しょうたい 쇼-따이	【招待】	초대	
□ じょうたい 죠-따이	【状態】	상태	
□ しょうだく 쇼-다꾸	【承諾】	승낙	
□ じょうたつ 죠-따쓰	【上達】	기능이 향상됨	
□ じょうだん 죠-당	【冗談】	농담	
□ しょうち 쇼-찌	【承知】	알아들음, 승낙함	
□ じょうちょ 죠-쬬	【情緒】	정서	

232

□ **しょうちょう** 【象徴】 상징
쇼-쪼-

□ **しょうてん** 【商店】 상점
쇼-뗑

□ **じょうてんき** 【上天気】 좋은 날씨
죠-텡끼

□ **じょうど** 【浄土】 극락, 정토
죠-도

□ **じょうとう** 【上等】 상등, 훌륭함
죠-또-

□ **しょうどう** 【衝動】 충동
쇼-도-

□ **しょうどく** 【消毒】 소독
쇼-도꾸

□ **しょうとつ** 【衝突】 충돌
쇼-토쓰

□ **しょうに** 【小児】 소아
쇼-니

□ **しょうにん** 【商人】 상인, 장사꾼
쇼-닝

□ **しょうにん** 【承認】 승인
쇼-닝

□ **しょうにん** 【証人】 증인
쇼-닝

□ **じょうねつ** 【情熱】 정열
죠-네쓰

□ **しょうねん** 【少年】 소년
쇼-넹

□ **じょうば** 【乗馬】 승마
죠-바

□ **しょうばい** 【商売】 장사
쇼-바이

□ **しょうはい** 【勝敗】 승패
쇼-하이

□ **じょうはつ** 【蒸発】 증발
죠-하쓰

□ しょうひ 쇼-히	【消費】	소비
□ しょうひん 쇼-힝	【商品】	상품
□ しょうひん 쇼-힝	【賞品】	상품
□ じょうひん 죠-힝	【上品】	고상함, 품위가 있음
□ しょうぶ 쇼-부	【勝負】	승부
□ じょうぶ 죠-부	【丈夫】	튼튼하다, 건강하다
□ じょうふ 죠-후	【情婦】	정부
□ しょうぶ 쇼-부	【菖蒲】	창포
□ しょうべん 쇼-벵	【小便】	소변
□ しょうぼう 쇼-보-	【消防】	소방
□ じょうほう 죠-호-	【情報】	정보
□ しょうみ 쇼-미	【正味】	알맹이
□ じょうみゃく 죠-먀꾸	【静脈】	정맥
□ しょうめい 쇼-메-	【正銘】	진짜
□ しょうめい 쇼-메-	【照明】	조명
□ しょうめん 쇼-멩	【正面】	정면
□ しょうもう 쇼-모-	【消耗】	소모
□ じょうやく 죠-야꾸	【条約】	조약

□ **しょうゆ** 쇼-유	【醤油】	간장
□ **しょうよう** 쇼-요-	【商用】	상용
□ **じょうよう** 죠-요-	【常用】	상용
□ **じょうよく** 죠-요꾸	【情欲】	정욕
□ **しょうらい** 쇼-라이	【将来】	장래
□ **しょうり** 쇼-리	【勝利】	승리
□ **じょうりく** 죠-리꾸	【上陸】	상륙
□ **しょうりゃく** 쇼-랴꾸	【省略】	생략
□ **じょうりゅう** 죠-류-	【上流】	상류
□ **しょうれい** 쇼-레-	【奨励】	장려
□ **じょうれん** 죠-렝	【常連】	단골손님
□ **じょえん** 죠엥	【助演】	조연
□ **ショー** 쇼-		쇼, 구경거리
□ **じょおう** 죠오-	【女王】	여왕
□ **ショート** 쇼-또		쇼트, 짧음
□ **じょがい** 죠가이	【除外】	제외
□ **しょき** 쇼끼	【書記】	서기
□ **じょきょ** 죠꾜	【除去】	제거

□ **しょぎょう** 쇼교-	【所業】	나쁜 소행
□ **じょきょく** 죠쿄꾸	【序曲】	서곡
□ **しょくあたり** 쇼꾸아따리	【食中り】	식중독
□ **しょくぎょう** 쇼꾸교-	【職業】	직업
□ **しょくご** 쇼꾸고	【食後】	식후
□ **しょくじ** 쇼꾸지	【食事】	식사
□ **しょくだい** 쇼꾸다이	【燭台】	촛대
□ **しょくどう** 쇼꾸도-	【食堂】	식당
□ **しょくどう** 쇼꾸도-	【食道】	식도
□ **しょくひん** 쇼꾸힝	【食品】	식품
□ **しょくぶつ** 쇼꾸부쓰	【植物】	식물
□ **しょくもつ** 쇼꾸모쓰	【食物】	식품, 음식
□ **しょくよう** 쇼꾸요-	【食用】	식용
□ **しょくよく** 쇼꾸요꾸	【食欲】	식욕
□ **しょくりょう** 쇼꾸료-	【食糧】	식량
□ **しょくりょうひん** 쇼꾸료-힝	【食料品】	식료품
□ **しょげる** 쇼게루		풀이 죽다, 기가 죽다
□ **しょけん** 쇼껭	【所見】	소견

236

□ **じょげん** 【助言】 조언
죠겡

□ **じょこう** 【女工】 여공
죠꼬-

□ **しょさい** 【書斎】 서재
쇼사이

□ **じょさい** 【如才】 빈틈, 소홀함
죠사이

□ **じょし** 【女史】 여사
죠시

□ **じょし** 【女子】 여자
죠시

□ **じょじ** 【女児】 여아, 계집아이
죠지

□ **しょじひん** 【所持品】 소지품
쇼지힝

□ **じょしゅ** 【助手】 조수
죠슈

□ **しょじゅん** 【初旬】 초순
쇼즁

□ **しょじょ** 【処女】 처녀
쇼죠

□ **じょじょに** 【徐々に】 서서히, 천천히
죠죠니

□ **しょしん** 【所信】 소신
쇼싱

□ **じょせい** 【女性】 여성
죠세-

□ **しょせい** 【処世】 처세
쇼세-

□ **しょせん** 【所詮】 어차피
쇼셍

□ **しょぞく** 【所属】 소속
쇼조꾸

□ **しょたい** 【所帯】 세대
쇼따이

□ **しょち** 　　　　　　【処置】 처치
　쇼찌

□ **しょっちゅう** 　　　늘, 언제나
　숏쮸

□ **しょてん** 　　　　　【書店】 서점
　쇼뗑

□ **しょぶん** 　　　　　【処分】 처분
　쇼붕

□ **しょほ** 　　　　　　【初歩】 초보
　쇼호

□ **しょほう** 　　　　　【処方】 처방
　쇼호-

□ **しょぼしょぼ** 　　　노쇠하여 기운이 없는 모양
　쇼보쇼보

□ **じょまく** 　　　　　【除幕】 제막
　죠마꾸

□ **しょめい** 　　　　　【署名】 서명, 사인
　쇼메-

□ **じょめい** 　　　　　【除名】 제명
　죠메-

□ **しょもつ** 　　　　　【書物】 서적, 책
　쇼모쓰

□ **しょや** 　　　　　　【初夜】 초야, 첫날밤
　쇼야

□ **じょやく** 　　　　　【助役】 조역
　죠야꾸

□ **じょゆう** 　　　　　【女優】 여배우
　죠유-

□ **しょゆう** 　　　　　【所有】 소유
　쇼유-

□ **しょり** 　　　　　　【処理】 처리
　쇼리

□ **じょりゅう** 　　　　【女流】 여류
　죠류-

□ **しょるい** 　　　　　【書類】 서류
　쇼루이

238

□ **しょんぼり** 숌보리	멍하니, 쓸쓸히	
□ **しらが** 시라가	【白髪】 백발	
□ **しらす** 시라스	【知らす】 알리다	
□ **じらす** 지라스	【焦らす】 애태우다, 약올리다	
□ **しらずしらず** 시라즈시라즈	【知らず知らず】 자기도 모르게	
□ **しらなみ** 시라나미	【白波】 흰 파도	
□ **しらばくれる** 시라바꾸레루	시치미 떼다	
□ **しらべる** 시라베루	【調べる】 조사하다	
□ **しらみつぶし** 시라미쓰부시	샅샅이	
□ **しり** 시리	【尻】 엉덩이	
□ **しりあい** 시리아이	【知合い】 아는 사람, 친지	
□ **シリーズ** 시리-즈	시리즈	
□ **じりき** 지리끼	【自力】 자력, 자기 힘	
□ **しりごみ** 시리고미	【尻込み】 뒷걸음질, 꽁무니를 뺌	
□ **じりじり** 지리지리	서서히, 조금씩	
□ **しりぞく** 시리조꾸	【退く】 물러나다	
□ **しりぞける** 시리조께루	【退ける】 물리치다	
□ **しりつ** 시리쓰	【市立】 시립	

□ **じりつ** 지리쓰	【自律】	자율
□ **じりつ** 지리쓰	【自立】	자립
□ **しりぬぐい** 시리누구이	【尻拭い】	남의 뒤치다꺼리
□ **しりょう** 시료-	【資料】	자료
□ **しりょう** 시료-	【飼料】	사료
□ **しりょく** 시료꾸	【視力】	시력
□ **しる** 시루	【汁】	즙, 국물
□ **しるし** 시루시	【印】	표시, 안표
□ **しるべ** 시루베	【標】	길잡이, 길안내
□ **しれい** 시레-	【指令】	지령
□ **じれったい** 지렛따이	【焦れったい】	안타깝다, 조바심나다
□ **しれん** 시렝	【試練】	시련
□ **ジレンマ** 지렌마		딜레마
□ **しろ** 시로	【城】	성
□ **しろい** 시로이	【白い】	희다
□ **しろうと** 시로-또	【素人】	아마추어, 비전문가
□ **シロップ** 시롭뿌		시럽
□ **シロホン** 시로홍		실로폰

240

□ **じろりと**
지로리또
　　　　힐끗

□ **しわ**
시와
　　　　주름, 구김살

□ **しわざ**
시와자
　【仕業】 소행, 짓

□ **しわむ**
시와무
　　　　구겨지다, 주름잡히다

□ **しん**
싱
　【芯】 심지, 등심

□ **しんあい**
싱아이
　【親愛】 친애

□ **じんいん**
징잉
　【人員】 인원

□ **しんえい**
싱에-
　【新鋭】 신예

□ **しんえん**
싱엥
　【深淵】 심연, 깊은 못

□ **しんか**
싱까
　【臣下】 신하

□ **じんか**
징까
　【人家】 인가

□ **しんか**
싱까
　【進化】 진화

□ **しんがい**
싱가이
　【心外】 의외, 뜻밖

□ **しんがく**
싱가꾸
　【神学】 신학

□ **じんかく**
징까꾸
　【人格】 인격

□ **しんがく**
싱가꾸
　【進学】 진학

□ **しんがた**
싱가따
　【新型】 신형

□ **しんがり**
싱가리
　　　　맨 뒤, 후미

□ しんかん 싱깡	【新刊】	신간
□ しんき 싱끼	【新規】	신규
□ しんぎ 싱기	【神技】	신기, 신의 조화
□ しんきょう 싱꾜-	【心境】	심경
□ しんきょく 싱쿄꾸	【新曲】	신곡
□ しんきろう 싱끼로-	【蜃気楼】	신기루
□ しんくう 싱꾸-	【真空】	진공
□ シングル 싱구루		단일, 독신
□ しんぐん 싱궁	【進軍】	진군
□ しんけい 싱께-	【神経】	신경
□ しんけつ 싱께쓰	【心血】	심혈
□ じんけん 징껭	【人権】	인권
□ しんけん 싱껭	【真剣】	진지함
□ しんこう 싱꼬-	【信仰】	신앙
□ しんごう 싱고-	【信号】	신호
□ じんこう 징꼬-	【人工】	인공
□ じんこう 징꼬-	【人口】	인구
□ しんこう 싱꼬-	【真紅】	진홍빛

□ **しんこう**
싱꼬-
【新興】 신흥

□ **しんこう**
싱꼬-
【進行】 진행

□ **しんこう**
싱꼬-
【侵攻】 침공

□ **しんこく**
싱꼬꾸
【深刻】 심각함

□ **しんこん**
싱꽁
【新婚】 신혼

□ **じんざい**
진자이
【人材】 인재

□ **しんさつ**
신사쓰
【診察】 진찰

□ **しんし**
신시
【紳士】 신사

□ **じんじ**
진지
【人事】 인사

□ **しんしつ**
신시쓰
【寝室】 침실

□ **しんじつ**
신지쓰
【真実】 진실

□ **しんじゃ**
신쟈
【信者】 신자

□ **じんしゅ**
진슈
【人種】 인종

□ **しんじゅ**
신쥬
【真珠】 진주

□ **しんしゅつ**
신슈쓰
【進出】 진출

□ **しんじょう**
신죠-
【信条】 신조

□ **じんじょう**
진죠-
【尋常】 보통, 예사로움

□ **しんじる**
신지루
【信じる】 믿다, 신용하다

243

□ **しんじん** 신징	【信心】	신심, 믿는 마음
□ **しんしん** 신싱	【新進】	신진
□ **しんじん** 신징	【新人】	신인
□ **しんせい** 신세-	【神聖】	신성
□ **じんせい** 진세-	【人生】	인생
□ **しんせき** 신세끼	【親戚】	친척
□ **しんせつ** 신세쓰	【親切】	친절
□ **しんせん** 신셍	【新鮮】	신선
□ **しんぞう** 신조-	【心臓】	심장
□ **じんぞう** 진조-	【人造】	인조
□ **しんそう** 신소-	【真相】	진상
□ **じんそく** 진소꾸	【迅速】	신속
□ **しんたい** 신따이	【身体】	신체
□ **じんたい** 진따이	【人体】	인체
□ **しんたい** 신따이	【進退】	진퇴
□ **しんだい** 신다이	【寝台】	침대
□ **しんたく** 신타꾸	【信託】	신탁, 신의 계시
□ **しんだん** 신당	【診断】	진단

244

□ **しんちく** 【新築】 신축
신찌꾸

□ **しんちゅう** 【心中】 심중, 마음 속
신쮸-

□ **しんちょう** 【身長】 신장, 키
신쬬-

□ **しんちょう** 【慎重】 신중
신쬬-

□ **じんつう** 【陣痛】 진통
진쓰-

□ **じんづうりき** 【神通力】 신통력
진즈-리끼

□ **シンデレラ** 신데렐라
신데레라

□ **しんでん** 【神殿】 신전
신뎅

□ **しんどう** 【神童】 신동
신도-

□ **しんどう** 【振動】 진동
신도-

□ **しんにゅう** 【進入】 진입
신뉴-

□ **しんにゅう** 【侵入】 침입
신뉴-

□ **しんにん** 【信任】 신임
신닝

□ **しんにん** 【新任】 신임
신닝

□ **しんねん** 【新年】 신년
신넹

□ **しんねん** 【信念】 신념
신넹

□ **しんぱい** 【心配】 근심, 염려
심빠이

□ **しんぱん** 【審判】 심판
심빵

□ しんぴ 【神秘】 신비
심삐

□ しんぴん 【新品】 신품
심삥

□ シンフォニー 심포니
신훠니-

□ しんぶつ 【神仏】 신불
심부쓰

□ じんぶつ 【人物】 인물
짐부쓰

□ しんぶん 【新聞】 신문
심붕

□ しんぽ 【進歩】 진보
심뽀

□ しんぼう 【辛抱】 참다, 인내
심보-

□ しんぼく 【親睦】 친목
심보꾸

□ シンボル 심벌, 상징
심보루

□ しんまい 【新米】 풋내기, 신참
심마이

□ しんみつ 【親密】 친밀
심미쓰

□ しんみょう 【神妙】 온순하고 얌전함, 기특함
심묘-

□ しんみり 차분하게, 조용히
심미리

□ じんみん 【人民】 인민
짐밍

□ しんもん 【審問】 심문
심몽

□ しんや 【深夜】 심야, 깊은 밤
싱야

□ しんゆう 【親友】 친우
싱유-

□ **しんよう** 싱요-	【信用】	신용
□ **しんらい** 신라이	【信頼】	신뢰
□ **しんらつ** 신라쓰	【辛辣】	신랄
□ **しんり** 신리	【真理】	진리
□ **しんりゃく** 신랴꾸	【侵略】	침략
□ **しんりょく** 신료꾸	【新緑】	신록
□ **じんりょく** 진료꾸	【人力】	인력
□ **じんりょく** 진료꾸	【尽力】	진력, 애를 씀
□ **しんりん** 신링	【森林】	삼림, 숲
□ **じんりん** 진링	【人倫】	인륜
□ **じんるい** 진루이	【人類】	인류
□ **しんるい** 신루이	【親類】	친척
□ **しんろ** 신로	【進路】	진로
□ **しんろう** 신로-	【心労】	심로, 심려
□ **しんろ** 신로-	【新郎】	신랑
□ **しんわ** 싱와	【神話】	신화

あ
か
し
た
な
は
ま
や
ら
わ

동물원 動物園

① さる
사루

② ぞう
조-

③ パンダ
판다

④ しか
시까

⑤ へび
헤비

① 원숭이 ② 코끼리 ③ 판다 ④ 사슴 ⑤ 뱀

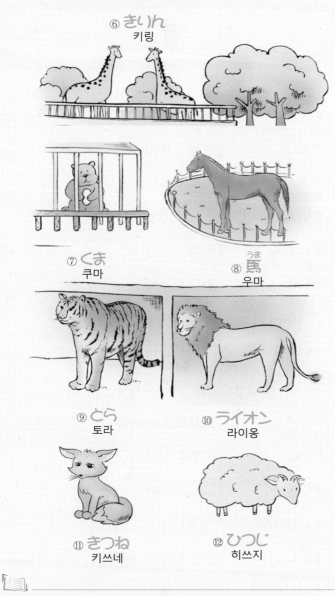

⑥ きいん
키링

⑦ くま
쿠마

⑧ 馬 (うま)
우마

⑨ とら
토라

⑩ ライオン
라이옹

⑪ きつね
키쓰네

⑫ ひつじ
히쓰지

⑥ 기린 ⑦ 곰 ⑧ 말 ⑨ 호랑이 ⑩ 사자 ⑪ 여우 ⑫ 양

す

□ **す**
스
【巣】 둥지

□ **すあし**
스아시
【素足】 맨발

□ **ずあん**
즈앙
【図案】 도안

□ **すいえい**
스이에-
【水泳】 수영

□ **すいおん**
스이옹
【水温】 수온

□ **すいか**
스이까
【西瓜】 수박

□ **すいがら**
스이가라
【吸殻】 담배꽁초

□ **すいこう**
스이꼬-
【遂行】 수행

□ **すいさいが**
스이사이가
【水彩画】 수채화

□ **すいさんぶつ**
스이삼부쓰
【水産物】 수산물

□ **すいじ**
스이지
【炊事】 취사

□ **すいじゃく**
스이쟈꾸
【衰弱】 쇠약

□ **すいじゅん**
스이쥰
【水準】 수준

□ **すいじょう**
스이죠-
【水上】 수상, 물 위

□ **すいしん**
스이싱
【推進】 추진

□ **スイス**　　　　스위스
　ス이스

□ **すいせい**　　【彗星】혜성
　스이세-

□ **すいせん**　　【推薦】추천
　스이셍

□ **すいそく**　　【推測】추측
　스이소꾸

□ **すいぞくかん**　【水族館】수족관
　스이조꾸깡

□ **すいちゅう**　　【水中】수중, 물 속
　스이쮸-

□ **すいちょく**　　【垂直】수직
　스이쪼꾸

□ **スイッチ**　　　스위치
　스잇찌

□ **すいてい**　　【推定】추정
　스이떼-

□ **すいどう**　　【水道】수도
　스이도-

□ **すいとう**　　【出納】출납
　스이또-

□ **ずいひつ**　　【随筆】수필
　즈이히쓰

□ **ずいぶん**　　【随分】어지간히, 대단히
　즈이붕

□ **すいへいせん**　【水平線】수평선
　스이헤-셍

□ **すいみん**　　【睡眠】수면
　스이밍

□ **すいめん**　　【水面】수면
　스이멩

□ **すいようび**　　【水曜日】수요일
　스이요-비

□ **すいり**　　　【推理】추리
　스이리

251

□ **すいりょく** 스이료꾸	【水力】	수력
□ **すう** 스우	【吸う】	들이마시다, 빨아들이다
□ **すう** 스-	【数】	수, 수효
□ **すうがく** 스-가꾸	【数学】	수학
□ **すうき** 스-끼	【数奇】	기구함, 불우함
□ **すうじ** 스-지	【数字】	숫자
□ **ずうずうしい** 즈-즈-시-	【図々しい】	뻔뻔하다
□ **ずうたい** 즈-따이	【図体】	덩치
□ **スーツケース** 스-쓰케-스		슈트케이스, 여행가방
□ **スープ** 스-뿌		수프
□ **すえ** 스에	【末】	끝, 마지막
□ **すえずえ** 스에즈에	【末末】	내내, 끝내
□ **ずが** 즈가	【図画】	도화
□ **スカート** 스까-또		스커트
□ **スカーフ** 스까-후		스카프
□ **スカウト** 스까우또		스카우트, 발탁
□ **すがすがしい** 스가스가시-		상쾌하다, 산뜻하다
□ **すがた** 스가따	【姿】	모습, 모양

□ **すがら** 스가라	처음부터 끝까지, 내내
□ **すがりつく** 스가리쓰꾸	매달리다, 달라붙다
□ **ずかん** 즈깡	【図鑑】 도감
□ **すかんぴん** 스깜삥	【素寒貧】 빈털터리
□ **すき** 스끼	가래
□ **すぎ** 스기	【杉】 삼나무
□ **すき** 스끼	【隙】 틈, 빈틈
□ **すき** 스끼	【好き】 좋아함
□ **スキー** 스끼-	스키
□ **すききらい** 스끼키라이	【好き嫌い】 좋아함과 싫어함
□ **すきばら** 스끼바라	【空き腹】 공복, 빈속
□ **すきま** 스끼마	【隙間】 빈틈
□ **すきやき** 스끼야끼	【すき焼き】 전골
□ **スキャンダル** 스캰다루	스캔들
□ **すぎる** 스기루	【過ぎる】 지나가다, 지나다
□ **ずきん** 즈낑	【頭巾】 두건
□ **スキン** 스낑	스킨, 피부
□ **すく** 스꾸	머리를 빗다

253

□ **すぐ**
스구
즉시, 곧

□ **すくいぬし**
스꾸이누시
【救い主】 구세주

□ **すくう**
스꾸우
【救う】 구하다, 도와주다

□ **スクール**
스꾸-루
스쿨, 학교

□ **すくすく**
스꾸스꾸
쑥쑥, 무럭무럭

□ **すくない**
스꾸나이
【少ない】 적다

□ **すくなからず**
스꾸나까라즈
【少なからず】 적잖이

□ **すくなくとも**
스꾸나꾸또모
【少なくとも】 적어도

□ **すくみあがる**
스꾸미아가루
【竦み上がる】 무서워서 움츠러지다

□ **スクラップ**
스꾸랍뿌
스크랩

□ **スクリーン**
스꾸리-ㄴ
스크린, 은막

□ **すぐれる**
스구레루
【優れる】 뛰어나다

□ **スケート**
스케-또
스케이트

□ **スケール**
스케-루
스케일

□ **スケジュール**
스케쥬-루
스케줄

□ **スケッチ**
스켓찌
스케치

□ **すけべえ**
스께베-
호색한

□ **スコア**
스코아
스코어, 득점

254

□ **すごい** 스고이	대단하다, 무섭다
□ **スコール** 스코-루	스콜
□ **すこし** 스꼬시	【少し】 조금, 약간
□ **すごす** 스고스	【過す】 보내다, 지내다
□ **スコップ** 스콥뿌	자루가 짧은 삽
□ **すこぶる** 스꼬부루	대단히, 매우
□ **すさまじい** 스사마지-	대단하다, 무시무시하다
□ **すじ** 스지	【筋】 줄기, 줄거리
□ **すし** 스시	【寿司】 스시, 초밥
□ **すじみち** 스지미찌	【筋道】 조리, 순서
□ **すじょう** 스죠-	【素姓】 혈통, 태생
□ **すず** 스즈	【鈴】 방울
□ **すすぐ** 스스구	씻다, 헹구다
□ **すずしい** 스즈시-	【涼しい】 시원하다, 선선하다
□ **すすむ** 스스무	【進む】 나아가다
□ **すずめ** 스즈메	【雀】 참새
□ **すすめる** 스스메루	【進める】 나아가다, 진척시키다
□ **すずらん** 스즈랑	은방울꽃

□ **すそ** 스소	옷자락
□ **スター** 스타-	스타, 인기인
□ **スタイル** 스타이루	스타일
□ **スタジオ** 스타지오	스튜디오, 촬영소
□ **ずたずた** 즈따즈따	갈기갈기, 토막토막
□ **スタッフ** 스탓후	스텝, 담당자
□ **スタミナ** 스타미나	스태미나, 정력
□ **すだれ** 스다레	발
□ **すたれる** 스따레루	【廃れる】 쇠퇴하다, 스러지다
□ **スタンド** 스탄도	스탠드, 매장
□ **スタンプ** 스탐뿌	스탬프, 소인
□ **スチーム** 스치-무	스팀, 증기난방
□ **スチュワーデス** 스츄와-데스	스튜어디스
□ **ずつう** 즈쓰-	【頭痛】 두통
□ **すっかり** 슥까리	몽땅, 완전히
□ **すっきり** 슥끼리	산뜻한 모양
□ **ずっしり** 즛시리	묵직한 느낌
□ **ずっと** 즛또	쭉, 줄곧

□ **すっぱい** 습빠이	【酸っぱい】 시다, 시큼하다	
□ **すっぱだか** 습빠다까	【素っ裸】 맨몸, 알몸뚱이	
□ **すっぱぬく** 습빠누꾸	【すっぱ抜く】 폭로하다	
□ **すっぽり** 습뽀리	몽땅 덮는 모양	
□ **すっぽん** 습뽕	자라	
□ **すで** 스데	【素手】 맨손	
□ **ステーキ** 스테-끼	스테이크, 구운 고기	
□ **ステージ** 스테-지	스테이지, 무대	
□ **ステーション** 스테-숑	스테이션, 정거장, 역	
□ **すてき** 스떼끼	【素敵】 아주 멋짐, 매우 근사함	
□ **ステップ** 스텝뿌	스텝	
□ **すでに** 스데니	이미, 벌써	
□ **すてばち** 스떼바찌	【捨て鉢】 자포자기	
□ **すてる** 스떼루	【捨てる】 버리다	
□ **ステレオ** 스테레오	스테레오, 입체	
□ **ストア** 스토아	스토어, 판매점	
□ **ストーブ** 스토-부	스토브, 난로	
□ **ストーリー** 스토-리-	스토리, 이야기	

あ
か
す
た
な
は
ま
や
ら
わ

257

□ **ストップ** 스톱뿌	스톱, 정지
□ **ストライキ** 스토라이끼	동맹파업
□ **ストライク** 스토라이꾸	스트라이크
□ **ストリップ** 스토립뿌	스트립
□ **ストレス** 스토레스	스트레스
□ **すな** 스나	【砂】 모래
□ **すなお** 스나오	【素直】 순진함, 솔직함
□ **すなどけい** 스나도께-	【砂時計】 모래시계
□ **すなば** 스나바	【砂場】 모래밭
□ **すなわち** 스나와찌	【即ち】 즉, 다름 아닌
□ **すね** 스네	정강이
□ **すねる** 스네루	삐치다, 토라지다
□ **ずのう** 즈노-	【頭脳】 두뇌
□ **スパゲッティ** 스파겟띠	스파게티
□ **すばしこい** 스바시꼬이	재빠르다
□ **すはだ** 스하다	【素肌】 맨몸, 알몸
□ **ずばぬけ** 즈바누께	【ずば抜け】 빼어남
□ **すばやい** 스바야이	【素早い】 재빠르다

□ **すばらしい**
스바라시-
근사하다, 기막히다

□ **スピーカー**
스피-까-
스피커

□ **スピーチ**
스피-찌
스피치, 연설

□ **スピード**
스피-도
스피드, 속도

□ **スプーン**
스푸-ㅇ
스푼, 수저

□ **ずぶとい**
즈부또이
유들유들하다

□ **スプリング**
스푸링구
스프링, 용수철

□ **スペイン**
스페인
스페인

□ **スペース**
스페-스
스페이스, 공간

□ **すべからく**
스베까라꾸
모름지기

□ **スペシャル**
스페샤루
스페셜, 특별

□ **すべて**
스베떼
모두, 전부

□ **すべなし**
스베나시
도리가 없다

□ **すべりだい**
스베리다이
【滑り台】 미끄럼틀

□ **すべる**
스베루
【滑る】 미끄러지다

□ **スポーツ**
스포-쓰
스포츠

□ **ずぼし**
즈보시
【図星】 핵심, 급소

□ **すぼむ**
스보무
오므라지다, 쇠하다

259

□ **すぼめる** 스보메루		오므라뜨리다, 움츠리다
□ **ズボン** 즈봉		바지
□ **スポンサー** 스폰사-		스폰서, 광고주
□ **スポンジ** 스폰지		스펀지, 해면
□ **スマート** 스마-또		스마트, 말쑥함
□ **すまい** 스마이	【住い】	주거, 사는 곳
□ **すまない** 스마나이		미안하다
□ **すみ** 스미	【墨】	먹
□ **すみ** 스미	【隅】	귀퉁이, 모퉁이
□ **すみ** 스미	【炭】	숯, 목탄
□ **すみか** 스미까	【住処】	살고 있는 곳, 집
□ **すみつく** 스미쓰꾸	【住み着く】	자리잡고 살다
□ **すみっこ** 스믹꼬	【隅っこ】	구석
□ **すみれ** 스미레		제비꽃
□ **すむ** 스무	【住む】	거주하다, 살다
□ **すむ** 스무	【済む】	끝나다, 완료하다
□ **ずめん** 즈멩	【図面】	도면
□ **すもう** 스모-	【相撲】	스모, 씨름

□ **スモッグ** 스목구	스모그
□ **すやすや** 스야스야	새근새근, 색색
□ **すらすら** 스라스라	막힘없이, 술술
□ **スランプ** 스람뿌	슬럼프
□ **すり** 스리	소매치기
□ **スリーブ** 스리-부	슬래브, 소매
□ **スリッパ** 스립빠	슬리퍼
□ **スリラー** 스리라-	스릴러
□ **スリル** 스리루	스릴
□ **する** 스루	하다
□ **ずるい** 즈루이	교활하다
□ **すれちがう** 스레찌가우	스치듯 지나가다
□ **スローガン** 스로-강	슬로건, 표어
□ **すわる** 스와루	【座る】 자리에 앉다
□ **すんなり** 슨나리	날씬하고 매끈한 모양
□ **すんぽう** 슴뽀-	【寸法】 치수

□ **せ(せい)** 세(세-)	【背】	등
□ **せい** 세-		탓, 원인
□ **せいいき** 세-이끼	【聖域】	성역
□ **せいいっぱい** 세-입빠이	【精一杯】	힘껏, 고작
□ **せいうん** 세-웅	【青雲】	청운
□ **せいえき** 세-에끼	【精液】	정액
□ **せいおう** 세-오-	【西欧】	서구
□ **せいか** 세-까	【生家】	생가
□ **せいか** 세-까	【成果】	성과
□ **せいかい** 세-까이	【政界】	정계
□ **せいかく** 세-카꾸	【性格】	성격
□ **せいかく** 세-카꾸	【正確】	정확
□ **せいかつ** 세-까쓰	【生活】	생활
□ **ぜいかん** 제-깡	【税関】	세관
□ **せいき** 세-끼	【性器】	성기

□ **せいき** 세-끼	【世紀】	세기
□ **せいぎ** 세-기	【正義】	정의
□ **せいきゅう** 세-뀨-	【請求】	청구
□ **せいきょう** 세-꾜-	【盛況】	성황
□ **ぜいきん** 제-낑	【税金】	세금
□ **せいけい** 세-께-	【生計】	생계
□ **せいけつ** 세-께쓰	【清潔】	청결
□ **せいけん** 세-껭	【政権】	정권
□ **せいげん** 세-겡	【制限】	제한
□ **せいこう** 세-꼬-	【成功】	성공
□ **せいこう** 세-꼬-	【性交】	성교
□ **せいこう** 세-꼬-	【精巧】	정교
□ **ぜいこみ** 제-꼬미	【税込み】	세금 포함
□ **せいさく** 세-사꾸	【政策】	정책
□ **せいさく** 세-사꾸	【製作】	제작
□ **せいさん** 세-상	【生産】	생산
□ **せいさん** 세-상	【清算】	청산
□ **せいじ** 세-지	【政治】	정치

263

□ **せいし** 세-시	【制止】	제지
□ **せいし** 세-시	【生死】	생사
□ **せいし** 세-시	【精子】	정자
□ **せいしき** 세-시끼	【正式】	정식
□ **せいしつ** 세-시쓰	【性質】	성질
□ **せいじゅく** 세-쥬꾸	【成熟】	성숙
□ **せいしゅん** 세-슝	【青春】	청춘
□ **せいしょ** 세-쇼	【聖書】	성서
□ **せいじょう** 세-죠-	【正常】	정상
□ **せいしょく** 세-쇼꾸	【生殖】	생식
□ **せいじん** 세-징	【成人】	성인
□ **せいじん** 세-징	【聖人】	성인
□ **せいしん** 세-싱	【精神】	정신
□ **せいず** 세-즈	【製図】	제도
□ **せいぜい** 세-제-	【精々】	가능한 한, 기껏
□ **せいせき** 세-세끼	【成績】	성적
□ **せいぞん** 세-종	【生存】	생존
□ **せいぞう** 세-조-	【製造】	제조

□ **せいたい** 세-따이 　【生態】 생태

□ **せいだい** 세-다이 　【盛大】 성대

□ **ぜいたく** 제-따꾸 　사치, 낭비

□ **せいちゅう** 세-쮸- 　【成虫】 성충

□ **せいちょう** 세-쬬- 　【成長】 성장

□ **せいと** 세-또 　【生徒】 생도

□ **せいど** 세-도 　【制度】 제도

□ **せいとう** 세-또- 　【正当】 정당

□ **せいとう** 세-또- 　【正答】 정답

□ **せいとう** 세-또- 　【政党】 정당

□ **せいとん** 세-똥 　【整頓】 정돈

□ **せいねん** 세-넹 　【成年】 성년

□ **せいねん** 세-넹 　【青年】 청년

□ **せいのう** 세-노- 　【性能】 성능

□ **せいばつ** 세-바쓰 　【征伐】 정벌

□ **せいびょう** 세-뵤- 　【性病】 성병

□ **せいふ** 세-후 　【政府】 정부

□ **せいふく** 세-후꾸 　【征服】 정복

□ **せいふく** 세-후꾸	【制服】	제복	
□ **せいぶつ** 세-부쓰	【生物】	생물	
□ **せいぶん** 세-붕	【成分】	성분	
□ **せいべつ** 세-베쓰	【性別】	성별	
□ **せいみつ** 세-미쓰	【精密】	정밀	
□ **せいめい** 세-메-	【生命】	생명	
□ **せいめい** 세-메-	【姓名】	성명, 이름	
□ **せいめい** 세-메-	【声明】	성명	
□ **せいよく** 세-요꾸	【性欲】	성욕	
□ **せいり** 세-리	【生理】	생리	
□ **せいり** 세-리	【整理】	정리	
□ **せいりつ** 세-리쓰	【成立】	성립	
□ **ぜいりつ** 제-리쓰	【税率】	세율	
□ **せいりょく** 세-료꾸	【勢力】	세력	
□ **せいれつ** 세-레쓰	【整列】	정렬	
□ **セーター** 세-따-		스웨터	
□ **セール** 세-루		세일, 매출	
□ **セールス** 세-루스		세일즈	

□ **せかい**　　　　【世界】 세계
　세까이

□ **せがむ**　　　　조르다
　세가무

□ **せき**　　　　　【席】 자리, 좌석
　세끼

□ **せき**　　　　　【咳】 기침
　세끼

□ **せきがいせん**　【赤外線】 적외선
　세끼가이셍

□ **せきじゅうじ**　【赤十字】 적십자
　세끼쥬-지

□ **せきしょ**　　　【関所】 검문소
　세끼쇼

□ **せきぞう**　　　【石造】 석조
　세끼조-

□ **せきたん**　　　【石炭】 석탄
　세끼땅

□ **せきつい**　　　【脊椎】 척추
　세끼쓰이

□ **せきどう**　　　【赤道】 적도
　세끼도-

□ **せきにん**　　　【責任】 책임
　세끼닝

□ **せきのやま**　　【関の山】 최대한도, 고작
　세끼노야마

□ **せきばらい**　　【咳払い】 헛기침
　세끼바라이

□ **せきゆ**　　　　【石油】 석유
　세끼유

□ **せきり**　　　　【赤痢】 이질
　세끼리

□ **セクシー**　　　섹시, 성적
　세꾸시-

□ **せけん**　　　　【世間】 세상
　세껭

267

□ **ゼスチュア** 제스츄아		제스처
□ **せだい** 세다이	【世代】	세대
□ **せたけ** 세타께	【背丈】	키, 신장
□ **せちがらい** 세찌가라이	【世知辛い】	세상살이가 힘들다
□ **せっかい** 섹까이	【節介】	참견, 간섭
□ **せっかく** 섹카꾸	【折角】	모처럼
□ **せっかち** 섹까찌		성급함
□ **せっき** 섹끼	【石器】	석기
□ **ぜっきゅう** 젝뀨-	【絶叫】	절규
□ **せっきょう** 섹꾜-	【説教】	설교
□ **せっきょく** 섹쿄꾸	【積極】	적극
□ **せっきん** 섹낑	【接近】	접근
□ **セックス** 섹꾸스		섹스, 성
□ **せっけい** 섹께-	【設計】	설계
□ **せっけん** 섹껭	【石けん】	비누
□ **ぜっこう** 젝꼬-	【絶交】	절교
□ **せっし** 셋시	【摂氏】	섭씨
□ **せつじつ** 세쓰지쓰	【切実】	절실

□ **せっしゅ** 　　　【摂取】 섭취
　셋슈

□ **せっしょう** 　　【殺生】 살생
　셋쇼-

□ **せっしょく** 　　【接触】 접촉
　셋쇼꾸

□ **せっせと** 　　　부지런히
　셋세또

□ **せつぞく** 　　　【接続】 접속
　세쓰조꾸

□ **ぜったい** 　　　【絶対】 절대
　젯따이

□ **せったい** 　　　【接待】 접대
　셋따이

□ **せつだん** 　　　【切断】 절단
　세쓰당

□ **ぜっちょう** 　　【絶頂】 절정
　젯쬬-

□ **せってい** 　　　【設定】 설정
　셋떼-

□ **セット** 　　　세트, 한 벌
　셋또

□ **せっとく** 　　　【説得】 설득
　셋또꾸

□ **せつな** 　　　【刹那】 찰나
　세쓰나

□ **せつない** 　　　【切ない】 괴롭다, 안타깝다
　세쓰나이

□ **せっぱつまる** 　【切羽詰まる】 궁지에 몰리다
　셉빠쓰마루

□ **せつび** 　　　【設備】 설비
　세쓰비

□ **せっぷん** 　　　【接吻】 입맞춤, 키스
　셉뿡

□ **ぜっぺき** 　　　【絶壁】 절벽
　젭뻬끼

□ **ぜつぼう** 제쓰보-	【絶望】	절망
□ **ぜつみょう** 제쓰묘-	【絶妙】	절묘
□ **ぜつめい** 제쓰메-	【絶命】	절명
□ **せつめい** 세쓰메-	【説明】	설명
□ **せつもん** 세쓰몽	【設問】	설문
□ **せつやく** 세쓰야꾸	【節約】	절약
□ **せつり** 세쓰리	【摂理】	섭리
□ **せつりつ** 세쓰리쓰	【設立】	설립
□ **せとぎわ** 세또기와	【瀬戸際】	운명의 갈림길
□ **せともの** 세또모노	【瀬戸物】	도자기
□ **せなか** 세나까	【背中】	등
□ **ぜに** 제니	【銭】	엽전, 돈
□ **ぜにん** 제닝	【是認】	시인
□ **せのび** 세노비	【背伸び】	발돋움
□ **せばめる** 세바메루	【狭める】	좁히다
□ **ぜひ** 제히	【是非】	꼭, 아무쪼록
□ **せびろ** 세비로	【背広】	양복
□ **せまい** 세마이	【狭い】	좁다

□ **せまる** 【迫る】 다가오다
세마루

□ **せみ** 【蝉】 매미
세미

□ **ゼミナール** 세미나
제미나-루

□ **せむし** 꼽추
세무시

□ **せめて** 최소한, 적어도
세메떼

□ **せめよせる** 【攻め寄せる】 공략하다, 쳐들어가다
세메요세루

□ **せめる** 【攻める】 공격하다
세메루

□ **せめる** 【責める】 나무라다, 꾸짖다
세메루

□ **せり** 미나리
세리

□ **せりふ** 【台詞】 대사
세리후

□ **セレモニー** 세리머니, 의식
세레모니-

□ **ゼロ** 제로, 영
제로

□ **せわ** 【世話】 보살핌, 성가심, 폐
세와

□ **せん** 【千】 천
셍

□ **ぜん** 【禅】 선
젱

□ **ぜんあく** 【善悪】 선악
젱아꾸

□ **せんい** 【繊維】 섬유
셍이

□ **せんいん** 【船員】 선원
셍잉

あ
か
せ
た
な
は
ま
や
ら
わ

271

□ **ぜんいん** 젱잉	【全員】	전원
□ **せんか** 셍까	【戦果】	전과
□ **せんかい** 셍까이	【旋回】	선회
□ **ぜんかい** 젱까이	【全快】	완쾌
□ **ぜんがく** 젱가꾸	【全額】	전액
□ **せんかん** 셍깡	【戦艦】	전함
□ **せんきょ** 셍꾜	【選挙】	선거
□ **せんげつ** 셍게쓰	【先月】	지난달
□ **せんげん** 셍겡	【宣言】	선언
□ **ぜんご** 젱고	【前後】	전후, 앞뒤
□ **せんこう** 셍꼬-	【閃光】	섬광
□ **せんこう** 셍꼬-	【専攻】	전공
□ **せんこく** 셍꼬꾸	【宣告】	선고
□ **ぜんこく** 젱꼬꾸	【全国】	전국
□ **せんざい** 센자이	【洗剤】	세제
□ **センサス** 센사스		센서스, 인구조사
□ **せんし** 센시	【先史】	선사
□ **せんし** 센시	【戦死】	전사

272

□ **せんじつ** 【先日】 전날, 요전(날)
센지쓰

□ **せんじつめる** 【煎じ詰める】 바싹 달이다
센지쓰메루

□ **せんしゅ** 【選手】 선수
센슈

□ **せんしゅう** 【先週】 지난 주
센슈-

□ **ぜんしゅう** 【全集】 전집
젠슈-

□ **せんしょく** 【染色】 염색
센쇼꾸

□ **せんしんこく** 【先進国】 선진국
센싱코꾸

□ **せんす** 【扇子】 접는 부채
센스

□ **センス** 센스, 미묘한 감각
센스

□ **せんすい** 【泉水】 뜰에 만든 연못
센스이

□ **せんすいかん** 【潜水艦】 잠수함
센스이깡

□ **せんせい** 【先生】 선생
센세-

□ **ぜんせい** 【全盛】 전성
젠세-

□ **ぜんぜん** 【全然】 전혀, 전연
젠젱

□ **せんぞ** 【先祖】 조상, 선조
센조

□ **せんそう** 【戦争】 전쟁
센소-

□ **せんぞく** 【専属】 전속
센조꾸

□ **センター** 센터, 중앙
센따-

273

□ **ぜんたい** 젠따이	【全体】	전체
□ **せんたく** 센타꾸	【選択】	선택
□ **せんたく** 센타꾸	【洗濯】	세탁
□ **せんだって** 센닷떼	【先だって】	얼마 전에
□ **センチ** 센찌		센티미터의 준말
□ **ぜんち** 젠찌	【全治】	전치
□ **せんちょう** 센쬬-	【船長】	선장
□ **せんてい** 센떼-	【選定】	선정
□ **ぜんてい** 젠떼-	【前提】	전제
□ **せんでん** 센뎅	【宣伝】	선전
□ **ぜんと** 젠또	【前途】	전도, 앞길
□ **せんどう** 센도-	【煽動】	선동
□ **せんどう** 센도-	【船頭】	뱃사공
□ **せんとう** 센또-	【先頭】	선두
□ **せんとう** 센또-	【戦闘】	전투
□ **せんとう** 센또-	【銭湯】	공중목욕탕
□ **せんにん** 센닝	【仙人】	선인, 신선
□ **せんにん** 센닝	【選任】	선임

□ **せんねん**
せん넹
【専念】 전념

□ **ぜんのう**
젠노-
【全能】 전능

□ **せんぱい**
셈빠이
【先輩】 선배

□ **せんばい**
셈바이
【専売】 전매

□ **せんばつ**
셈바쓰
【選抜】 선발

□ **ぜんぱんてき**
젬빤테끼
【全般的】 전반적

□ **せんぷ**
셈뿌
【宣布】 선포

□ **ぜんぶ**
젬부
【全部】 전부, 모두

□ **せんぷう**
셈뿌-
【旋風】 선풍

□ **せんべい**
셈베-
【煎餅】 전병

□ **せんべつ**
셈베쓰
【選別】 선별

□ **ぜんぺん**
젬뻥
【前編】 전편

□ **せんぼう**
셈보-
【羨望】 선망, 부러움

□ **せんぽう**
셈뽀-
【先方】 상대방

□ **ぜんぼう**
젬보-
【全貌】 전모

□ **ぜんぽう**
젬뽀-
【前方】 전방

□ **ぜんまい**
젬마이
태엽

□ **せんむ**
셈무
【専務】 전무

□ **せんめい** 셈메-	【鮮明】	선명함
□ **ぜんめつ** 젬메쓰	【全滅】	전멸
□ **せんめん** 셈멩	【洗面】	세면, 세수
□ **ぜんめん** 젬멩	【全面】	전면
□ **せんもん** 셈몽	【専門】	전문
□ **せんゆう** 셍유-	【戦友】	전우
□ **ぜんよう** 젱요-	【善用】	선용
□ **せんよう** 셍요-	【専用】	전용
□ **ぜんら** 젠라	【全裸】	알몸
□ **せんりつ** 센리쓰	【旋律】	선율, 멜로디
□ **せんりつ** 센리쓰	【戦慄】	전율
□ **せんりゃく** 센랴꾸	【戦略】	전략
□ **せんりょう** 센료-	【占領】	점령
□ **ぜんりょく** 젠료꾸	【全力】	전력
□ **せんれん** 센렌	【洗練】	세련
□ **せんろ** 센로	【線路】	선로

そ

- □ **ぞう**
  조-
  【象】 코끼리

- □ **そうあん**
  소-앙
  【創案】 창안

- □ **ぞういん**
  조-잉
  【増員】 증원

- □ **そういん**
  소-잉
  【総員】 총원

- □ **ぞうお**
  조-오
  【憎悪】 증오

- □ **そうおん**
  소-옹
  【騒音】 소음

- □ **ぞうか**
  조-까
  【造花】 조화

- □ **ぞうか**
  조-까
  【増加】 증가

- □ **そうかい**
  소-까이
  【爽快】 상쾌함

- □ **そうかい**
  소-까이
  【総会】 총회

- □ **ぞうがく**
  조-가꾸
  【増額】 증액

- □ **そうがく**
  소-가꾸
  【総額】 총액

- □ **そうかん**
  소-깡
  【送還】 송환

- □ **そうぎょう**
  소-교-
  【創業】 창업

- □ **そうきん**
  소-낑
  【送金】 송금

277

□ **ぞうきん** 조-낑	【雑巾】	걸레
□ **ぞうげ** 조-게	【象牙】	상아
□ **そうけ** 소-께	【宗家】	종가, 큰 집
□ **ぞうけい** 조-께-	【造詣】	조예
□ **ぞうけい** 조-께-	【造形】	조형
□ **そうけい** 소-께-	【総計】	총계
□ **そうげん** 소-겡	【草原】	초원
□ **そうご** 소-고	【相互】	상호, 서로
□ **そうこ** 소-꼬	【倉庫】	창고
□ **そうごう** 소-고-	【綜合】	종합
□ **そうこう** 소-꼬-	【奏効】	주효
□ **ぞうさ** 조-사	【造作】	번거로움, 수고로움
□ **そうさ** 소-사	【捜査】	수사
□ **そうさい** 소-사이	【相殺】	상쇄
□ **そうさく** 소-사꾸	【創作】	창작
□ **そうざん** 소-장	【早産】	조산
□ **そうじ** 소-지	【掃除】	청소
□ **そうしき** 소-시끼	【葬式】	장례식

278

□ **そうしつ** 소-시쓰	【喪失】	상실	
□ **ぞうしゃ** 조-샤	【増車】	증차	
□ **そうじゅう** 소-쥬-	【操縦】	조종	
□ **そうじゅく** 소-쥬꾸	【早熟】	조숙함	**そ**
□ **ぞうしょ** 조-쇼	【蔵書】	장서	
□ **そうしょく** 소-쇼꾸	【装飾】	장식	
□ **ぞうしん** 조-싱	【増進】	증진	
□ **ぞうせい** 조 세	【造成】	조성	
□ **そうせつ** 소-세쓰	【創設】	창설	
□ **そうぞう** 소-조-	【想像】	상상	
□ **そうぞう** 소-조-	【創造】	창조	
□ **そうぞうしい** 소-조-시-	【騒々しい】	시끄럽다, 소란하다	
□ **そうぞく** 소-조꾸	【相続】	상속	
□ **そうたい** 소-따이	【早退】	조퇴	
□ **ぞうだい** 조-다이	【増大】	증대	
□ **そうだん** 소-당	【相談】	상담	
□ **そうち** 소-찌	【装置】	장치	
□ **ぞうてい** 조-떼-	【贈呈】	증정	

□ **そうとう** 소-또-	【相当】	상당히
□ **そうどう** 소-도-	【騒動】	소동
□ **そうなん** 소-낭	【遭難】	조난
□ **ぞうに** 조-니	【雑煮】	정월에 먹는 떡국
□ **そうば** 소-바	【相場】	시세
□ **そうはく** 소-하꾸	【蒼白】	창백
□ **そうび** 소-비	【装備】	장비
□ **そうべつかい** 소-베쓰까이	【送別会】	송별회
□ **ぞうり** 조-리	【草履】	짚신, 샌들
□ **そうりつ** 소-리쓰	【創立】	창립
□ **そうりょ** 소-료	【僧侶】	승려
□ **そうりょく** 소-료꾸	【総力】	총력
□ **そうわ** 소-와	【挿話】	삽화, 에피소드
□ **そえる** 소에루	【添える】	첨부하다, 곁들이다
□ **ソース** 소-스		소스, 출처
□ **ソーセージ** 소-세-지		소시지
□ **そがい** 소가이	【疎外】	소외
□ **そきゅう** 소뀨-	【遡及】	소급

□ **そくい** 【即位】 즉위
소꾸이

□ **ぞくご** 【俗語】 속어
조꾸고

□ **そくざ** 【即座】 즉시, 당장
소꾸자

□ **そくし** 【即死】 즉사
소꾸시

□ **ぞくしゅつ** 【続出】 속출
조꾸슈쓰

□ **そくしん** 【促進】 촉진
소꾸싱

□ **ぞくする** 【属する】 속하다
조꾸스루

□ **そくせい** 【速成】 속성
소꾸세-

□ **ぞくせい** 【属性】 속성
조꾸세-

□ **ぞくぞく** 【続々】 속속, 잇달아
조꾸조꾸

□ **そくだん** 【速断】 속단
소꾸당

□ **ぞくっぽい** 【俗っぽい】 속되다
조꿉뽀이

□ **そくてい** 【測定】 측정
소꾸떼-

□ **そくど** 【速度】 속도
소꾸도

□ **ぞくに** 【俗に】 흔히, 일반적으로
조꾸니

□ **そくばく** 【束縛】 속박
소꾸바꾸

□ **そくめん** 【側面】 측면
소꾸멩

□ **そくりょう** 【測量】 측량
소꾸료-

あ

か

そ

た

な

は

ま

や

ら

わ

281

□ **そくりょく** 【速力】 속력
소꾸료꾸

□ **ソケット** 소켓
소켓또

□ **そこ** 【底】 밑바닥
소꼬

□ **そこく** 【祖国】 조국
소코꾸

□ **そこなう** 【損う】 그르치다, 파손하다
소꼬나우

□ **そこぬけ** 【底抜け】 얼간이
소꼬누께

□ **そし** 【阻止】 저지
소시

□ **そしき** 【組織】 조직
소시끼

□ **そしつ** 【素質】 소질
소시쓰

□ **そして** 그리고
소시떼

□ **そしょう** 【訴訟】 소송
소쇼-

□ **そせい** 【蘇生】 소생
소세-

□ **そせん** 【祖先】 조상, 선조
소셍

□ **そそぐ** 【注ぐ】 따르다, 쏟아넣다
소소구

□ **そそっかしい** 덜렁대다
소속까시-

□ **そそのかす** 부추기다, 꼬드기다
소소노까스

□ **そそりたつ** 【そそり立つ】 우뚝 솟다
소소리따쓰

□ **そそる** 돋구다
소소루

- **そだつ** 【育つ】 자라다
  소다쓰

- **そだてる** 【育てる】 키우다
  소다떼루

- **そちら** 그쪽
  소찌라

- **そっき** 【速記】 속기
  속끼

- **そつぎょう** 【卒業】 졸업
  소쓰교-

- **そっきん** 【側近】 측근
  속낑

- **そっくり** 몽땅, 꼭 닮음
  속꾸리

- **そっけない** 매몰차다
  속께나이

- **ぞっこん** 홀딱
  족꽁

- **そっせん** 【率先】 솔선
  솟셍

- **そっち** 그쪽
  솟찌

- **そっちのけ** 【そっち除け】 뒷전으로 돌림
  솟찌노께

- **そっちょく** 【率直】 솔직함
  솟쬬꾸

- **そっと** 살며시, 가만히
  솟또

- **ぞっと** 소름이 오싹
  좃또

- **そっぱ** 【反っ歯】 뻐드렁니
  솝빠

- **そで** 【袖】 소매
  소데

- **そと** 【外】 밖, 바깥, 겉
  소또

□ **そとづら** 소또즈라	【外面】	외면
□ **そなえる** 소나에루	【備える】	대비하다
□ **ソナタ** 소나따	소나타	
□ **そなわる** 소나와루	【備わる】	갖추어지다
□ **そのうえ** 소노우에	【その上】	그 위에, 게다가
□ **そのかわり** 소노카와리	【その代り】	그 대신
□ **そのくせ** 소노구세	【その癖】	그런데도
□ **そのまま** 소노마마	그대로	
□ **そば** 소바	메밀국수	
□ **そば** 소바	【側】	곁, 옆
□ **そばかす** 소바까스	주근깨	
□ **そびえる** 소비에루	치솟다	
□ **そふ** 소후	【祖父】	조부, 할아버지
□ **ソファー** 소화-	소파	
□ **ソプラノ** 소푸라노	소프라노	
□ **そぶり** 소부리	【素振り】	거동, 기색
□ **そぼ** 소보	【祖母】	조모, 할머니
□ **そまつ** 소마쓰	【粗末】	변변치 않음

□ **そまる** 【染まる】 물들다
소마루

□ **そむく** 【背く】 등지다, 배반하다
소무꾸

□ **そめる** 【染める】 물들이다, 염색하다
소메루

□ **そよかぜ** 【微風】 산들바람
소요카제

□ **そら** 【空】 하늘
소라

□ **そらごと** 【空言】 헛소리
소라고또

□ **そらぞらしい** 【空々しい】 새침하다
소라조라시-

□ **そらに** 【空似】 얼굴생김새가 닮음
소라니

□ **そらみみ** 【空耳】 헛들음
소라미미

□ **そらもよう** 【空模様】 날씨
소라모요-

□ **そり** 썰매
소리

□ **そる** 깎다
소루

□ **それ** 그것
소레

□ **それきり** 그뿐
소레끼리

□ **それこそ** 그야말로
소레꼬소

□ **それぞれ** 각자, 각기
소레조레

□ **それでも** 그래도, 그런데도
소레데모

□ **それに** 게다가, 더욱이
소레니

□ **そろう** 소로우		갖추어지다
□ **そろそろ** 소로소로		슬슬
□ **そろばん** 소로방	【算盤】	주판
□ **そわそわ** 소와소와		안절부절
□ **そんがい** 송가이	【損害】	손해
□ **ぞんがい** 종가이	【存外】	의외, 예상외
□ **ソング** 송구		송, 노래
□ **そんけい** 송께-	【尊敬】	존경
□ **そんざい** 손자이	【存在】	존재
□ **ぞんざい** 존자이		함부로 함, 소홀함
□ **そんしつ** 손시쓰	【損失】	손실
□ **そんしょく** 손쇼꾸	【遜色】	손색
□ **そんだい** 손다이	【尊大】	거만함, 건방짐
□ **そんちょう** 손쪼-	【尊重】	존중
□ **そんな** 손나		그런
□ **ぞんぶん** 좀붕	【存分】	마음껏, 실컷
□ **そんりつ** 손리쓰	【存立】	존립

텔레비전 テレビ

① アナウンサー
아나운사-

② ニュース
뉴-스

③ マイク
마이꾸

④ チャンネル
챤네루

⑤ コマーシャル
코마-샤루

① 아나운서 ② 뉴스 ③ 마이크 ④ 채널 ⑤ 광고방송

□ **ダークホース**　　다크호스, 유망주
　다-꾸호-스

□ **ターミナル**　　터미널
　타-미나루

□ **たい**　　도미
　타이

□ **だいあん**　【代案】 대안
　다이앙

□ **たいいく**　【体育】 체육
　타이이꾸

□ **だいいち**　【第一】 제일, 가장
　다이이찌

□ **たいいん**　【隊員】 대원
　타이잉

□ **たいいん**　【退院】 퇴원
　타이잉

□ **たいえき**　【退役】 퇴역
　타이에끼

□ **だいおう**　【大王】 대왕
　다이오-

□ **たいおん**　【体温】 체온
　타이옹

□ **たいか**　【耐火】 내화
　타이까

□ **たいか**　【大家】 대가
　타이까

□ **だいか**　【代価】 대가
　다이까

□ **たいが**　【大河】 대하
　타이가

□ **たいか** 타이까	【退化】	퇴화
□ **タイガー** 타이가-		타이거, 호랑이
□ **たいかい** 타이까이	【大会】	대회
□ **たいがい** 타이가이	【大概】	대개, 대략
□ **だいがく** 다이가꾸	【大学】	대학
□ **たいかく** 타이카꾸	【体格】	체격
□ **たいがく** 타이가꾸	【退学】	퇴학
□ **たいかくせん** 타이카꾸셍	【対角線】	대각선
□ **たいき** 타이끼	【待機】	대기
□ **たいぎ** 타이기	【大儀】	수고
□ **だいぎし** 다이기시	【代議士】	국회의원
□ **だいきぼ** 다이끼보	【大規模】	대규모
□ **たいきゃく** 타이캬꾸	【退却】	퇴각
□ **だいきらい** 다이키라이	【大嫌い】	아주 싫음
□ **だいきん** 다이낑	【代金】	대금
□ **たいきん** 타이낑	【大金】	큰 돈
□ **たいきん** 타이낑	【退勤】	퇴근
□ **だいく** 다이꾸	【大工】	목수

□ **たいぐう** 타이구-	【待遇】	대우	
□ **たいくつ** 타이꾸쓰	【退屈】	지루함, 따분함	
□ **たいけい** 타이께-	【体系】	체계	
□ **たいけつ** 타이께쓰	【対決】	대결	
□ **たいけん** 타이껭	【体験】	체험	
□ **たいこ** 타이꼬	【太鼓】	북	
□ **たいこう** 타이꼬-	【対抗】	대항	
□ **だいこん** 다이꽁	【大根】	무	
□ **たいさ** 다이사	【大差】	큰 차	
□ **たいざい** 타이자이	【滞在】	체재	
□ **たいさく** 타이사꾸	【対策】	대책	
□ **たいさん** 타이상	【退散】	피해서 물러남	
□ **たいし** 타이시	【大使】	대사	
□ **だいじ** 다이지	【大事】	큰 일, 소중함, 중요함	
□ **たいし** 타이시	【大志】	대지, 큰 뜻	
□ **たいじ** 타이지	【胎児】	태아	
□ **たいじ** 타이지	【退治】	퇴치	
□ **ダイジェスト** 다이제스또		다이제스트, 요약	

あ

□ **たいした** 【大した】 대단한, 이렇다 할
　타이시따

□ **たいしつ** 【体質】 체질
　타이시쓰

か

□ **たいしゃ** 【退社】 퇴사, 퇴근
　타이샤

□ **たいしゅう** 【大衆】 대중
　타이슈-

さ

□ **たいじゅう** 【体重】 체중
　타이쥬-

□ **たいしゅつ** 【退出】 퇴출
　타이슈쓰

た

□ **たいじょう** 【退場】 퇴장
　타이죠-

□ **たいしょう** 【対照】 대조
　타이쇼-

□ **たいしょう** 【対象】 대상
　타이쇼-

な

□ **だいじょうぶ** 【大丈夫】 괜찮음, 염려 없음
　다이죠-부

□ **たいしょく** 【退職】 퇴직
　타이쇼꾸

は

□ **だいじん** 【大臣】 대신, 장관
　다이징

□ **だいず** 【大豆】 콩
　다이즈

ま

□ **だいすき** 【大好き】 아주 좋아함
　다이스끼

□ **たいせい** 【態勢】 태세
　타이세-

や

□ **たいせい** 【体制】 체제
　타이세-

□ **たいせつ** 【大切】 소중함, 귀중함
　타이세쓰

ら

□ **たいせん** 【大戦】 대전
　타이셍

わ

□ **たいそう** 타이소-	【大層】	매우, 대단히
□ **たいそう** 타이소-	【体操】	체조
□ **だいたい** 다이따이	【大体】	대체로
□ **だいたん** 다이땅	【大胆】	대담
□ **だいち** 다이찌	【大地】	대지, 땅
□ **たいてい** 타이떼-	【大抵】	대략, 대충
□ **たいど** 타이도	【態度】	태도
□ **だいとうりょう** 다이또-료-	【大統領】	대통령
□ **だいどころ** 다이도꼬로	【台所】	부엌, 주방
□ **タイトル** 타이또루		타이틀, 표제
□ **タイトルマッチ** 타이또루맛찌		타이틀매치
□ **だいなし** 다이나시	【台無し】	엉망이 됨
□ **たいにん** 타이닝	【退任】	퇴임
□ **たいのう** 타이노-	【滞納】	체납
□ **たいはん** 타이항	【大半】	태반, 거지반
□ **たいひ** 타이히	【待避】	대피
□ **たいびょう** 타이뵤-	【大病】	중병
□ **だいひょう** 다이효-	【代表】	대표

□ **だいぶ**
　다이부
【大分】　어지간히, 꽤

□ **たいふう**
　타이후-
【台風】　태풍

□ **だいぶぶん**
　다이부붕
【大部分】　대부분

□ **だいべん**
　다이벵
【大便】　대변, 똥

□ **たいへん**
　타이헹
【大変】　큰 일, 굉장함, 대단히

□ **たいほ**
　타이호
【逮捕】　체포

□ **たいぼう**
　타이보-
【耐乏】　내핍

□ **たいぼう**
　타이보-
【大望】　대망

□ **たいほう**
　타이호-
【大砲】　대포

□ **たいぼく**
　타이보꾸
【大木】　큰 나무

□ **だいほん**
　다이홍
【台本】　대본

□ **たいまつ**
　타이마쓰
【松明】　횃불

□ **たいまん**
　타이망
【怠慢】　태만

□ **タイミング**
　타이밍구
타이밍

□ **だいめい**
　다이메-
【題名】　제명

□ **たいめん**
　타이멩
【体面】　체면

□ **だいもく**
　다이모꾸
【題目】　제목

□ **ダイヤ**
　다이야
다이아몬드

293

□ **タイヤ**　　　　타이어
　타이야

□ **だいやく**　　【代役】대역
　다이야꾸

□ **ダイヤル**　　다이얼
　다이야루

□ **たいよう**　　【太陽】태양
　타이요-

□ **だいようひん**　【代用品】대용품
　다이요-힝

□ **だいり**　　　【代理】대리
　다이리

□ **たいりく**　　【大陸】대륙
　타이리꾸

□ **だいりせき**　【大理石】대리석
　다이리세끼

□ **たいりつ**　　【対立】대립
　타이리쓰

□ **たいりゅう**　【滞留】체류
　타이류-

□ **たいりょう**　【大量】대량
　타이료-

□ **たいりょく**　【体力】체력
　타이료꾸

□ **たいわ**　　　【対話】대화
　타이와

□ **たうえ**　　　【田植え】모내기
　타우에

□ **だえき**　　　【唾液】타액, 침
　다에끼

□ **たえず**　　　【絶えず】끊임없이, 줄곧
　타에즈

□ **たえる**　　　【堪える】참고 견디다
　타에루

□ **だえんけい**　【楕円形】타원형
　다엥께-

□ **たおす**
  타오스
  【倒す】 쓰러뜨리다

□ **たおれる**
  타오레루
  【倒れる】 쓰러지다

□ **たか**
  타까
  매

□ **たかい**
  타까이
  【高い】 높다, 비싸다

□ **だかい**
  다까이
  【打開】 타개

□ **たがいに**
  타가이니
  【互いに】 서로, 피차

□ **たがく**
  타가꾸
  【多額】 다액

□ **たかね**
  타까네
  【高値】 비싼 값

□ **たがやす**
  타가야스
  【耕す】 갈다, 경작하다

□ **たから**
  타까라
  【宝】 보물, 보배

□ **たからもの**
  타까라모노
  【宝物】 보물

□ **たき**
  타끼
  【滝】 폭포

□ **たきぎ**
  타끼기
  장작, 땔나무

□ **タキシード**
  타끼시-도
  턱시도

□ **だきしめる**
  다끼시메루
  【抱き締める】 껴안다, 부둥켜안다

□ **たきび**
  타끼비
  【焚火】 모닥불

□ **たきもの**
  타끼모노
  【焚き物】 땔감

□ **だきょう**
  다꾜-
  【妥協】 타협

295

□ **たく**
타꾸
【焚く】 피우다

□ **たく**
타꾸
【炊く】 밥을 짓다

□ **だく**
다꾸
【抱く】 안다

□ **たくあん**
타꾸앙
【沢庵】 단무지

□ **たぐい**
다구이
【類】 같은 무리, 같은 부류

□ **たくえつ**
타꾸에쓰
【卓越】 탁월

□ **たくさん**
다꾸상
【沢山】 많음, 충분함

□ **タクシー**
타꾸시-
택시

□ **たくじょう**
타꾸죠-
【卓上】 탁상

□ **だくすい**
다꾸스이
【濁水】 탁수

□ **たくする**
타꾸스루
【託する】 맡기다

□ **たくはつ**
타꾸하쓰
【托鉢】 탁발

□ **たくましい**
타꾸마시-
【逞しい】 우람스럽다, 다부지다

□ **たくみ**
타꾸미
【巧み】 솜씨가 능숙함

□ **たくらむ**
타꾸라무
【企む】 일을 꾸미다

□ **だくりゅう**
다꾸류-
【濁流】 탁류

□ **たぐる**
타구루
【手繰る】 두 손으로 끌어당기다

□ **たくわえる**
타꾸와에루
【蓄える】 저축하다, 기르다

□ **たけ** 타께	【丈】	키
□ **たけ** 타께	【竹】	대나무
□ **だげき** 다게끼	【打撃】	타격
□ **たけのこ** 타께노꼬		죽순, 버섯
□ **たこ** 타꼬		문어
□ **たこ** 타꼬		연
□ **たさつ** 타사쓰	【他殺】	타살
□ **ださん** 다상	【打算】	타산
□ **たしか** 타시까	【確か】	확실함
□ **たしかめる** 타시까메루	【確める】	확인하다
□ **たしなみ** 타시나미		기호, 좋아함, 조심성
□ **たしなめる** 타시나메루		타이르다, 나무라다
□ **だしぬけ** 다시누께	【出し抜け】	불의, 불시
□ **たしょう** 타쇼-	【多少】	다소, 약간
□ **たじろぐ** 다지로구		질려 쩔쩔매다
□ **だしん** 다싱	【打診】	타진
□ **たす** 타스	【足す】	보태다, 채우다
□ **だす** 다스	【出す】	내다, 내놓다

297

□ **たすう** 타스-	【多数】	다수
□ **たすかる** 타스까루	【助かる】	살아남다, 구제되다
□ **たすける** 타스께루	【助ける】	구조하다, 돕다
□ **たずさえる** 타즈사에루	【携える】	지니다, 휴대하다
□ **たずねる** 타즈네루	【尋ねる】	찾다, 묻다
□ **だせい** 다세-	【惰性】	타성
□ **たそがれ** 타소가레	【黄昏】	황혼
□ **だそく** 다소꾸	【蛇足】	사족, 군더더기
□ **ただ** 타다	【只】	보통, 예사
□ **だだ** 다다		응석, 떼
□ **ただいま** 타따이마	【只今】	방금, 지금
□ **たたかい** 타따까이	【戦い】	싸움
□ **たたかう** 타따까우	【戦う】	싸우다
□ **たたきうり** 타따끼우리	【叩き売り】	투매, 덤핑판매
□ **たたきつける** 타따끼쓰께루	【叩き付ける】	때려 부수다
□ **たたく** 타따꾸	【叩く】	두드리다
□ **ただごと** 타다고또	【只事】	예삿일
□ **ただし** 타다시		단, 다만

298

□ **ただしい** 【正しい】 옳다, 바르다
타다시-

□ **ただす** 【正す】 바로잡다, 고치다
타다스

□ **たたずむ** 멈추어서다
타따즈무

□ **ただちに** 즉시, 곧
타다찌니

□ **ただなか** 【直中】 한복판
타다나까

□ **ただならぬ** 심상치 않은
타다나라누

□ **ただのり** 【只乗り】 무임승차
타다노리

□ **たたみ** 【畳】 일본식 돗자리
타따미

□ **たたむ** 【畳む】 접다, 걷어치우다
타따무

□ **ただよう** 【漂う】 떠돌다, 표류하다
타다요-

□ **ただれる** 짓무르다, 문드러지다
타다레루

□ **たちあい** 【立ち会い】 입회
타찌아이

□ **たちあがる** 【立ち上る】 일어서다
타찌아가루

□ **たちおうじょう** 【立ち往生】 선 채로 꼼짝 못함
타찌오-죠-

□ **たちぎき** 【立ち聞き】 엿들음
타찌기끼

□ **たちすくむ** 【立ち竦む】 선 채로 움직이지 못하다
타찌스꾸무

□ **たちどころに** 【立ち所に】 단숨에, 즉시
타찌도꼬로니

□ **たちどまる** 【立ち止まる】 멈추어 서다
타찌도마루

□ **たちば** 타찌바	【立場】	입장, 처지
□ **たちまち** 타찌마찌		순식간에
□ **たちよる** 타찌요루	【立ち寄る】	다가서다, 들르다
□ **だちん** 다찡	【駄賃】	심부름값
□ **たつ** 타쓰	【断つ】	자르다, 끊다
□ **たつ** 타쓰	【立つ】	서다, 일어나다
□ **たつ** 타쓰	【経つ】	(시간이) 지나다
□ **だっかん** 닥깡	【奪還】	탈환, 되찾음
□ **たっしゃ** 탓샤	【達者】	능숙함, 뛰어남
□ **だっしゅつ** 닷슈쓰	【脱出】	탈출
□ **たつじん** 타쓰징	【達人】	달인
□ **たっする** 탓스루	【達する】	도달하다, 이르다
□ **だつぜい** 다쓰제이	【脱税】	탈세
□ **だっせん** 닷셍	【脱線】	탈선
□ **だっそう** 닷소-	【脱走】	탈주
□ **たった** 탓따		겨우, 고작
□ **だったい** 닷따이	【脱退】	탈퇴
□ **タッチ** 탓찌		터치, 닿음

300

□ **たづな** 타즈나	【手綱】	고삐
□ **たっぷり** 탑뿌리		듬뿍, 잔뜩
□ **だつぼう** 다쓰보-	【脱帽】	탈모
□ **だつもう** 다쓰모-	【脱毛】	탈모
□ **たて** 타떼	【縦】	세로
□ **たてこもる** 타떼코모루	【立て籠る】	들어박혀 나오지 않다
□ **たてつぼ** 타떼쓰보	【建坪】	건물의 건평
□ **たてまえ** 타떼마에	【建て前】	상량, 방침
□ **たてる** 타떼루	【建てる】	짓다, 세우다
□ **だでん** 다뎅	【打電】	타전
□ **だとう** 다또-	【妥当】	타당
□ **たとえ** 타또에		설령, 비록
□ **たとえば** 타또에바	【例えば】	예를 들면, 이를테면
□ **たどりつく** 타도리쓰꾸	【たどり着く】	간신히 도착하다
□ **たな** 타나	【棚】	선반, 시렁
□ **たなあげ** 타나아게	【棚上げ】	보류
□ **たなびく** 타나비꾸		안개가 길게 뻗치다
□ **だに** 다니		진드기

あ

か

さ

た

な

は

ま

や

ら

わ

□ **たにま** 타니마	【谷間】	골짜기
□ **たにん** 타닝	【他人】	타인, 다른 사람
□ **たね** 타네	【種】	씨앗, 원인
□ **たねぎれ** 타네기레	【種切れ】	재료가 떨어짐
□ **たねん** 타넹	【他念】	다른 생각
□ **たのしい** 타노시-	【楽しい】	즐겁다
□ **たのしむ** 타노시무	【楽しむ】	즐기다
□ **たのみ** 타노미	【頼み】	부탁, 청
□ **たのむ** 타노무	【頼む】	부탁하다
□ **たのもし** 타노모시	【頼母子】	계(契)
□ **たのもしい** 타노모시-	【頼もしい】	믿음직하다
□ **たば** 타바	【束】	다발, 뭉치
□ **たばこ** 타바꼬	【煙草】	담배
□ **たばねる** 타바네루	【束ねる】	묶다
□ **たび** 타비	【旅】	여행
□ **たび** 타비	【足袋】	일본식 버선
□ **たびかさなる** 타비카사나루	【度重なる】	거듭되다
□ **たびさき** 타비사끼	【旅先】	행선지, 여행지

302

□ **たびじ** 타비지	【旅路】	나그네길, 여로
□ **たびたつ** 타비타쓰	【旅立つ】	여행을 떠나다
□ **たびたび** 타비따비	【度々】	여러 번
□ **たびびと** 타비비또	【旅人】	나그네
□ **タフガイ** 타후가이		터프가이
□ **たぶらかす** 타부라까스		속이다
□ **ダブル** 다부루		더블
□ **たぶん** 타붕	【多分】	아마도, 필경
□ **たべもの** 타베모노	【食べ物】	음식물
□ **たべる** 타베루	【食べる】	먹다
□ **だべん** 다벵	【駄弁】	잡담
□ **たぼう** 타보-	【多忙】	다망
□ **たほう** 타호-	【他方】	그러는 한편
□ **だぼら** 다보라		허풍
□ **たま** 타마	【玉】	옥, 구슬
□ **たまげる** 타마게루		혼쭐나다
□ **たまご** 타마고	【卵】	알, 달걀
□ **たましい** 타마시-	【魂】	넋, 혼

だます 다마스	속이다, 달래다
たまたま 타마따마	가끔, 우연히
たまつき 타마쓰끼	【玉突き】 당구
たまねぎ 타마네기	【玉ねぎ】 양파
たまらない 타마라나이	【堪らない】 견딜 수 없다
たまる 타마루	【溜る】 괴다, 쌓이다
だまる 다마루	【黙る】 침묵하다
たみ 타미	【民】 백성, 국민
ダム 다무	댐
だめ 다메	【駄目】 엉망, 안 됨, 허사임
ためいき 타메이끼	【溜息】 한숨
ためす 타메스	【試す】 시험하다
ために 타메니	때문에, 위하여
ためらう 타메라우	망설이다, 주저하다
たもつ 타모쓰	【保つ】 보유하다, 유지하다
たもと 타모또	소맷자락
たやすい 타야스이	【容易い】 쉽다, 용이하다
たより 타요리	【便り】 소식

□ **たよりない** 타요리나이	【頼り無い】	의지할 곳이 없다
□ **たよる** 타요루	【頼る】	의지하다
□ **たら** 타라		대구
□ **たらい** 타라이		대야
□ **だらく** 다라꾸	【堕落】	타락
□ **だらけ** 다라께		투성이
□ **たらこ** 타라꼬		명란젓
□ **だらしない** 다라시나이		칠칠치 못하다
□ **タラップ** 타랍뿌		트랩
□ **たりょう** 타료-	【多量】	다량
□ **たりる** 타리루	【足りる】	족하다, 충분하다
□ **たる** 타루		술통
□ **だるい** 다루이		나른하다
□ **だるま** 다루마		오뚝이
□ **たるむ** 타루무		느슨해지다
□ **だれ** 다레	【誰】	누구
□ **たれまく** 타레마꾸	【垂れ幕】	현수막
□ **たれる** 타레루	【垂れる】	늘어지다, 드리우다

あ
か
さ
た
な
は
ま
や
ら
わ

□ **タレント** 타렌또	탤런트	
□ **タワー** 타와-	타워, 탑	
□ **たわむれる** 타와무레루	【戯れる】	희롱거리다, 놀다
□ **たわら** 타와라	【俵】	쌀가마니
□ **だんあん** 당앙	【断案】	단안
□ **たんい** 탕이	【単位】	단위
□ **たんか** 탕까	【担荷】	들것, 단가
□ **だんかい** 당까이	【段階】	단계
□ **だんがん** 당강	【弾丸】	탄환, 총알
□ **たんき** 탕끼	【短気】	성질이 급함
□ **たんきゅう** 탕뀨-	【探求】	탐구
□ **タンク** 탕꾸	탱크	
□ **だんけつ** 당께쓰	【団結】	단결
□ **たんけん** 탕껭	【探検】	탐험
□ **だんげん** 당겡	【断言】	단언
□ **たんご** 탕고	【単語】	단어
□ **だんこ** 당꼬	【断固】	단호히
□ **だんごう** 당고-	【談合】	담합

□ **たんこう**
탕꼬-
【炭鉱】 탄광

□ **だんこう**
당꼬-
【断行】 단행

□ **だんこん**
당꽁
【男根】 남근

□ **だんし**
단시
【男子】 남자

□ **だんじ**
단지
【男児】 남아

□ **だんじき**
단지끼
【断食】 단식

□ **だんじて**
단지떼
【断じて】 절대로

□ **たんじゅん**
탄즁
【単純】 단순

□ **だんじょ**
단죠
【男女】 남녀

□ **たんしょ**
탄쇼
【短所】 결점, 단점

□ **たんしょ**
탄쇼
【端緒】 단서, 실마리

□ **たんじょう**
탄죠-
【誕生】 탄생

□ **たんじょうび**
탄죠-비
【誕生日】 생일

□ **たんす**
탄스
【箪笥】 장롱

□ **ダンス**
단스
댄스

□ **だんすい**
단스이
【断水】 단수

□ **だんせい**
단세-
【男性】 남성

□ **たんせい**
탄세-
【端正】 단정

307

□ **だんぜつ** 단제쓰	【断絶】	단절
□ **だんぜん** 단젱	【断然】	단연, 결코
□ **だんそう** 단소-	【断層】	단층
□ **たんそく** 탄소꾸	【嘆息】	탄식
□ **だんたい** 단따이	【団体】	단체
□ **だんだん** 단당	【段々】	점점, 차츰
□ **だんち** 단찌	【団地】	단지
□ **たんちょう** 탄쪼-	【丹頂】	두루미
□ **たんちょう** 탄쪼-	【単調】	단조로움
□ **だんちょう** 단쪼-	【団長】	단장
□ **たんてい** 탄떼-	【探偵】	탐정
□ **だんてい** 단떼-	【断定】	단정
□ **たんでん** 탄뎅	【丹田】	단전, 배꼽
□ **だんとう** 단또-	【暖冬】	난동
□ **たんとう** 탄또-	【担当】	담당
□ **たんどく** 탄도꾸	【単独】	단독
□ **だんどり** 단도리	【段取り】	일을 진행시키는 순서
□ **だんな** 단나	【旦那】	주인, 남편

308

□ **たんなる** 【単なる】 단순한
탄나루

□ **たんにん** 【担任】 담임
탄닝

□ **たんねん** 【丹念】 꼼꼼함
탄넹

□ **たんぱくしつ** 【蛋白質】 단백질
탐빠꾸시쓰

□ **だんぱん** 【談判】 담판
담빵

□ **ダンピング** 덤핑
담핑구

□ **たんぺん** 【短篇】 단편
탐뼁

□ **たんぽ** 【担保】 담보
탐뽀

□ **だんぼう** 【暖房】 난방
담보-

□ **たんぽぽ** 민들레
탐뽀뽀

□ **だんまり** 듬뿍, 많이
담마리

□ **だんめん** 【断面】 단면
담멩

□ **たんもの** 【段物】 피륙, 옷감
탐모노

□ **だんらく** 【段落】 단락, 일단락
단라꾸

□ **だんらん** 【団欒】 단란함
단랑

□ **だんりゅう** 【暖流】 난류
단류-

□ **たんれん** 【鍛練】 단련
탄렝

□ **だんわ** 【談話】 담화
당와

집 家

① 浴室
요꾸시쯔

② トイレ
토이레

③ 台所
다이도꼬로

④ 食堂
쇼꾸도-

① 욕실 ② 화장실 ③ 부엌 ④ 식당

⑤ 二階 [に かい]
니까이

⑥ 窓 [まど]
마도

⑦ 壁 [かべ]
카베

⑧ 階段 [かいだん]
카이당

⑨ ドア
도아

⑩ 一階 [いっ かい]
익까이

⑪ 居間 [い ま]
이마

⑤ 2층　⑥ 창문　⑦ 벽　⑧ 계단　⑨ 문　⑩ 1층　⑪ 거실

ち

- □ **ち**
  치
  【血】 피

- □ **ちあん**
  치앙
  【治安】 치안

- □ **ちい**
  치이
  【地位】 지위

- □ **ちいき**
  치-끼
  【地域】 지역

- □ **ちいさい**
  치-사이
  【小さい】 작다, 어리다

- □ **チーズ**
  치-즈
  치즈

- □ **チーム**
  치-무
  팀

- □ **ちえ**
  치에
  【知恵】 지혜, 꾀

- □ **チェーン**
  체-ㄴ
  체인

- □ **チェック**
  첵꾸
  체크

- □ **チェロ**
  체로
  첼로

- □ **ちえん**
  치엥
  【遅延】 지연

- □ **ちか**
  치까
  【地下】 지하

- □ **ちかい**
  치까이
  【近い】 가깝다

- □ **ちかう**
  치까우
  【誓う】 맹세하다, 다짐하다

□ **ちがう** 치가우	【違う】	다르다, 틀리다
□ **ちかく** 치까꾸	【近く】	근처, 가까운 곳
□ **ちかごろ** 치까고로	【近頃】	근래, 요즈음
□ **ちかづく** 치까즈꾸	【近付く】	접근하다, 다가가다
□ **ちかてつ** 치까테쓰	【地下鉄】	지하철
□ **ちかみち** 치까미찌	【近道】	지름길, 가까운 길
□ **ちかよる** 치까요루	【近寄る】	접근하다
□ **ちから** 치까라	【力】	힘
□ **ちからいっぱい** 치까라입빠이	【力一杯】	힘껏
□ **ちからもち** 치까라모찌	【力持ち】	힘이 센 사람, 장사
□ **ちかん** 치깡	【痴漢】	치한
□ **ちきゅう** 치뀨-	【地球】	지구
□ **ちぎる** 치기루	【千切る】	잘라 떼다, 비틀어 뜯다
□ **ちぎれる** 치기레루	【千切れる】	끊기어 떨어지다
□ **チキン** 치킨		치킨, 닭고기
□ **ちくしょう** 치꾸쇼-	【畜生】	짐승, 개새끼
□ **ちくちく** 치꾸찌꾸		콕콕 찌르는 모양
□ **ちぐはぐ** 치구하구		짝짝이, 뒤죽박죽

あ

か

さ

ち

な

は

ま

や

ら

わ

313

□ **チケット** 치켇또		티켓, 표
□ **ちこく** 치코꾸	【遅刻】	지각
□ **ちしき** 치시끼	【知識】	지식
□ **ちしつがく** 치시쓰가꾸	【地質学】	지질학
□ **ちじょう** 치죠-	【地上】	지상
□ **ちじょう** 치죠-	【痴情】	치정
□ **ちず** 치즈	【地図】	지도
□ **ちすじ** 치스지	【血筋】	혈통
□ **ちせい** 치세-	【知性】	지성
□ **ちたい** 치따이	【地帯】	지대
□ **ちち** 치찌	【父】	아버지
□ **ちち** 치찌	【乳】	젖, 유방
□ **ちちうえ** 치찌우에	【父上】	아버님
□ **ちちおや** 치찌오야	【父親】	부친
□ **ちちくさい** 치찌쿠사이	【乳臭い】	젖비린내 난다, 유치하다
□ **ちちくび** 치찌쿠비	【乳首】	젖꼭지
□ **ちぢまる** 치지마루	【縮まる】	오그라들다, 줄어들다
□ **ちぢむ** 치지무	【縮む】	오그라들다

314

□ **ちぢめる** 치지메루	【縮める】	줄이다, 움츠리다
□ **ちつじょ** 치쓰쬬	【秩序】	질서
□ **ちっそく** 칫소꾸	【窒息】	질식
□ **ちつづき** 치쓰즈끼	【血続き】	혈연
□ **ちっとも** 칫또모		조금도, 잠시도
□ **チップ** 칩뿌		팁
□ **ちてき** 치테끼	【知的】	지적
□ **ちてん** 치뗑	【地点】	지점
□ **ちどり** 치도리	【千鳥】	물떼새
□ **ちのう** 치노-	【知能】	지능
□ **ちび** 치비		꼬마
□ **ちぶさ** 치부사	【乳房】	유방
□ **ちほう** 치호-	【地方】	지방
□ **ちまなこ** 치마나꼬	【血眼】	혈안
□ **ちめい** 치메-	【地名】	지명
□ **ちめいしょう** 치메-쇼-	【致命傷】	**치명상**
□ **ちゃ** 챠	【茶】	차
□ **チャート** 챠-또		차트

□ **チャーミング** チャ-밍구		차밍, 매혹적
□ **ちゃいろ** 챠이로	【茶色】	다색, 갈색
□ **ちゃくがん** 챠꾸강	【着眼】	착안
□ **ちゃくしゅ** 챠꾸슈	【着手】	착수
□ **ちゃくせき** 챠꾸세끼	【着席】	착석
□ **ちゃくそう** 챠꾸소-	【着想】	착상
□ **ちゃくよう** 챠꾸요-	【着用】	착용
□ **ちゃくりく** 챠꾸리꾸	【着陸】	착륙
□ **ちゃっこう** 챡꼬-	【着工】	착공
□ **ちゃみせ** 챠미세	【茶店】	찻집
□ **ちゃわん** 챠왕	【茶碗】	밥공기, 찻종
□ **チャンス** 챤스		찬스, 기회
□ **ちゃんと** 챤또		제대로, 빈틈없이
□ **チャンネル** 챤네루		채널
□ **チャンピオン** 챰피옹		챔피언
□ **ちゃんぽん** 챰뽕		혼합, 한데 섞음
□ **ちゅうい** 츄-이	【注意】	주의
□ **ちゅうおう** 츄-오-	【中央】	중앙

□ **ちゅうかい** 【仲介】 중개
  츄-까이

□ **ちゅうがえり** 【宙返り】 공중제비
  츄-가에리

□ **ちゅうがっこう** 【中学校】 중학교
  츄-각꼬-

□ **ちゅうかん** 【中間】 중간
  츄-깡

□ **ちゅうかん** 【昼間】 주간, 대낮
  츄-깡

□ **ちゅうけい** 【中継】 중계
  츄-께-

□ **ちゅうけん** 【中堅】 중견
  츄-껭

□ **ちゅうげん** 【忠言】 충언
  츄-겡

□ **ちゅうこ** 【中古】 중고
  츄-꼬

□ **ちゅうこく** 【忠告】 충고
  츄-코꾸

□ **ちゅうさい** 【仲裁】 중재
  츄-사이

□ **ちゅうし** 【中止】 중지
  츄-시

□ **ちゅうじつ** 【忠実】 충실
  츄-지쓰

□ **ちゅうしゃ** 【注射】 주사
  츄-샤

□ **ちゅうしゃ** 【駐車】 주차
  츄-샤

□ **ちゅうじゅん** 【中旬】 중순
  츄-쥰

□ **ちゅうしょう** 【中傷】 중상
  츄-쇼-

□ **ちゅうしょく** 【昼食】 점심
  츄-쇼꾸

□ **ちゅうしん** 츄-싱	【中心】	중심	
□ **ちゅうすう** 츄-스-	【中枢】	중추	
□ **ちゅうせい** 츄-세-	【中性】	중성	
□ **ちゅうせい** 츄-세-	【中世】	중세	
□ **ちゅうせい** 츄-세-	【忠誠】	충성	
□ **ちゅうぜつ** 츄-제쓰	【中絶】	중절	
□ **ちゅうせん** 츄-셍	【抽籤】	추첨	
□ **ちゅうちょ** 츄-쪼	【躊躇】	주저, 망설임	
□ **ちゅうと** 츄-또	【中途】	중도	
□ **ちゅうどく** 츄-도꾸	【中毒】	중독	
□ **ちゅうとん** 츄-똥	【駐屯】	주둔	
□ **ちゅうにゅう** 츄-뉴-	【注入】	주입	
□ **チューブ** 츄-부		튜브	
□ **ちゅうぶ** 츄-부	【中風】	중풍	
□ **ちゅうもく** 츄-모꾸	【注目】	주목	
□ **ちゅうもん** 츄-몽	【注文】	주문	
□ **ちゅうゆ** 츄-유	【注油】	주유	
□ **チューリップ** 츄-립뿌		튤립	

□ ちょう 쵸-	【蝶】 나비
□ ちょうえつ 쵸-에쓰	【超越】 초월
□ ちょうかい 쵸-까이	【朝会】 조회
□ ちょうかく 쵸-카꾸	【聴覚】 청각
□ ちょうかん 쵸-깡	【朝刊】 조간
□ ちょうこく 쵸-꼬꾸	【彫刻】 조각
□ ちょうさ 쵸-사	【調査】 조사
□ ちょうし 쵸-시	【調子】 가락, 장단, 태도
□ ちょうしゅ 쵸-슈	【徴収】 징수
□ ちょうじゅ 쵸-쥬	【長寿】 장수
□ ちょうじょ 쵸-죠	【長女】 장녀, 큰딸
□ ちょうしょ 쵸-쇼	【長所】 장점
□ ちょうじょう 쵸-죠-	【頂上】 정상, 꼭대기
□ ちょうしょう 쵸-쇼-	【嘲笑】 조소, 비웃음
□ ちょうしんき 쵸-싱끼	【聴診器】 청진기
□ ちょうせい 쵸-세-	【調整】 조정
□ ちょうせん 쵸-셍	【挑戦】 도전
□ ちょうだい 쵸-다이	【頂戴】 윗사람에게 받음, 주세요

□ ちょうちん 쵸-씽	【提灯】	초롱(불)
□ ちょうど 쵸-도		마치, 딱, 정확히
□ ちょうなん 쵸-낭	【長男】	장남
□ ちょうば 쵸-바	【帳場】	계산대, 카운터
□ ちょうへん 쵸-헹	【長編】	장편
□ ちょうぼ 쵸-보	【帳簿】	장부
□ ちょうめん 쵸-멩	【帳面】	장부, 노트
□ ちょうやく 쵸-야꾸	【跳躍】	도약
□ ちょうりゅう 쵸-류-	【潮流】	조류
□ ちょうわ 쵸-와	【調和】	조화
□ チョーク 쵸-꾸		초크, 분필
□ ちょきん 쵸낑	【貯金】	저금
□ ちょくせつ 쵸꾸세쓰	【直接】	직접
□ ちょくせん 쵸꾸셍	【直線】	직선
□ ちょくやく 쵸꾸야꾸	【直訳】	직역
□ ちょこちょこ 쵸꼬쬬꼬		종종걸음으로 걷는 모양
□ チョコレート 쵸코레-또		초콜릿
□ ちょさく 쵸사꾸	【著作】	저작

320

□ **ちょしょ** 쵸쇼	【著書】 저서	
□ **ちょちく** 쵸치꾸	【貯蓄】 저축	
□ **ちょっかん** 쵹깡	【直感】 직감	
□ **チョッキ** 쵹끼	조끼	
□ **ちょっと** 춋또	조금, 약간	
□ **ちょっぴり** 춉삐리	조금, 약간	
□ **ちょろちょろ** 쵸로쬬로	물이 졸졸 흐르는 모양	
□ **チョンガー** 총가-	총각	
□ **ちょんぎる** 총기루	싹둑 자르다	
□ **ちらす** 치라스	【散らす】 흐트러뜨리다	
□ **ちらつく** 치라쓰꾸	눈에 어른거리다	
□ **ちらばる** 치라바루	【散らばる】 흩어지다	
□ **ちり** 치리	【地理】 지리	
□ **ちり** 치리	【塵】 먼지, 티끌	
□ **ちりがみ** 치리가미	【塵紙】 휴지	
□ **ちりとり** 치리또리	【塵取り】 쓰레받기	
□ **ちりばこ** 치리바꼬	【塵箱】 휴지통	
□ **ちる** 치루	【散る】 떨어지다, 흩어지다	

321

- **ちんぎん**
  칭깅
  【賃金】 임금, 품삯

- **ちんじゅつ**
  친쥬쓰
  【陳述】 진술

- **ちんつう**
  친쓰-
  【鎮痛】 진통

- **ちんば**
  침바
  절름발이

- **ちんぴら**
  침삐라
  꼬마, 조무래기

- **ちんぼつ**
  침보쓰
  【沈没】 침몰

- **ちんれつ**
  친레쓰
  【陳列】 진열

- **ついおく**
  쓰이오꾸
  【追憶】 추억

- **ついか**
  쓰이까
  【追加】 추가

- **ついきゅう**
  쓰이뀨-
  【追求】 추구

- **ツイスト**
  쓰이스또
  트위스트

- **ついせき**
  쓰이세끼
  【追跡】 추적

- **ついたち**
  쓰이타찌
  【一日】 초하루

- **ついでに**
  쓰이데니
  하는 김에

- **ついとう**
  쓰이또-
  【追悼】 추도

- **ついとつ**
  쓰이토쓰
  【追突】 추돌

- **ついに**
  쓰이니
  【遂に】 마침내, 드디어

- **ついばむ**
  쓰이바무
  【啄む】 (새가) 쪼다

- **ついほう**
  쓰이호-
  【追放】 추방

- **ついやす**
  쓰이야스
  【費やす】 쓰다, 소비하다

- **ついらく**
  쓰이라꾸
  【墜落】 추락

- **ツーア**
  쓰-아
  투어, 단기여행

323

□ つうか 쓰-까	【通過】	통과
□ つうか 쓰-까	【通貨】	통화
□ つうかい 쓰-까이	【痛快】	통쾌
□ つうがく 쓰-가꾸	【通学】	통학
□ つうきん 쓰-낑	【通勤】	통근
□ つうこう 쓰-꼬-	【通行】	통행
□ つうこく 쓰-코꾸	【通告】	통고
□ つうじる 쓰-지루	【通じる】	통하다, 통용되다
□ つうしん 쓰-싱	【通信】	통신
□ つうぞく 쓰-조꾸	【通俗】	통속
□ つうち 쓰-찌	【通知】	통지
□ つうちょう 쓰-쬬-	【通帳】	통장
□ つうねん 쓰-넹	【通念】	통념
□ つうやく 쓰-야꾸	【通訳】	통역
□ つうよう 쓰-요-	【通用】	통용
□ つうろ 쓰-로	【通路】	통로
□ つうわ 쓰-와	【通話】	통화
□ つえ 쓰에	【杖】	지팡이

□ つかう
  쓰까우
【使う】 쓰다, 사용하다

□ つかえる
  쓰까에루
【仕える】 섬기다, 시중들다

□ つかさどる
  스까사도루
【司る】 관장하다, 담당하다

□ つかつか
  쓰까쓰까
성큼성큼

□ つかのま
  쓰까노마
【束の間】 잠깐 동안, 순간

□ つかまる
  쓰까마루
【捕まる】 붙잡히다

□ つかみあう
  쓰까미아우
【掴み合う】 마주잡고 싸우다

□ つかむ
  쓰까무
【掴む】 붙잡다

□ つかれる
  쓰까레루
【疲れる】 지치다, 피로하다

□ つき
  쓰끼
【月】 달

□ つぎ
  쓰기
【次】 다음

□ つきあい
  쓰끼아이
【付合い】 교제

□ つきあたり
  쓰끼아따리
【突き当り】 막다른 곳

□ つきかげ
  쓰끼카게
【月影】 달빛

□ つきそい
  쓰끼소이
【付添い】 시중을 드는 사람

□ つぎつぎ
  쓰기쓰기
【次々】 차례차례, 잇달아

□ つきとめる
  쓰끼토메루
【突き止める】 캐내다, 밝혀내다

□ つきなみ
  쓰끼나미
【月並】 지극히 평범함

□ **つきみ** 쓰끼미	【月見】 달구경
□ **つきみそう** 쓰끼미소-	【月見草】 달맞이꽃
□ **つきやぶる** 쓰끼야부루	【突き破る】 찢다, 타파하다
□ **つきよ** 쓰끼요	【月夜】 달밤
□ **つく** 쓰꾸	【付く】 달라붙다, 붙다
□ **つく** 쓰꾸	【着く】 닿다, 도착하다
□ **つくえ** 쓰꾸에	【机】 책상
□ **つくづく** 쓰꾸즈꾸	곰곰이
□ **つぐなう** 쓰구나우	【償う】 갚다, 보상하다
□ **つくねんと** 쓰꾸넨또	우두커니, 쓸쓸히
□ **つぐむ** 쓰구무	입을 다물다
□ **つくりあげる** 쓰꾸리아게루	【作り上げる】 만들어내다, 완성하다
□ **つくりだす** 쓰꾸리다스	【作り出す】 만들어내다
□ **つくる** 쓰꾸루	【作る】 만들다, 창조하다
□ **つくろう** 쓰꾸로우	고치다, 수선하다
□ **つげぐち** 쓰게구찌	【告げ口】 고자질, 밀고
□ **つけくわえる** 쓰께쿠와에루	【付け加える】 보태다, 덧붙이다
□ **つけつけ** 쓰께쓰께	염치없이, 비위 좋게

□ **つけび**
쓰께비
【付け火】 방화

□ **つけもの**
쓰께모노
【漬物】 야채 절임

□ **つげる**
쓰게루
【告げる】 고하다, 알리다

□ **つごう**
쓰고-
【都合】 형편, 사정

□ **つじ**
쓰지
【辻】 네거리

□ **つた**
쓰따
담쟁이

□ **つたえる**
쓰따에루
【伝える】 전하다

□ **つたない**
쓰따나이
【拙い】 서툴다, 졸렬하다

□ **つたわる**
쓰따와루
【伝わる】 전해지다, 알려지다

□ **つち**
쓰찌
【土】 흙

□ **つち**
쓰찌
망치

□ **つちけむり**
쓰찌케무리
【土煙】 흙먼지

□ **つつ**
쓰쓰
통

□ **つづく**
쓰즈꾸
【続く】 이어지다, 계속되다

□ **つつく**
쓰쓰꾸
가볍게 쿡쿡 찌르다

□ **つづけざま**
쓰즈께자마
【続け様】 잇달아, 연이어

□ **つっけんどん**
쓱껜동
퉁명스러운 모양

□ **つつじ**
쓰쓰지
진달래

327

□ **つつしむ** 쓰쓰시무	【慎む】	삼가다, 조심하다
□ **つっぱねる** 씁빠네루	【突っぱねる】	모질게 뿌리치다
□ **つっぱる** 씁빠루	【突っぱる】	버티다, 지탱하다
□ **つつむ** 쓰쓰무	【包む】	싸다, 포장하다
□ **つど** 쓰도		그 때마다, 매번
□ **つとめさき** 쓰또메사끼	【勤め先】	근무처, 직장
□ **つとめる** 쓰또메루	【勤める】	근무하다, 힘쓰다
□ **つな** 쓰나	【綱】	밧줄
□ **つなぐ** 쓰나구		매다, 묶어놓다
□ **つなひき** 쓰나히끼	【綱引き】	줄다리기
□ **つなわたり** 쓰나와따리	【綱渡り】	줄타기
□ **つねづね** 쓰네즈네	【常々】	평소, 언제나
□ **つねに** 쓰네니	【常に】	항상, 늘
□ **つの** 쓰노	【角】	짐승의 뿔
□ **つば** 쓰바		침
□ **つばめ** 쓰바메		제비
□ **つぶ** 쓰부		낱알
□ **つぶさに** 쓰부사니		자세히, 구체적으로

□ つぶす
쓰부스
뭉개다, 으깨다

□ つぶて
쓰부떼
돌팔매

□ つぶやく
쓰부야꾸
중얼거리다

□ つぶれる
쓰부레루
찌부러지다

□ つべこべ
쓰베꼬베
이러쿵저러쿵

□ つぼ
쓰보
항아리

□ つぼみ
쓰보미
꽃봉오리

□ つま
쓰마
【妻】 처, 아내

□ つまずく
쓰마즈꾸
발이 걸려 넘어지다

□ つまむ
쓰마무
손가락으로 집다

□ つまらない
쓰마라나이
시시하다, 하찮다

□ つまり
쓰마리
결국, 요컨대

□ つみ
쓰미
【罪】 죄

□ つみあげる
쓰미아게루
【積み上げる】 쌓아올리다

□ つみかさなる
쓰미카사나루
【積み重なる】 겹쳐 쌓이다, 겹치다

□ つみきん
쓰미낑
【積金】 적금

□ つみたて
쓰미타떼
【積み立て】 적립

□ つみほろぼし
쓰미호로보시
【罪滅ぼし】 속죄

329

□ つむ 【摘む】 따다, 뜯다
쓰무

□ つむ 【積む】 쌓다, 싣다
쓰무

□ つむじかぜ 【つむじ風】 회오리바람, 선풍
쓰무지카제

□ つむじまがり 【つむじ曲り】 고집불통
쓰무지마가리

□ つめ 【爪】 손톱과 발톱
쓰메

□ つめきり 【爪切り】 손톱깎이
쓰메끼리

□ つめくさ 【詰草】 클로버
쓰메쿠사

□ つめたい 【冷たい】 차다, 냉정하다
쓰메따이

□ つめる 【詰める】 꽉꽉 채우다
쓰메루

□ つもり 작정, 예정, 셈
쓰모리

□ つや 윤기, 광택
쓰야

□ つやつや 반들반들, 반질반질
쓰야쓰야

□ つゆ 【露】 이슬
쓰유

□ つゆ 【梅雨】 장마(6월)
쓰유

□ つよい 【強い】 세다, 강하다
쓰요이

□ つよみ 【強味】 강점
쓰요미

□ つらい 【辛い】 괴롭다, 고통스럽다
쓰라이

□ つらぬく 【貫く】 꿰뚫다, 관통하다
쓰라누꾸

□ つり
쓰리
【釣】 낚시질

□ つりあい
쓰리아이
【釣合い】 균형, 조화

□ つりかわ
쓰리카와
【吊革】 가죽손잡이

□ つりざお
쓰리자오
【釣竿】 낚싯대

□ つりぶね
쓰리부네
【釣船】 낚싯배

□ つる
쓰루
덩굴, 연줄

□ つる
쓰루
학, 두루미

□ つるす
쓰루스
【吊す】 매달다, 달아매다

□ つるつる
쓰루쓰루
매끈매끈

□ つるはし
쓰루하시
곡괭이

□ つれ
쓰레
【連れ】 배우자, 동반자

□ つれない
쓰레나이
매정하다

□ つれる
쓰레루
【連れる】 데리고 가다, 동행하다

□ つわり
쓰와리
입덧

□ つんざく
쓴자꾸
세게 찢다, 뚫다

□ つんぼ
씀보
귀머거리

정원 庭

① 花壇 (かだん)
카당

② うさぎ
우사기

③ 猫 (ねこ)
네꼬

④ 犬 (いぬ)
이누

⑤ へい
헤-

① 화단 ② 토끼 ③ 고양이 ④ 개 ⑤ 울타리

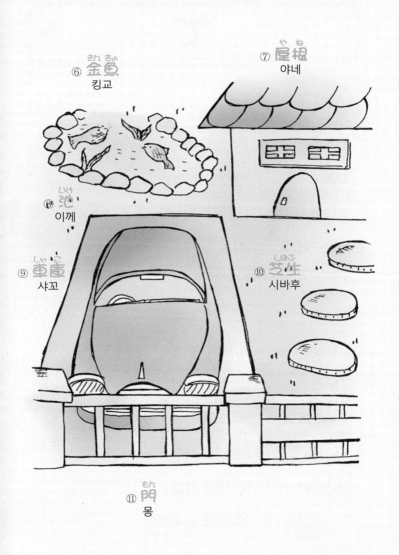

⑥ 金魚 킨교

⑦ 屋根 야네

⑧ 池 이께

⑨ 車庫 샤꼬

⑩ 芝生 시바후

⑪ 門 몽

⑥ 금붕어 ⑦ 지붕 ⑧ 연못 ⑨ 차고 ⑩ 잔디 ⑪ 대문

□ て
　테
【手】 손

□ てあし
　테아시
【手足】 수족

□ てあて
　테아떼
【手当て】 수당, 치료, 처치

□ ていあん
　테-앙
【提案】 제안

□ ディーゼル
　디-제루
디젤

□ ていおう
　테-오-
【帝王】 제왕

□ ていか
　테-까
【低下】 저하

□ ていか
　테-까
【定価】 정가

□ ていき
　테-끼
【定期】 정기

□ ていきあつ
　테-끼아쓰
【低気圧】 저기압

□ ていきょう
　테-꾜-
【提供】 제공

□ ていけい
　테-께-
【提携】 제휴

□ ていけつあつ
　테-케쓰아쓰
【低血圧】 저혈압

□ ていげん
　테-겡
【提言】 제언

□ ていこう
　테-꼬-
【抵抗】 저항

- □ ていこく　　　【帝国】 제국
  테-코꾸
- □ ていさい　　　【体裁】 체제, 외관, 체면
  테-사이
- □ ていし　　　　【停止】 정지
  테-시
- □ ていじ　　　　【提示】 제시
  테-지
- □ ていしゃじょう【停車場】 정류장
  테-샤죠-
- □ ていしゅ　　　【亭主】 주인, 남편
  테-슈
- □ ていしゅつ　　【提出】 제출
  테-슈쓰
- □ ていしょく　　【定食】 정식
  테-쇼꾸
- □ でいすい　　　【泥酔】 만취
  데-스이
- □ ディスカウント　디스카운트, 할인
  디스가운또
- □ ていせい　　　【訂正】 정정
  테-세-
- □ ていせん　　　【停戦】 정전
  테-셍
- □ ていそう　　　【貞操】 정조
  테-소-
- □ ていぞく　　　【低俗】 저속
  테-조꾸
- □ ていたく　　　【邸宅】 저택
  테-따꾸
- □ ていちゃく　　【定着】 정착
  테-쨔꾸
- □ ていでん　　　【停電】 정전
  테-뎅
- □ ていど　　　　【程度】 정도
  테-도

335

□ **ていねい** 데-네이	【丁寧】	정중함, 공손함
□ **ていねん** 테-넹	【停年】	정년
□ **ていり** 테-리	【定理】	정리
□ **ていれ** 테-레	【手入れ】	손질, 보살핌
□ **データー** 데-따-		데이터, 자료
□ **デート** 데-또		데이트
□ **テープ** 테-뿌		테이프
□ **テーブル** 테-부루		테이블
□ **テーマ** 테-마		테마, 주제
□ **ておち** 테오찌	【手落ち】	실수, 부주의
□ **てがかり** 테가까리	【手掛り】	단서
□ **でかける** 데카께루	【出かける】	나가다, 외출하다
□ **てかげん** 테카겡	【手加減】	손어림, 손대중
□ **てがた** 테가따	【手形】	어음
□ **デカダン** 데까당		데카당, 퇴폐적
□ **てがみ** 테가미	【手紙】	편지
□ **てがら** 테가라	【手柄】	공로, 공적
□ **てき** 테끼	【敵】	적

336

□ **てきおう**　【適応】 적응
테끼오-

□ **てきき**　【手利き】 수완가
테키끼

□ **できごと**　【出来事】 사건, 일어난 일
데끼고또

□ **できし**　【溺死】 익사
데끼시

□ **てきする**　【適する】 알맞다, 적당하다
테끼스루

□ **てきちゅう**　【的中】 적중
테끼쮸-

□ **てきとう**　【適当】 적당
테끼또-

□ **できもの**　【出来物】 종기, 부스럼
데끼모노

□ **てきよう**　【適用】 적용
테끼요-

□ **できる**　【出来る】 할 수 있다, 완성하다
데끼루

□ **てぎれ**　【手切れ】 인연을 끊음
테기레

□ **できれきん**　【手切れ金】 위자료
데기레낑

□ **てぎわ**　【手際】 솜씨
테기와

□ **てくせ**　【手癖】 손버릇
테꾸세

□ **てくだ**　【手管】 농간
테꾸다

□ **でぐち**　【出口】 출구
데구찌

□ **テクニック**　테크닉
테꾸닉꾸

□ **でくのぼう**　【でくの坊】 멍청이
데꾸노보-

337

□ **てくび** 테꾸비	【手首】	손목
□ **てこ** 테꼬		지레
□ **てこずる** 테꼬즈루		애를 먹다
□ **てごたえ** 테고따에	【手答え】	반응
□ **でこぼこ** 데꼬보꼬	【凸凹】	요철, 울퉁불퉁
□ **てごわい** 테고와이	【手強い】	벅차다
□ **デザート** 데자-또		디저트, 후식
□ **デザイン** 데자잉		디자인
□ **てさげ** 테사게	【手提げ】	손가방
□ **でし** 데시	【弟子】	제자
□ **てじな** 테지나	【手品】	마술, 요술
□ **でしゃばる** 데샤바루		주제넘게 나서다
□ **てすうりょう** 데스-료-	【手数料】	수수료
□ **デスク** 데스꾸		책상
□ **テスト** 테스또		테스트
□ **てすり** 테스리		난간
□ **でたらめ** 데따라메		엉터리
□ **てちょう** 테쬬-	【手帳】	수첩

□ **てつ**
  테쓰
  【鉄】 쇠, 철

□ **でっかい**
  덱까이
  (속어) 크다

□ **てつがく**
  테쓰가꾸
  【哲学】 철학

□ **てっきょう**
  텍꾜-
  【鉄橋】 철교

□ **てっきり**
  텍끼리
  틀림없이, 꼭

□ **てっきん**
  텍낑
  【鉄筋】 철근

□ **てづくり**
  테즈꾸리
  【手作り】 손수 만듦

□ **てっこく**
  텍코꾸
  【敵国】 적국

□ **デッサン**
  뎃상
  데생, 소묘

□ **でっちあげる**
  뎃찌아게루
  【でっち上げる】 날조하다

□ **てつづき**
  테쓰즈끼
  【手続き】 수속

□ **てってい**
  텟떼-
  【徹底】 철저

□ **てつどう**
  테쓰도-
  【鉄道】 철도

□ **てっぺん**
  텝뺑
  【天辺】 맨 꼭대기

□ **てっぽう**
  텝뽀-
  【鉄砲】 총, 소총

□ **ててなしご**
  테떼나시고
  사생아

□ **テナー**
  테나-
  테너

□ **てなずける**
  테나즈께루
  길들이다

339

□ **てなれる** 테나레루	【手慣れる】	익숙하다
□ **テニス** 테니스	테니스	
□ **てにもつ** 테니모쓰	【手荷物】	수화물
□ **てぬかり** 테누까리	【手抜かり】	실수
□ **てぬぐい** 테누구이	【手拭い】	수건
□ **てのこう** 테노고-	【手の甲】	손등
□ **てのひら** 테노히라	【掌】	손바닥
□ **デパート** 데파-또	백화점	
□ **てはず** 테하즈	【手筈】	준비, 계획
□ **てばやい** 테바야이	【手早い】	재빠르다
□ **てびき** 테비끼	【手引き】	안내, 입문서
□ **デビュー** 데뷰-	데뷔, 첫무대	
□ **てぶくろ** 테부꾸로	【手袋】	장갑
□ **てぶら** 테부라	【手ぶら】	맨손, 빈손
□ **てぶり** 테부리	【手振り】	손짓
□ **てほん** 테홍	【手本】	모범, 본보기
□ **てま** 테마	【手間】	품, 수고, 시간
□ **てまどる** 테마도루	【手間取る】	품이 들다

□ **てまねき**
테마네끼
【手招き】 손짓으로 부름

□ **てまめ**
테마메
【手まめ】 부지런함

□ **てむかい**
테무까이
【出迎い】 마중

□ **てむかう**
테무까우
【手向かう】 맞서다, 대항하다

□ **デモ**
데모
데모

□ **デモクラシー**
데모꾸라시-
데모크라시

□ **でもどり**
데모도리
【出戻り】 소박데기

□ **てら**
테라
【寺】 절

□ **てらす**
테라스
【照らす】 비추다, 밝히다

□ **テラス**
테라스
테라스, 베란다

□ **デリケート**
데리께-또
델리킷, 섬세함

□ **てる**
테루
【照る】 비치다

□ **でる**
데루
【出る】 나가다, 나오다

□ **てれくさい**
테레쿠사이
【照れ臭い】 쑥스럽다, 멋쩍다

□ **テレパシー**
테레파시-
텔레파시

□ **テレビ**
테레비
텔레비전

□ **てれん**
테렝
【手練】 농간

□ **てんいん**
텡잉
【店員】 점원

341

□ でんえん　　　【田園】　전원
　　뎅엥

□ てんか　　　　【天下】　천하
　　텡까

□ でんき　　　　【電気】　전기
　　뎅끼

□ てんき　　　　【天気】　날씨
　　텡끼

□ てんきん　　　【転勤】　전근
　　텡낑

□ てんけい　　　【典型】　전형
　　텡께-

□ てんけん　　　【点検】　점검
　　텡껭

□ てんごく　　　【天国】　천국
　　텡고꾸

□ てんさい　　　【天才】　천재
　　텐사이

□ でんし　　　　【電子】　전자
　　덴시

□ てんし　　　　【天使】　천사
　　텐시

□ てんじかい　　【展示会】　전시회
　　텐지까이

□ でんしゃ　　　【電車】　전차
　　덴샤

□ てんじょう　　【天井】　천정
　　텐죠-

□ でんしんばしら　【電信柱】　전신주, 전봇대
　　덴심바시라

□ でんせつ　　　【伝説】　전설
　　덴세쓰

□ でんせん　　　【電線】　전선
　　덴셍

□ でんせん　　　【伝染】　전염
　　덴셍

□ **てんたい** 텐따이	【天体】	천체	
□ **でんたつ** 덴타쓰	【伝達】	전달	
□ **でんち** 덴찌	【電池】	전지	
□ **てんち** 텐찌	【天地】	천지	
□ **てんちょう** 텐쬬-	【天頂】	맨 꼭대기	
□ **テント** 텐또		텐트, 천막	
□ **でんとう** 덴또-	【電灯】	전등	
□ **でんどう** 덴도-	【伝道】	전도	
□ **でんとう** 덴또-	【伝統】	전통	
□ **てんにょ** 텐뇨	【天女】	천녀	
□ **てんねん** 텐넹	【天然】	천연	
□ **でんぱ** 뎀빠	【電波】	전파	
□ **てんぷく** 템뿌꾸	【転覆】	전복	
□ **てんぼう** 템보-	【展望】	전망	
□ **でんぽう** 뎀뽀-	【電報】	전보	
□ **てんまく** 템마꾸	【天幕】	천막	
□ **てんめつ** 템메쓰	【点滅】	점멸	
□ **てんもんだい** 템몬다이	【天文台】	천문대	

□ **てんやわんや**　　시끌벅적함, 왁자지껄
　　텡야왕야

□ **でんらい**　　　【伝来】 전래
　　덴라이

□ **てんらく**　　　【転落】 전락
　　텐라꾸

□ **てんらんかい**　【展覧会】 전람회
　　텐랑까이

□ **でんりゅう**　　【電流】 전류
　　덴류-

□ **でんりょく**　　【電力】 전력
　　덴료꾸

□ **でんわ**　　　　【電話】 전화
　　뎅와

□ **ドア**
도아
도어, (서양식) 문

□ **ドイツ**
도이쓰
도이치, 독일

□ **トイレ**
토이레
화장실

□ **とう**
토우
【問う】 묻다, 질문하다

□ **どうい**
도-이
【同意】 동의

□ **どういつ**
도-이쓰
【同一】 동일

□ **とういつ**
토-이쓰
【統一】 통일

□ **どういん**
도-잉
【動員】 동원

□ **どうか**
도-까
【同化】 동화

□ **とうか**
토-까
【投下】 투하

□ **とうがらし**
도-가라시
고추

□ **どうかん**
도-깡
【同感】 동감

□ **どうき**
도-끼
【動機】 동기

□ **とうき**
토-끼
【登記】 등기

□ **とうき**
토-끼
【投機】 투기

□ どうぐ 도-구	【道具】	도구
□ どうくつ 도-꾸쓰	【洞窟】	동굴
□ とうげ 토-게	【峠】	산마루, 고개
□ とうけい 토-께-	【統計】	통계
□ とうけつ 토-께쓰	【凍結】	동결
□ どうこく 도-코꾸	【慟哭】	통곡
□ どうさ 도-사	【動作】	동작
□ とうざい 토-자이	【東西】	동서
□ とうさん 토-상	【倒産】	도산
□ どうし 도-시	【動詞】	동사
□ どうし 도-시	【同士】	동지, 끼리
□ どうじ 도-지	【同時】	동시
□ どうじ 도-지	【童子】	동자
□ とうし 토-시	【投資】	투자
□ とうじ 토-지	【当時】	당시
□ とうじつ 토-지쓰	【当日】	당일, 그날
□ どうして 도-시떼		어떻게, 어째서
□ とうしゅ 토-슈	【投手】	투수

346

□ **とうしゅく** 【投宿】 투숙
토-슈꾸

□ **とうしょ** 【島嶼】 도서
토-쇼

□ **どうじょう** 【道場】 도장
도-죠-

□ **どうじょう** 【同情】 동정
도-죠-

□ **とうじょう** 【登場】 등장
토-죠-

□ **どうせ** 어차피, 하여간
도-세

□ **とうせい** 【統制】 통제
도-세-

□ **どうせいあい** 【同性愛】 동성애
도-세-아이

□ **とうせん** 【当選】 당선
토-셍

□ **とうぜん** 【当然】 당연
토-젱

□ **どうぞ** 아무쪼록, 부디
도-조

□ **どうそう** 【同窓】 동창
도-소-

□ **どうぞく** 【同族】 동족
도-조꾸

□ **どうたい** 【動態】 동태
도-따이

□ **とうだい** 【灯台】 등대
토-다이

□ **とうちゃく** 【到着】 도착
토-챠꾸

□ **とうちょう** 【盗聴】 도청
토-쬬-

□ **とうてい** 【到底】 도저히
토-떼-

□ とうとい 토-또이	【尊い】	귀중하다, 소중하다
□ どうどう 도-도-	【堂堂】	당당히
□ とうとう 토-또-		드디어, 마침내
□ どうとく 도-토꾸	【道徳】	도덕
□ とうとぶ 토-또부	【尊ぶ】	공경하다, 존중하다
□ どうにか 도-니까		그럭저럭, 겨우겨우
□ どうにゅう 도-뉴-	【導入】	도입
□ とうにん 토-닝	【当人】	당자, 본인
□ とうねん 토-넹	【当年】	금년, 당년
□ とうばん 토-방	【当番】	당번
□ とうひ 토-히	【逃避】	도피
□ とうひょう 토-효-	【投票】	투표
□ とうふ 토-후	【豆腐】	두부
□ どうぶつ 도-부쓰	【動物】	동물
□ とうぶん 토-붕	【当分】	당분간
□ どうほう 도-호-	【同胞】	동포
□ どうみゃく 도-먀꾸	【動脈】	동맥
□ とうみん 토-밍	【冬眠】	동면

□ **どうめい** 【同盟】 동맹
　도-메-

□ **とうめい** 【透明】 투명
　토-메-

□ **どうも** 아무래도, 어쩐지
　도-모

□ **とうや** 【陶冶】 도야
　토-야

□ **どうやら** 그럭저럭, 간신히
　도-야라

□ **とうよう** 【東洋】 동양
　토-요-

□ **どうよう** 【同様】 마찬가지
　도-요-

□ **とうらい** 【到来】 도래
　토-라이

□ **どうり** 【道理】 도리
　도-리

□ **どうろ** 【道路】 도로
　도-로

□ **とうろん** 【討論】 토론
　토-롱

□ **どうわ** 【童話】 동화
　도-와

□ **とうわく** 【当惑】 당혹
　토-와꾸

□ **とお** 【十】 열, 열 살
　토-

□ **とおい** 【遠い】 멀다
　토-이

□ **とおか** 【十日】 초열흘
　토-까

□ **とおからず** 【遠からず】 머지않아, 불원간
　토-까라즈

□ **とおざかる** 【遠ざかる】 멀어져가다
　토-자까루

ロ ドーナツ 도-나쓰	도넛
ロ トーナメント 토-나멘또	토너먼트
ロ とおる 토-루	【通る】 지나다, 통하다
ロ とかい 토까이	【都会】 도시, 도회
ロ とかく 토카꾸	이럭저럭, 자칫, 아무튼
ロ とかげ 토까게	도마뱀
ロ どかた 도까따	막노동, 막벌이꾼
ロ とがめる 토가메루	책망하다, 비난하다
ロ とき 토끼	【時】 시간, 때
ロ ときおり 토끼오리	【時折】 때때로, 이따금
ロ ときたま 토끼타마	【時たま】 이따금
ロ ときどき 토끼도끼	【時々】 그때그때, 가끔
ロ どきどき 도끼도끼	두근두근
ロ ドキュメンタリー 도큐멘타리-	다큐멘터리
ロ どきょう 도꾜-	【度胸】 배짱, 담력
ロ とく 토꾸	【解く】 풀다
ロ とくい 토꾸이	【得意】 단골
ロ とくい 토꾸이	【特異】 특이

□ **どくさい**
도꾸사이
【独裁】 독재

□ **どくしゃ**
도꾸샤
【読者】 독자

□ **とくしゅ**
토꾸슈
【特殊】 특수

□ **どくしょ**
도꾸쇼
【読書】 독서

□ **とくしょく**
토꾸쇼꾸
【特色】 특색

□ **どくしん**
도꾸싱
【独身】 독신

□ **どくせん**
도꾸셍
【独占】 독점

□ **どくそう**
도꾸소-
【独創】 독창

□ **ドクター**
도쿠타-
닥터, 박사, 의사

□ **とくちょう**
토꾸쪼-
【特徴】 특징

□ **とくてい**
토꾸떼-
【特定】 특정

□ **どくとく**
도꾸토꾸
【独特】 독특

□ **とくに**
토꾸니
【特に】 특히, 각별히

□ **どくはく**
도꾸하꾸
【独白】 독백

□ **とくべつ**
토꾸베쓰
【特別】 특별

□ **どくほん**
도꾸홍
【読本】 독본

□ **どくやく**
도꾸야꾸
【毒薬】 독약

□ **とくゆう**
토꾸유-
【特有】 특유

□ どくりつ 도꾸리쓰	【独立】	독립
□ とげ 토게	【刺】	가시
□ とけい 토께-	【時計】	시계
□ とげる 토게루	【遂げる】	이루다
□ とける 토께루	【溶ける】	녹다
□ どこ 도꼬		어디
□ とこなつ 토꼬나쓰	【常夏】	상하, 늘 여름임
□ とこや 토꼬야	【床屋】	이발관
□ ところ 토꼬로	【所】	곳, 데
□ ところどころ 토꼬로도꼬로	【所々】	여기저기, 군데군데
□ とし 토시	【年】	해, 나이
□ とじ 토지	【途次】	가는 도중
□ とじこめる 토지꼬메루	【閉じ込める】	가두다
□ としごろ 토시고로	【年頃】	적령, 혼기
□ としした 토시시따	【年下】	연하
□ としなみ 토시나미	【年波】	연륜
□ どしゃぶり 도샤부리	【どしゃ降り】	억수, 억수같이 쏟아짐
□ としょ 토쇼	【図書】	도서, 책

352

□ **どじょう**
  도죠-
  【泥鰌】 미꾸라지

□ **としより**
  토시요리
  【年寄り】 노인, 늙은이

□ **とじる**
  토지루
  【閉じる】 닫다, 눈을 감다

□ **とだな**
  토다나
  【戸棚】 찬장

□ **とたん**
  토땅
  찰나, 바로 그 순간

□ **トタン**
  토땅
  함석

□ **どたんば**
  도땀바
  마지막 고비

□ **とち**
  토찌
  【土地】 토지

□ **とちゅう**
  토쮸-
  【途中】 도중

□ **どちら**
  도찌라
  어느 쪽, 어느 것

□ **とっきゅう**
  톡뀨-
  【特急】 특급

□ **とっきゅう**
  톡뀨-
  【特級】 특급

□ **とっきょ**
  톡꾜
  【特許】 특허

□ **とつぐ**
  토쓰구
  【嫁ぐ】 시집가다, 출가하다

□ **とっさ**
  톳싸
  눈 깜짝할 사이

□ **どっさり**
  돗싸리
  잔뜩

□ **とっしゅつ**
  톳슈쓰
  【突出】 돌출

□ **とつじょ**
  토쓰죠
  【突如】 별안간

353

□ とっしん 톳싱	【突進】	돌진
□ とつぜん 토쓰젱	【突然】	갑자기
□ とつにゅう 토쓰뉴-	【突入】	돌입
□ とっぴ 톱삐	【突飛】	엉뚱함, 야릇함
□ とっぷり 톱뿌리		해가 완전히 저문 상태
□ どて 도떼	【土手】	둑, 제방
□ とても 토떼모		도저히, 대단히
□ とどく 토도꾸	【届く】	닿다, 도달하다
□ とどけいで 토도께-데	【届出】	신고
□ とどける 토도께루	【届ける】	닿게 하다, 신고하다
□ ととのえる 토또노에루	【整える】	가지런히 하다
□ とどろく 토도로꾸		울려 퍼지다
□ となり 토나리	【隣】	옷
□ どなる 도나루	【怒鳴る】	고함치다
□ とにかく 토니카꾸		어쨌든, 아무튼
□ とばく 토바꾸	【賭博】	도박, 노름
□ とばす 토바스	【飛ばす】	날리다
□ どはずれ 도하즈레	【度外れ】	엄청남, 지나침

354

□ **とび** 토비	솔개	
□ **とびいろ** 토비이로	다갈색	
□ **とびかかる** 토비카까루	【飛びかかる】 덤벼들다, 뛰어들다	
□ **とびきり** 토비끼리	【飛切り】 특출함, 월등함	
□ **とびこむ** 토비꼬무	【飛び込む】 뛰어들다	
□ **とびら** 토비라	【扉】 문짝	
□ **どぶ** 도부	【溝】 도랑, 시궁창	
□ **とぶ** 토부	【飛ぶ】 날다, 비행하다	
□ **とほう** 토호-	【途方】 수단, 방도	
□ **どぼく** 도보꾸	【土木】 토목	
□ **とぼける** 토보께루	시치미 떼다	
□ **とぼしい** 토보시-	【乏しい】 부족하다	
□ **とぼとぼ** 토보토보	힘없이, 터덜터덜	
□ **トマト** 토마또	토마토	
□ **とまる** 토마루	【泊る】 묵다, 숙박하다	
□ **とまる** 토마루	【止まる】 멈춰서다	
□ **とみ** 토미	【富】 부, 재산	
□ **とめる** 토메루	【止める】 멈추다, 말리다	

일본어	한자	뜻
□ **とも** 토모	【友】	친구, 벗
□ **ともかく** 토모카꾸		아무튼
□ **ともかせぎ** 토모카세기	【共稼ぎ】	맞벌이
□ **ともしび** 토모시비	【灯火】	등불
□ **ともだおれ** 토모다오레	【共倒れ】	함께 쓰러져 망함
□ **ともだち** 토모다찌	【友達】	친구, 벗
□ **ともなう** 토모나우	【伴う】	함께 가다, 동반하다
□ **ともに** 토모니	【共に】	함께, 더불어
□ **どもる** 도모루	【吃る】	말을 더듬다
□ **どようび** 도요-비	【土曜日】	토요일
□ **とら** 토라	【虎】	호랑이
□ **ドライブ** 도라이브		드라이브
□ **とらえる** 도라에루	【捕える】	잡다, 붙잡다
□ **トラック** 토락꾸		트랙 / 트럭, 화물차
□ **トラップ** 토랍뿌		트랩
□ **トラブル** 토라부루		트러블
□ **ドラマ** 도라마		드라마
□ **トランク** 토랑꾸		트렁크

356

□ **トランペット**
  토람펫또　　　트럼펫

□ **とり**
  토리　　　【鳥】 새

□ **とりあえず**
  토리아에즈　　　【取り敢えず】 우선 급한 대로

□ **とりあつかう**
  토리아쓰까우　　　【取り扱う】 다루다, 취급하다

□ **とりえ**
  토리에　　　【取り柄】 장점, 쓸모

□ **とりかえす**
  토리까에스　　　【取り返す】 되찾다, 만회하다

□ **とりかえる**
  토리까에루　　　【取り替える】 바꾸다, 교환하다

□ **とりかご**
  토리가고　　　【鳥籠】 새장, 조롱

□ **とりかこむ**
  토리카꼬무　　　【取り囲む】 둘러싸다, 에워싸다

□ **とりきめる**
  토리키메루　　　【取り決める】 정하다

□ **とりくむ**
  토리꾸무　　　【取り組む】 맞붙다

□ **とりけす**
  토리께스　　　【取消す】 취소하다

□ **とりこ**
  토리꼬　　　【虜】 포로

□ **とりしまる**
  토리시마루　　　【取り締まる】 단속하다, 다잡다

□ **とりすがる**
  토리스가루　　　【取りすがる】 매달리다

□ **とりだす**
  토리다스　　　【取り出す】 꺼내다

□ **トリック**
  토릭꾸　　　트릭, 속임수

□ **とりつけ**
  토리쓰께　　　【取り付け】 장치, 설치

357

□ **とりのぞく** 토리노조꾸	【取り除く】	없애다, 제거하다
□ **とりはからい** 토리하까라이	【取り計らい】	조치, 배려
□ **とりはだ** 토리하다	【鳥肌】	소름
□ **とりひき** 토리히끼	【取引き】	거래, 흥정
□ **とりひきさき** 토리히끼사끼	【取引き先】	거래처
□ **とりまく** 토리마꾸	【取り巻く】	둘러싸다
□ **とりまぜる** 토리마제루	【取り混ぜる】	뒤섞다, 한데 섞다
□ **とりめ** 토리메	【鳥目】	야맹증
□ **とりもどす** 토리모도스	【取り戻す】	되찾다
□ **どりょく** 도료꾸	【努力】	노력
□ **とりわけ** 토리와께		특히, 유난히
□ **とる** 토루	【取る】	쥐다, 잡다, 취하다
□ **ドル** 도루		달러
□ **トルコ** 토루꼬		터키
□ **どれ** 도레		어느 것, 어떤 것
□ **どれい** 도레-	【奴隷】	노예
□ **ドレス** 도레스		드레스, 여성의 정장
□ **どろ** 도로	【泥】	진흙, 흙탕

□ トロット トロット
  토롯또

□ トロフィー 트로피, 우승배
  토로휘-

□ どろぼう 【泥棒】 도둑
  도로보-

□ どんぐり 도토리
  동구리

□ どんじゃく 【鈍着】 개의, 개념
  돈쟈꾸

□ どんぞこ 【どん底】 밑바닥, 나락
  돈조꼬

□ とんでもない 당치 않다
  톤데모나이

□ どんどん 잇따르는 모양, 마구
  돈동

□ どんな 어떤, 어떠한
  돈나

□ トンネル 터널
  톤네루

□ とんび 솔개
  톰비

□ どんぶり 【丼】 덮밥
  돔부리

□ とんぼ 잠자리
  톰보

□ とんま 【頓馬】 바보, 얼간이
  톰마

□ とんや 【問屋】 도매상
  통야

□ どんよく 【貪欲】 탐욕
  동요꾸

あ
か
さ
と
な
は
ま
や
ら
わ

359

동사 動詞

① 歩く
あるく
아루꾸

② 走る
はしる
하시루

③ 飛び上がる
とびあがる
토비아가루

④ 止まる
とまる
토마루

⑤ 料理する
りょうり する
료-리스루

⑥ 食べる
たべる
타베루

① 걷다 ② 뛰다 ③ 뛰어오르다 ④ 멈추다 ⑤ 요리하다 ⑥ 먹다

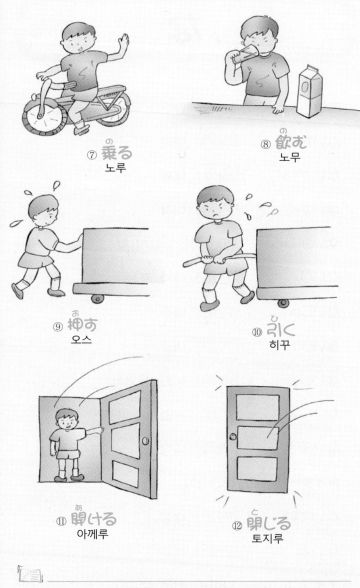

⑦ 乗る
노루

⑧ 飲む
노무

⑨ 押す
오스

⑩ 引く
히꾸

⑪ 開ける
아께루

⑫ 閉じる
토지루

⑦ 타다 ⑧ 마시다 ⑨ 밀다 ⑩ 당기다 ⑪ 열다 ⑫ 닫다

□ **ない**
　나이　　　　　　　없다, 〜않다

□ **ないか**　　　　　【内科】내과
　나이까

□ **ないがい**　　　　【内外】내외
　나이가이

□ **ないかく**　　　　【内閣】내각
　나이카꾸

□ **ないがしろ**　　　업신여김, 소홀히 함
　나이가시로

□ **ないし**　　　　　【乃至】내지, 또는
　나이시

□ **ないじゅ**　　　　【内需】내수
　나이쥬

□ **ないじょ**　　　　【内助】내조
　나이죠

□ **ないしょ**　　　　【内緒】비밀, 은밀함
　나이쇼

□ **ないしょく**　　　【内職】부업
　나이쇼꾸

□ **ないぞう**　　　　【内臓】내장
　나이조-

□ **ナイター**　　　　야간경기
　나이따-

□ **ないてい**　　　　【内定】내정
　나이떼-

□ **ないぶ**　　　　　【内部】내부
　나이부

□ **ナイフ**　　　　　나이프, 작은 칼
　나이후

□ **ないめん** 나이멩	【内面】	내면
□ **ないよう** 나이요-	【内容】	내용
□ **ナイロン** 나이롱		나일론
□ **なえぎ** 나에기	【苗木】	묘목, 모종나무
□ **なおさら** 나오사라		더더욱, 더한층
□ **なおす** 나오스	【直す】	고치다, 바로잡다
□ **なおる** 나오루	【直る】	고쳐지다, 바로잡히다
□ **なおる** 나오루	【治る】	낫다, 치료되다
□ **なか** 나까	【中】	가운데
□ **なか** 나까	【仲】	사이
□ **ながい** 나가이	【長い】	길다
□ **ながいき** 나가이끼	【長生き】	장수, 오래 삶
□ **ながいす** 나가이스	【長椅子】	긴 의자, 소파
□ **ながぐつ** 나가구쯔	【長靴】	장화
□ **ながしめ** 나가시메	【流し目】	추파, 윙크
□ **ながす** 나가스	【流す】	흘리다
□ **なかす** 나까스	【泣かす】	울리다
□ **ながそで** 나가소데	【長袖】	긴소매

□ **なかたがい** 【仲違い】 불화
　나까타가이

□ **ながたらしい** 【長たらしい】 장황스럽다
　나가타라시-

□ **なかなおり** 【仲直り】 화해
　나까나오리

□ **なかなか** 제법, 상당히
　나까나까

□ **なかば** 【半ば】 절반, 중간
　나까바

□ **ながびく** 【長引く】 질질 끌다
　나가비꾸

□ **なかま** 【仲間】 동료, 동아리
　나까마

□ **なかみ** 【中身】 알맹이
　나까미

□ **ながめ** 【長雨】 장마
　나가메

□ **ながめる** 【眺める】 바라보다, 쳐다보다
　나가메루

□ **ながや** 【長屋】 연립가옥
　나가야

□ **なかゆび** 【中指】 가운뎃손가락
　나까유비

□ **なかよし** 【仲良し】 짝꿍, 단짝친구
　나까요시

□ **ながれぼし** 【流れ星】 유성
　나가레보시

□ **ながれる** 【流れる】 흐르다, 흘러가다
　나가레루

□ **ながわずらい** 【長患い】 오랜 지병
　나가와즈라이

□ **なぎ** 물결이 잔잔한 모양
　나기

□ **なきがお** 【泣き顔】 울상
　나끼가오

□ **なきごえ** 나끼고에	【泣き声】	울음소리
□ **なきごと** 나끼고또	【泣き言】	푸념, 넋두리
□ **なきつら** 나끼쓰라	【泣き面】	울상
□ **なきむし** 나끼무시	【泣き虫】	울보
□ **なく** 나꾸	【鳴く】	(짐승이) 울다
□ **なく** 나꾸	【泣く】	울다
□ **なぐさめる** 나구사메루	【慰める】	위로하다
□ **なくなる** 나꾸나루	【亡くなる】	죽다, 돌아가시다
□ **なくなる** 나꾸나루	【無くなる】	없어지다
□ **なぐる** 나구루	【殴る】	때리다, 치다
□ **なげうり** 나게우리	【投売り】	투매, 덤핑판매
□ **なげかわしい** 나게카와시-	【嘆かわしい】	한심하다, 한탄스럽다
□ **なげく** 나게꾸	【嘆く】	한탄하다, 슬퍼하다
□ **なげすてる** 나게스떼루	【投げ捨てる】	내던지다, 내버리다
□ **なげつける** 나게쓰께루	【投げ付ける】	내던지다
□ **なげる** 나게루	【投げる】	던지다
□ **なこうど** 나꼬-도	【仲人】	결혼중매인
□ **なごり** 나고리	【名残】	흔적, 자취

あ
か
さ
た
な
は
ま
や
ら
わ

365

□ **なごりおしい**	【名残惜しい】	섭섭하다, 아쉽다
ㅣ 나고리오시-		
□ **なさけない**	【情ない】	한심하다
나사께나이		
□ **なさる**		하시다
나사루		
□ **なし**	【梨】	배
나시		
□ **なじみ**	【馴染み】	잘 아는 사람
나지미		
□ **なす**		가지
나스		
□ **なぜ**		왜, 어째서
나제		
□ **なぞ**	【謎】	수수께끼
나조		
□ **なだかい**	【名高い】	유명하다
나다까이		
□ **なだれ**	【雪崩】	눈사태
나다레		
□ **なつ**	【夏】	여름
나쓰		
□ **なついん**	【捺印】	날인, 사인
나쓰잉		
□ **なつかしい**	【懐かしい】	그립다
나쓰까시-		
□ **なつがれ**	【夏枯れ】	여름철 불경기
나쓰가레		
□ **なつく**	【懐く】	따르다
나쓰꾸		
□ **なっとく**	【納得】	납득
낫또꾸		
□ **なつめ**	【棗】	대추
나쓰메		
□ **なつやすみ**	【夏休み】	여름방학, 여름휴가
나쓰야스미		

□ **なでしこ** 나데시꼬	패랭이꽃	あ
□ **なでる** 나데루	어루만지다, 쓰다듬다	か
□ **ななめ** 나나메	【斜め】기울어짐, 경사	
□ **なに** 나니	【何】무엇	さ
□ **なにげない** 나니게나이	【何気ない】아무렇지도 않다	
□ **なにしろ** 나니시로	【何しろ】하여튼	た
□ **なにとぞ** 나니토조	【何とぞ】부디, 제발	な
□ **なにもかも** 니니모까모	【何もかも】모조리	
□ **なによりも** 나니요리모	【何よりも】무엇보다도	は
□ **なのる** 나노루	【名乗る】자기의 이름을 대다	
□ **なびく** 나비꾸	휘어지다, 쏠리다	ま
□ **ナプキン** 나푸낀	냅킨	や
□ **なべ** 나베	【鍋】냄비	
□ **なべづる** 나베즈루	흑두루미	ら
□ **なま** 나마	【生】날 것, 미숙한 것	わ
□ **なまいき** 나마이끼	【生意気】건방짐	
□ **なまえ** 나마에	【名前】이름	
□ **なまがし** 나마가시	【生菓子】생과자	

□ **なまぐさい** 나마구사이	【生臭い】	비리다
□ **なまけもの** 나마께모노	【怠け者】	게으름뱅이
□ **なまける** 나마께루	【怠ける】	게으름피우다
□ **なまこ** 나마꼬		해삼
□ **なまじっか** 나마직까		어설프게
□ **なまず** 나마즈		메기
□ **なまつば** 나마쓰바	【生唾】	군침
□ **なまなましい** 나마나마시-	【生生しい】	생생하다, 새롭다
□ **なまぬるい** 나마누루이	【生温い】	미적지근하다
□ **なまはんか** 나마항까	【生半可】	어설픔, 어중간함
□ **なまへんじ** 나마헨지	【生返事】	건성으로 하는 대답
□ **なまみず** 나마미즈	【生水】	냉수
□ **なまめかしい** 나마메까시-		요염하다
□ **なまもの** 나마모노	【生物】	날것, 생것
□ **なまやさしい** 나마야사시-	【生易しい】	손쉽다, 간단하다
□ **なまり** 나마리	【鉛】	납
□ **なまり** 나마리		사투리
□ **なみ** 나미	【波】	파도, 물결

□ **なみき** 나미끼	【並木】	가로수
□ **なみだ** 나미다	【涙】	눈물
□ **なみだぐましい** 나미다구마시-	【涙ぐましい】	눈물겹다
□ **なみはずれ** 나미하즈레	【並外れ】	보통 이상인 것
□ **なめらか** 나메라까	【滑らか】	매끈매끈한 모양
□ **なめる** 나메루		핥다
□ **なや** 나야	【納屋】	헛간, 광
□ **なやみ** 나야미	【悩み】	고민, 번민
□ **なやむ** 나야무	【悩む】	괴로워하다
□ **ならう** 나라우	【習う】	익히다, 배우다
□ **ならく** 나라꾸	【奈落】	나락, 밑바닥
□ **ならす** 나라스	【鳴らす】	소리를 내다, 울리다
□ **ならぶ** 나라부	【並ぶ】	한 줄로 서다, 늘어서다
□ **ならべる** 나라베루	【並べる】	늘어놓다
□ **なりきん** 나리낑	【成金】	벼락부자
□ **なりゆき** 나리유끼	【成行き】	되어 가는 형편
□ **なる** 나루	【鳴る】	울리다, 소리가 나다
□ **なる** 나루	【成る】	되다

あ
か
さ
た
な
は
ま
や
ら
わ

369

なるほど 나루호도	【成程】	과연, 딴은
ナレーション 나레-숑		내레이션, 해설
ナレーター 나레-따-		내레이터, 해설자
なれる 나레루	【慣れる】	익숙해지다
なわ 나와	【縄】	새끼, 포승
なわとび 나와도비	【縄跳び】	줄넘기
なわばり 나와바리	【縄張り】	세력권
なんかん 낭깐	【難関】	난관
なんきょく 낭쿄꾸	【難局】	난국
なんきょく 낭쿄꾸	【南極】	남극
なんきんむし 낭낌무시	【南京虫】	빈대
なんこう 낭꼬-	【軟膏】	연고
なんじ 난지	【難治】	난치
ナンセンス 난센스		난센스
なんだか 난다까	【何だか】	어쩐지, 왠지
なんとなく 난또나꾸	【何となく】	어쩐지

□ **にあう**
　니아우
【似合う】 어울리다, 잘 맞다

□ **におい**
　니오이
【匂い】 냄새, 향기

□ **におい**
　니오이
【臭い】 악취

□ **におう**
　니오우
【匂う】 냄새가 나다

□ **にがい**
　니가이
【苦い】 쓰다

□ **にかいだて**
　니까이다떼
【二階建て】 이층집

□ **にがす**
　니가스
【逃がす】 놓치다, 놓아주다

□ **にがて**
　니가떼
【苦手】 질색, 잘못함

□ **にがみ**
　니가미
【苦味】 쓴 맛

□ **にがわらい**
　니가와라이
【苦笑い】 쓴웃음

□ **にきび**
　니끼비
【面皰】 여드름

□ **にぎやか**
　니기야까
【賑やか】 떠들썩함, 번화함

□ **にぎりめし**
　니기리메시
【握り飯】 주먹밥

□ **にぎる**
　니기루
【握る】 쥐다, 잡다

□ **にく**
　니꾸
【肉】 살, 고기

371

□ にくい 니꾸이	【憎い】 밉다
□ にくいれ 니꾸이레	【肉入れ】 인주통
□ にくがん 니꾸강	【肉眼】 육안
□ にくしみ 니꾸시미	【憎しみ】 미움, 증오
□ にくしん 니꾸싱	【肉親】 육친
□ にくせい 니꾸세-	【肉声】 육성
□ にくたい 니꾸따이	【肉体】 육체
□ にくにくしい 니꾸니꾸시-	【憎々しい】 밉살스럽다
□ にくむ 니꾸무	【憎む】 미워하다
□ にくや 니꾸야	【肉屋】 고깃간, 정육점
□ にくよく 니꾸요꾸	【肉欲】 육욕
□ にくらしい 니꾸라시-	【憎らしい】 밉살스럽다
□ にぐるま 니구루마	【荷車】 짐수레
□ にげる 니게루	【逃げる】 도망치다, 달아나다
□ ニコチン 니꼬찡	니코틴
□ にこにこ 니꼬니꼬	생긋생긋
□ にごる 니고루	【濁る】 탁해지다, 흐려지다
□ にし 니시	【西】 서쪽

□ にじ 【虹】 무지개
　니지

□ にしき 【錦】 비단
　니시끼

□ にじむ 스미다, 번지다
　니지무

□ にしん 청어, 비웃
　니싱

□ にせもの 【偽物】 가짜
　니세모노

□ にそう 【尼僧】 여승
　니소-

□ にたにた 히죽히죽
　니따니따

□ にちじょう 【日常】 일상
　니찌죠-

□ にちぼつ 【日没】 일몰
　니찌보쓰

□ にちようび 【日曜日】 일요일
　니찌요-비

□ にちようひん 【日用品】 일용품
　니찌요-힝

□ にっか 【日課】 일과
　닉까

□ にっかん 【日刊】 일간
　닉깡

□ にっき 【日記】 일기
　닉끼

□ にづくり 【荷作り】 짐꾸리기
　니즈꾸리

□ にっこう 【日光】 일광, 햇빛
　닉꼬-

□ にっこり 생긋, 방긋
　닉꼬리

□ にってい 【日程】 일정
　닛떼-

□ にな 니나		다슬기
□ になう 니나우		짊어지다, 메다
□ にのつぎ 니노쓰기	【二の次】	뒤로 돌림
□ にぶい 니부이	【鈍い】	둔하다
□ にふだ 니후다	【荷札】	꼬리표
□ にぶる 니부루	【鈍る】	둔해지다
□ にべ 니베		민어
□ にほん 니홍	【日本】	일본
□ にまいじた 니마이지따	【二枚舌】	일구이언
□ にもつ 니모쓰	【荷物】	짐
□ にやにや 니야니야		싱글싱글
□ ニュアンス 뉴안스		뉘앙스
□ にゅういん 뉴-잉	【入院】	입원
□ にゅうがく 뉴-가꾸	【入学】	입학
□ にゅうきん 뉴-낑	【入金】	입금
□ にゅうこ 뉴-꼬	【入庫】	입고
□ にゅうこう 뉴-꼬-	【入港】	입항
□ にゅうこく 뉴-코꾸	【入国】	입국

374

□ にゅうさつ　　【入札】 입찰
　　뉴-사쓰

□ にゅうしゃ　　【入社】 입사
　　뉴-샤

□ にゅうしょう　　【入賞】 입상
　　뉴-쇼-

□ にゅうじょう　　【入場】 입장
　　뉴-죠-

□ ニュース　　　뉴스
　　뉴-스

□ にゅうねん　　【入念】 공을 들임, 꼼꼼하게 함
　　뉴-넹

□ にゅうよう　　【入用】 소용됨, 필요함
　　뉴-요-

□ にゅうりょく　　【入力】 입력
　　뉴-료꾸

□ にょうぼう　　【女房】 마누라
　　뇨-보-

□ にょろにょろ　　꿈틀꿈틀
　　뇨로뇨로

□ にら　　　부추
　　니라

□ にらむ　　　노려보다, 쏘아보다
　　니라무

□ にる　　　【似る】 닮다, 비슷하다
　　니루

□ にれ　　　느릅나무
　　니레

□ にわ　　　【庭】 뜰, 마당
　　니와

□ にわかあめ　　【にわか雨】 소나기
　　니와까아메

□ にわかに　　　갑자기
　　니와까니

□ にわし　　　【庭師】 정원사
　　니와시

□ **にわとり** 니와또리	【鶏】	닭
□ **にんき** 닝끼	【人気】	인기
□ **にんき** 닝끼	【任期】	임기
□ **にんぎょう** 닝교-	【人形】	인형
□ **にんげん** 닝겡	【人間】	인간
□ **にんしき** 닌시끼	【認識】	인식
□ **にんじょう** 닌죠-	【人情】	인정
□ **にんじん** 닌징	【人参】	당근
□ **にんそう** 닌소-	【人相】	인상, 관상
□ **にんたい** 닌따이	【忍耐】	인내
□ **にんてい** 닌떼-	【認定】	인정
□ **にんにく** 닌니꾸	【大蒜】	마늘
□ **にんぷ** 님뿌	【人夫】	인부
□ **にんむ** 님무	【任務】	임무
□ **にんめい** 님메-	【任命】	임명
□ **にんよう** 닝요-	【任用】	임용

□ **ぬいもの**　　　【縫い物】 바느질, 꿰맨 것
　누이모노

□ **ぬう**　　　【縫う】 꿰매다, 깁다
　누우

□ **ヌード**　　　누드
　누-도

□ **ヌードル**　　　서양식 국수
　누-도루

□ **ぬか**　　　쌀겨
　누까

□ **ぬかす**　　　【抜かす】 빠뜨리다, 건너뛰다
　누까스

□ **ぬかずく**　　　조아리다, 절하다
　누까즈꾸

□ **ぬかよろこび**　　　헛된 기쁨
　누까요로꼬비

□ **ぬかり**　　　【抜かり】 실수, 빠뜨림
　누까리

□ **ぬかる**　　　【泥る】 (땅이) 질퍽거리다
　누까루

□ **ぬかるみ**　　　【泥濘】 진창
　누까루미

□ **ぬきがき**　　　【抜き書き】 발췌
　누꾸가끼

□ **ぬきだす**　　　【抜き出す】 빼내다, 뽑아내다
　누끼다스

□ **ぬきんでる**　　　【抜きん出る】 빼내다, 골라내다
　누낀데루

□ **ぬく**　　　【抜く】 뽑다, 빼다
　누꾸

377

□ **ぬぐ** 누구	【脱ぐ】	벗다
□ **ぬぐう** 누구-	【拭う】	닦다, 씻다
□ **ぬくみ** 누꾸미	【温み】	온기
□ **ぬくめる** 누꾸메루	【温める】	데우다, 녹이다
□ **ぬくもり** 누꾸모리	【温もり】	온기
□ **ぬけあな** 누께아나	【抜け穴】	도망칠 구멍
□ **ぬけがら** 누께가라	【抜け殻】	빈 껍질, 탈피
□ **ぬけだす** 누께다스	【抜け出す】	빠져나오다
□ **ぬけぬけ** 누께누께		뻔뻔스럽고 태연한 모양
□ **ぬけめ** 누께메	【抜け目】	빈 틈, 허술한 점
□ **ぬける** 누께루	【抜ける】	빠지다
□ **ぬげる** 누게루	【脱げる】	(모자, 신발 등이) 벗겨지다
□ **ぬし** 누시	【主】	주인, 임자
□ **ぬすびと** 누스비또	【盗人】	도둑
□ **ぬすみ** 누스미	【盗み】	도둑질
□ **ぬすみぎき** 누스미기끼	【盗み聞き】	몰래 엿들음
□ **ぬすむ** 누스무	【盗む】	훔치다
□ **ぬっと** 눗또		불쑥, 벌떡

□ **ぬの** 누노	【布】	직물의 총칭
□ **ぬのぎれ** 누노기레	【布切れ】	헝겊
□ **ぬのじ** 누노지	【布地】	천, 옷감
□ **ぬま** 누마	【沼】	늪
□ **ぬらくら** 누라꾸라		미끈미끈
□ **ぬらす** 누라스	【濡らす】	적시다
□ **ぬらりくらり** 누라리꾸라리		어물어물, 어물쩍
□ **ぬりつぶす** 누리쓰부스	【塗り潰す】	빈틈없이 칠하다
□ **ぬる** 누루	【塗る】	칠하다, 바르다
□ **ぬるい** 누루이	【温い】	미지근하다
□ **ぬるぬる** 누루누루		미끌미끌, 미끈미끈
□ **ぬるまゆ** 누루마유	【微温湯】	미지근한 물
□ **ぬれぎぬ** 누레기누	【濡れ衣】	누명
□ **ぬれごと** 누레고또	【濡れ事】	정사
□ **ぬれねずみ** 누레네즈미	【濡れ鼠】	물에 빠진 생쥐
□ **ぬれる** 누레루	【濡れる】	젖다

あ
か
さ
た
ぬ
は
ま
や
ら
わ

거실 居間

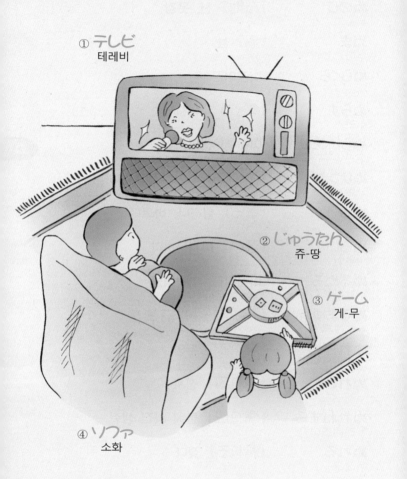

① テレビ
테레비

② じゅうたん
쥬-땅

③ ゲーム
게-무

④ ソファ
소화

① 텔레비전 ② 카펫 ③ 게임 ④ 소파

380

⑤ 電灯
でんとう
덴또-

⑥ 電話
でんわ
뎅와

⑦ 新聞
しんぶん
심붕

⑧ 漫画の本
まんがのほん
망가노 홍

⑨ 雑誌
ざっし
잣시

⑤ 전등 ⑥ 전화 ⑦ 신문 ⑧ 만화책 ⑨ 잡지

ね

- **ね**
  네
  【根】 뿌리, 근본

- **ねあげ**
  네아게
  【値上げ】 가격인상

- **ねうち**
  네우찌
  【値打ち】 값어치, 가치

- **ねえさん**
  네-상
  【姉さん】 누나, 누님

- **ネーム**
  네-무
  네임, 이름

- **ネオンサイン**
  네온사잉
  네온사인

- **ねがう**
  네가우
  【願う】 바라다, 원하다

- **ねがお**
  네가오
  【寝顔】 잠자는 얼굴

- **ねかす**
  네까스
  【寝かす】 재우다, 쓰러뜨리다

- **ねぎ**
  네기
  파

- **ねぎらう**
  네기라우
  【労う】 수고를 위로하다

- **ねぎる**
  네기루
  【値切る】 값을 깎다

- **ネクタイ**
  네쿠타이
  넥타이

- **ねぐら**
  네구라
  새의 둥지, 보금자리

- **ねこ**
  네꼬
  【猫】 고양이

□ **ねこそぎ** 　【根】 뿌리째, 몽땅
　네꼬소기

□ **ねごと** 　【寝言】 잠꼬대
　네고또

□ **ねごろ** 　【値頃】 적당한 값
　네고로

□ **ねじ** 　나사
　네지

□ **ねじる** 　비틀다, 뒤틀다
　네지루

□ **ねじろ** 　【根城】 근거지, 아지트
　네지로

□ **ねずみ** 　쥐
　네즈미

□ **ねそべる** 　【寝そべる】 엎드리다
　네소베루

□ **ねたむ** 　【妬む】 질투하다
　네따무

□ **ねだる** 　【強請る】 치근거리다, 졸라대다
　네다루

□ **ねだん** 　【値段】 값, 가격
　네당

□ **ねつ** 　【熱】 열
　네쓰

□ **ねつあい** 　【熱愛】 열애
　네쓰아이

□ **ねつえん** 　【熱演】 열연
　네쓰엥

□ **ネッカチーフ** 　네커치프
　넥카치-후

□ **ねっきょう** 　【熱狂】 열광
　넥꾜-

□ **ネックレス** 　네크리스, 목걸이
　넥쿠레스

□ **ねっさ** 　【熱砂】 열사
　넷사

□ **ねつじょう**
네쓰죠-
【熱情】 열정

□ **ねっしん**
넷싱
【熱心】 열심

□ **ねつぞう**
네쓰조-
【捏造】 날조

□ **ねったい**
넷따이
【熱帯】 열대

□ **ねっちゅう**
넷쮸-
【熱中】 열중

□ **ネット**
넷토
네트, 그물

□ **ネットワーク**
넷토와-쿠
네트워크, 방송망

□ **ねつびょう**
네쓰뵤-
【熱病】 열병

□ **ねつぼう**
네쓰보-
【熱望】 열망

□ **ねつりょう**
네쓰료-
【熱量】 열량

□ **ねどこ**
네도꼬
【寝床】 잠자리, 침상

□ **ねとねと**
네또네또
끈적끈적

□ **ねばりけ**
네바리께
【粘り気】 끈기

□ **ねばる**
네바루
【粘る】 끈덕지게 버티다

□ **ねびき**
네비끼
【値引き】 값을 깎음, 깎아줌

□ **ねぶそく**
네부소꾸
【寝不足】 수면부족

□ **ねぼう**
네보-
【寝坊】 잠꾸러기

□ **ねまき**
네마끼
【寝間着】 잠옷

384

□ **ねむい** 네무이	【眠い】	졸립다
□ **ねむけ** 네무께	【眠気】	졸음
□ **ねむたい** 네무따이	【眠たい】	졸리다, 자고 싶다
□ **ねむりぐすり** 네무리구스리	【眠り薬】	수면제
□ **ねむる** 네무루	【眠る】	자다
□ **ねもと** 네모또	【根元】	뿌리께, 근본
□ **ねらう** 네라우	【狙う】	겨누다, 노리다
□ **ねる** 네루	【寝る】	자다, 눕다
□ **ねんいり** 넹이리	【念入り】	정성들임, 공들임
□ **ねんがじょう** 넹가죠-	【年賀状】	연하장
□ **ねんかん** 넹깡	【年間】	연간
□ **ねんかん** 넹깡	【年鑑】	연감
□ **ねんがん** 넹강	【念願】	염원, 소원
□ **ねんげつ** 넹게쓰	【年月】	연월, 세월
□ **ねんごろ** 넹고로		정중한 모양
□ **ねんじゅ** 넨쥬	【念珠】	염주
□ **ねんしょう** 넨쇼-	【燃焼】	연소
□ **ねんだい** 넨다이	【年代】	연대

あ
か
さ
た
ね
は
ま
や
ら
わ

□ **ねんど**
  넨도
【年度】 연도

□ **ねんど**
  넨도
【粘土】 점토, 찰흙

□ **ねんのため**
  넨노타메
【念のため】 만약을 위해

□ **ねんぶつ**
  넴부쓰
【念仏】 염불

□ **ねんぽう**
  넴뽀-
【年俸】 연봉

□ **ねんりょう**
  넨료-
【燃料】 연료

□ **ねんれい**
  넨레-
【年齢】 연령, 나이

□ **ノイローゼ**　　　노이로제
　노이로-제

□ **のう**　　　【脳】 뇌
　노-

□ **のうえん**　　　【脳炎】 뇌염
　노-엥

□ **のうか**　　　【農家】 농가
　노-까

□ **のうき**　　　【納期】 납기
　노-끼

□ **のうぎょう**　　　【農業】 농업, 농사
　노-교-

□ **のうこう**　　　【濃厚】 농후
　노-꼬-

□ **のうさぎ**　　　【野兎】 산토끼
　노-사기

□ **のうさつ**　　　【悩殺】 뇌쇄
　노-사쓰

□ **のうさんぶつ**　　　【農産物】 농산물
　노-삼부쓰

□ **のうしゅっけつ**　　　【脳出血】 뇌출혈
　노-슉께쓰

□ **のうじょう**　　　【農場】 농장
　노-죠-

□ **のうぜい**　　　【納税】 납세
　노-제-

□ **のうそん**　　　【農村】 농촌
　노-송

□ **のうてん**　　　【脳天】 정수리
　노-뗑

□ **のうど** 노-도	【濃度】	농도
□ **のうなし** 노-나시	【能無し】	쓸모없음, 무능함
□ **のうはんき** 노-항끼	【農繁期】	농번기
□ **のうひん** 노-힝	【納品】	납품
□ **のうふ** 노-후	【納付】	납부
□ **のうみん** 노-밍	【農民】	농민
□ **のうり** 노-리	【脳裏】	뇌리, 머릿속
□ **のうりつ** 노-리쓰	【能率】	능률
□ **のうりょう** 노-료-	【納涼】	납량
□ **のうりょく** 노-료꾸	【能力】	능력
□ **ノート** 노-또		노트, 필기
□ **ノーパーキング** 노-파-킹구		주차금지
□ **ノーハウ** 노-하우		노하우, 기술적 비법
□ **ノーベルしょう** 노-베루쇼-	【ノーベル賞】	노벨상
□ **のがれる** 노가레루	【逃れる】	달아나다, 피하다
□ **のき** 노끼	【軒】	처마
□ **のぎく** 노기꾸	【野菊】	들국화
□ **のこぎり** 노꼬기리		톱

388

□ **のこす** 　【残す】 남기다, 남겨두다
　노꼬스

□ **のこらず** 　【残らず】 남김없이, 모조리
　노꼬라즈

□ **のこる** 　【残る】 남다, 여분이 생기다
　노꼬루

□ **のさばる** 　건방지게 굴다
　노사바루

□ **のじ** 　【野路】 들길
　노지

□ **ノスタルジア** 　향수
　노스타루지아

□ **のせる** 　【乗せる】 태우다, 싣다
　노세루

□ **のぞく** 　【覗く】 안을 들여다보다
　노조꾸

□ **のぞく** 　【除く】 제거하다, 없애다
　노조꾸

□ **のそのそ** 　느릿느릿, 어슬렁어슬렁
　노소노소

□ **のぞましい** 　【望ましい】 바람직하다
　노조마시-

□ **のぞむ** 　【望む】 소망하다, 바라다
　노조무

□ **のたうつ** 　괴로워서 꿈틀대다
　노따우쓰

□ **ノック** 　노크, 두드림
　녹꾸

□ **ノックアウト** 　녹아웃
　녹쿠아우또

□ **ノックダウン** 　녹다운
　녹쿠다운

□ **のっぽ** 　키다리
　놉뽀

□ **のど** 　【喉】 목, 목구멍
　노도

のどか 노도까	【長閑】 화창한 모양, 한가로운 모양
のどじまん 노도지망	【のど自慢】 노래자랑
ののしる 노노시루	【罵る】 매도하다
のばす 노바스	【伸ばす】 길게 하다, 펴다
のはら 노하라	【野原】 들판
のびる 노비루	【伸びる】 퍼지다, 자라다
のべ 노베	【野辺】 들판, 벌판
のべつ 노베쓰	쉴 새 없이, 줄곧
のべつぼ 노베쓰보	【延べ坪】 연건평
のぼせる 노보세루	【逆上せる】 흥분하다
のぼりざか 노보리자까	【登り坂】 오르막
のぼる 노보루	【登る】 오르다, 올라가다
のみ 노미	벼룩
のみ 노미	끌
のみぐすり 노미구스리	【飲み薬】 내복약
のみこみ 노미꼬미	【呑み込み】 이해
のみならず 노미나라즈	뿐만 아니라
のみもの 노미모노	【飲み物】 마실 것, 음료

□ **のみや** 노미야	【飲み屋】	술집
□ **のむ** 노무	【呑む】	삼키다
□ **のむ** 노무	【飲む】	마시다, 복용하다
□ **のめのめ** 노메노메		뻔뻔스럽게
□ **のら** 노라	【野良】	들판, 전답
□ **のらくら** 노라꾸라		빈둥거리는 모양
□ **のり** 노리		김
□ **のり** 노리		풀
□ **のりあい** 노리아이	【乗合い】	합승
□ **のりおくれる** 노리오꾸레루	【乗り遅れる】	차, 배 등을 놓치다
□ **のりかえる** 노리까에루	【乗り換える】	갈아타다, 환승하다
□ **のりき** 노리끼	【乗り気】	마음이 내킴
□ **のりきる** 노리끼루	【乗り切る】	극복하다, 헤쳐나가다
□ **のりこえる** 노리꼬에루	【乗り越える】	타고 넘다, 극복하다
□ **のりこむ** 노리꼬무	【乗り込む】	탈것을 타다
□ **のりだす** 노리다스	【乗り出す】	타고 나가다
□ **のりば** 노리바	【乗り場】	승차장, 승강장
□ **のりまき** 노리마끼		김밥

□ のりもの 노리모노	【乗り物】	탈것, 교통기관
□ のる 노루	【乗る】	타다
□ のる 노루	【載る】	실리다, 게재되다
□ のるかそるか 노루까소루까		이기느냐 지느냐
□ ノルウェー 노루웨-		노르웨이
□ のれん 노렝		상점 입구에 치는 발
□ のろ 노로		노루
□ のろい 노로이	【鈍い】	느리다, 둔하다
□ のろう 노로-		저주하다
□ のろのろ 노로노로		느릿느릿
□ のろま 노로마	【鈍間】	굼벵이, 아둔함
□ のんき 농끼	【呑気】	무사태평
□ ノンストップ 논스똡뿌		논스톱
□ のんびり 놈비리		유유히, 한가로이
□ ノンフィクション 농휘꾸숑		논픽션
□ のんべえ 놈베-	【飲兵衛】	술고래

음악감상　音楽を聞く

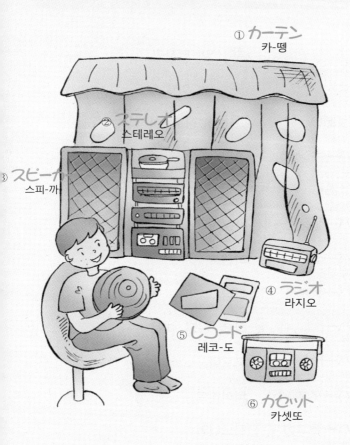

① カーテン
카-뗑

② ステレオ
스테레오

③ スピーカー
스피-까

④ ラジオ
라지오

⑤ レコード
레코-도

⑥ カセット
카셋또

---

① 커튼　② 스테레오　③ 스피커　④ 라디오　⑤ 레코드
⑥ 카세트

- **は**
  하
  【葉】 잎, 잎사귀

- **は**
  하
  【歯】 이, 이빨

- **ばあい**
  바-이
  【場合】 경우, 사정

- **パーキング**
  파-킹구
  파킹, 주차

- **はあく**
  하-꾸
  【把握】 파악

- **バーゲンセール**
  바-겐세-루
  바겐세일

- **パーセント**
  파-센또
  퍼센트

- **パーティー**
  파-티-
  파티

- **ハート**
  하-또
  하트, 심장, 마음

- **パートナー**
  파-토나-
  파트너

- **パーマネント**
  파-마넨또
  퍼머넌트

- **ハーモニカ**
  하-모니까
  하모니카

- **ばい**
  바이
  【倍】 곱, 배

- **はい**
  하이
  【灰】 재

- **はいあがる**
  하이아가루
  【這い上がる】 기어오르다

□ **はいいろ** 【灰色】 회색, 잿빛
　하이이로

□ **ばいう** 【梅雨】 장마
　바이우

□ **はいえん** 【肺炎】 폐렴
　하이엥

□ **バイオレット** 제비꽃, 보라색
　바이오렛또

□ **ばいかい** 【媒介】 매개
　바이까이

□ **ばいきゃく** 【売却】 매각
　바이캬꾸

□ **はいきゅう** 【配給】 배급
　하이뀨-

□ **はいきょ** 【廃虚】 폐허
　하이꾜

□ **はいぎょう** 【廃業】 폐업
　하이교-

□ **ハイキング** 하이킹
　하이킹구

□ **はいけい** 【背景】 배경
　하이께-

□ **はいげき** 【排撃】 배격
　하이게끼

□ **はいご** 【背後】 배후
　하이고

□ **はいごう** 【配合】 배합
　하이고-

□ **ばいこく** 【売国】 매국
　바이코꾸

□ **はいざら** 【灰皿】 재떨이
　하이자라

□ **はいし** 【廃止】 폐지
　하이시

□ **はいしゃ** 【廃車】 폐차
　하이샤

□ はいしゃ 하이샤	【歯医者】	치과의사
□ ばいしゅう 바이슈-	【買収】	매수
□ はいしゅつ 하이슈쓰	【排出】	배출
□ はいじょ 하이죠	【排除】	배제
□ ばいしょう 바이쇼-	【賠償】	배상
□ はいじん 하이징	【廃人】	폐인
□ はいすい 하이스이	【排水】	배수
□ はいせき 하이세끼	【排斥】	배척
□ はいせつ 하이세쓰	【排泄】	배설
□ はいたつ 하이타쓰	【配達】	배달
□ はいち 하이찌	【配置】	배치
□ ばいてん 바이뗑	【売店】	매점
□ はいとう 하이또-	【配当】	배당
□ ばいどく 바이도꾸	【梅毒】	매독
□ ばいばい 바이바이	【売買】	매매
□ はいびょう 하이뵤-	【肺病】	폐병
□ はいふ 하이후	【配布】	배포
□ パイプ 파이뿌		파이프

□ バイブル 바이부루	바이블, 성경	
□ はいぼう 하이보-	【敗亡】 패망	
□ はいぼく 하이보꾸	【敗北】 패배	
□ はいやく 하이야꾸	【配役】 배역	
□ はいゆう 하이유-	【俳優】 배우	
□ ばいよう 바이요-	【培養】 배양	
□ はいる 하이루	【入る】 들어가다, 들다	
□ はいれつ 하이레쓰	【配列】 배열	
□ はう 하우	【這う】 기다, 붙어서 뻗어가다	
□ パウダー 파우다-	파우더, 가루	
□ はえ 하에	파리	
□ はえる 하에루	【生える】 나다, 생기다	
□ はおる 하오루	【羽織る】 겉옷을 걸쳐 입다	
□ ばか 바까	바보, 멍청이	
□ はか 하까	【墓】 묘, 무덤	
□ はかい 하까이	【破壊】 파괴	
□ はがき 하가끼	【葉書】 엽서	
□ はかく 하카꾸	【破格】 파격	

あ

か

さ

た

な

は

ま

や

ら

わ

397

□ **はがす** 하가스		벗기다, 떼어 내다
□ **はかせ** 하까세	【博士】	박사
□ **はかどる** 하까도루		일이 순조롭게 되어가다
□ **はかない** 하까나이		허무하다, 덧없다
□ **ばかばかしい** 바까바까시-		매우 어리석다
□ **はかまいり** 하까마이리	【墓参り】	성묘
□ **はがゆい** 하가유이		안타깝다, 답답하다
□ **ばからしい** 바까라시-		바보스럽다
□ **はかり** 하까리	【秤】	저울
□ **はかる** 하까루	【計る】	달다, 재다
□ **バカンス** 바깐스		바캉스
□ **はぎしり** 하기시리	【歯軋り】	이를 갊
□ **はきもの** 하끼모노	【履き物】	신, 신발
□ **はく** 하꾸	【履く】	신다
□ **はく** 하꾸	【掃く】	쓸다
□ **はく** 하꾸	【吐く】	토하다, 뱉다
□ **はくがい** 하꾸가이	【迫害】	박해
□ **はぐき** 하구끼	【歯茎】	잇몸

398

□ **ばくげき** 【爆撃】 폭격
　バ꾸게끼

□ **はくさい** 【白菜】 배추
　하꾸사이

□ **はくし** 【白紙】 백지
　하꾸시

□ **はくしゅ** 【拍手】 박수
　하꾸슈

□ **はくじょう** 【白状】 자백
　하꾸죠-

□ **はくじん** 【白人】 백인
　하꾸징

□ **ばくぜん** 【漠然】 막연함
　바꾸젱

□ **ばくだい** 【莫大】 막대함
　바꾸다이

□ **ばくだん** 【爆弾】 폭탄
　바꾸당

□ **ばくち** 【博打】 도박, 노름
　바꾸찌

□ **はくち** 【白痴】 백치, 천치
　하꾸찌

□ **はくちゅう** 【白昼】 백주, 대낮
　하꾸쮸-

□ **はくちょう** 【白鳥】 백조
　하꾸쬬-

□ **バクテリア** 박테리아, 세균
　바꾸떼리아

□ **はくば** 【白馬】 백마
　하꾸바

□ **ばくはつ** 【爆発】 폭발
　바꾸하쓰

□ **はくぶつかん** 【博物館】 박물관
　하꾸부쓰깡

□ **はくまい** 【白米】 백미
　하꾸마이

□ **はくらんかい** 하꾸랑까이	【博覧会】	박람회
□ **ぱくり** 빠꾸리		덥석
□ **はくりょく** 하꾸료꾸	【迫力】	박력
□ **はぐるま** 하구루마	【歯車】	톱니바퀴
□ **ばくろ** 바꾸로	【暴露】	폭로
□ **はけ** 하께	【刷毛】	귀얄, 솔
□ **はげあたま** 하게아따마	【禿頭】	대머리
□ **はげしい** 하게시-	【激しい】	세차다, 격렬하다
□ **バケツ** 바케쓰		물통
□ **はげます** 하게마스	【励ます】	격려하다
□ **はげむ** 하게무	【励む】	힘쓰다
□ **ばけもの** 바께모노	【化け物】	도깨비
□ **はげる** 하게루	【禿げる】	머리가 벗어지다
□ **ばける** 바께루	【化ける】	둔갑하다
□ **はけん** 하껭	【派遣】	파견
□ **はこ** 하꼬	【箱】	상자, 궤짝
□ **はこう** 하꼬-	【跛行】	파행
□ **パゴダ** 파고다		파고다, 탑

400

□ **はごたえ** 하고따에	【歯答え】	음식을 씹는 맛, 반응
□ **はこぶ** 하꼬부	【運ぶ】	나르다, 옮기다
□ **はさまる** 하사마루	【挟まる】	틈에 끼이다
□ **はさみ** 하사미	【挟】	가위
□ **はさむ** 하사무	【挟む】	끼이다, 사이에 두다
□ **はし** 하시	【箸】	젓가락
□ **はし** 하시	【橋】	다리
□ **はじ** 하지	【恥】	수치, 부끄러움
□ **はしか** 하시까	【麻疹】	홍역
□ **はしくれ** 하시꾸레	【端くれ】	토막, 부스러기
□ **はしご** 하시고	【梯子】	사다리
□ **はじまる** 하지마루	【始まる】	시작되다
□ **はじめ** 하지메	【初め】	처음, 시초
□ **はじめて** 하지메떼	【初めて】	처음으로, 비로소
□ **はじめる** 하지메루	【始める】	시작하다
□ **ばしゃ** 바샤	【馬車】	마차
□ **はしゃぐ** 하샤구		들떠서 떠들어대다
□ **ばしょ** 바쇼	【場所】	장소

□ **はしら** 하시라	【柱】	기둥
□ **はじらう** 하지라우		수줍어하다
□ **はしる** 하시루	【走る】	달리다
□ **はじる** 하지루	【恥じる】	부끄러워하다
□ **はす** 하스	【蓮】	연꽃
□ **バス** 바스		버스
□ **パス** 파스		패스, 통과
□ **ばすえ** 바스에	【場末】	변두리
□ **はずかしい** 하즈까시-	【恥ずかしい】	부끄럽다
□ **はずかしめる** 하즈까시메루	【辱める】	욕보이다, 창피를 주다
□ **ハスキー** 하스끼-		허스키
□ **はずす** 하즈스	【外す】	풀다, 떼다
□ **バスつき** 바스쓰끼	【バス付き】	욕실이 달림
□ **パスポート** 파스뽀-또		패스포트, 여권
□ **パズル** 파즈루		퍼즐, 수수께끼
□ **バスルーム** 바스루-무		욕실
□ **はずれる** 하즈레루	【外れる】	빗나가다, 벗겨지다
□ **はだ** 하다	【肌】	살갗, 피부

402

□ **はた**　　　　　【旗】 기, 깃발
　하따

□ **バター**　　　　버터
　바따-

□ **パターン**　　　패턴, 유형
　파따-ㅇ

□ **はだいろ**　　　【肌色】 살색
　하다이로

□ **はだか**　　　　【裸】 알몸, 발가숭이
　하다까

□ **はだぎ**　　　　【肌着】 내의, 속옷
　하다기

□ **はたく**　　　　【叩く】 떨어내다
　하타꾸

□ **はたけ**　　　　【畑】 밭
　하타께

□ **はたけちがい**　【畑違い】 전문분야가 다름
　하타께치가이

□ **はだざわり**　　【肌触り】 촉감
　하다자와리

□ **はだし**　　　　【跣】 맨발
　하다시

□ **はたして**　　　【果して】 과연
　하따시떼

□ **はたす**　　　　【果す】 이루다, 완수하다
　하따스

□ **はたち**　　　　【二十】 스무 살
　하따찌

□ **ばたつく**　　　버둥대다, 펄럭이다
　바따쓰꾸

□ **はため**　　　　【傍目】 곁에서 남이 보는 느낌
　하따메

□ **はためく**　　　펄럭이다
　하따메꾸

□ **はたらきて**　　【働き手】 한 집안의 기둥, 일꾼
　하따라키떼

□ **はたらく** 하따라꾸	【働く】	일하다, 작용하다
□ **はたん** 하땅	【破綻】	파탄
□ **はち** 하찌	【蜂】	벌
□ **はち** 하찌	【鉢】	주발, 사발
□ **ばちあたり** 바찌아따리	【罰当り】	천벌을 받음
□ **ばちがい** 바찌가이	【場違い】	장소에 어울리지 않음
□ **はちまき** 하찌마끼	【鉢巻き】	머리띠
□ **はちみつ** 하찌미쓰	【蜂蜜】	벌꿀
□ **はちゅうるい** 하쮸-루이	【爬虫類】	파충류
□ **パチンコ** 파칭꼬		파친코, 슬롯머신
□ **ばつ** 바쓰	【罰】	벌
□ **はつあき** 하쓰아끼	【初秋】	초가을
□ **はついく** 하쓰이꾸	【発育】	발육
□ **はつおん** 하쓰옹	【発音】	발음
□ **はつか** 하쓰까	【二十日】	스무날
□ **はっかく** 학까꾸	【発覚】	발각
□ **はっかん** 학깡	【発刊】	발간
□ **はっき** 학끼	【発揮】	발휘

□ **はっきり** 학끼리		분명히, 똑똑히
□ **ばっきん** 박낑	【罰金】	벌금
□ **はっくつ** 학꾸쓰	【発掘】	발굴
□ **バックミラー** 박꾸미라-		백미러
□ **バックル** 박꾸루		버클
□ **はっけん** 학껭	【発見】	발견
□ **はつげん** 하쓰겡	【発言】	발언
□ **はつこい** 하쓰꼬이	【初恋】	첫사랑
□ **はっこう** 학꼬-	【発行】	발행
□ **はっしゃ** 핫샤	【発射】	발사
□ **はっしゃ** 핫샤	【発車】	발차
□ **はっしん** 핫싱	【発疹】	발진
□ **はっせい** 핫세-	【発生】	발생
□ **はっそう** 핫소-	【発想】	발상
□ **ばっそく** 밧소꾸	【罰則】	벌칙
□ **ばった** 밧따		메뚜기
□ **はったつ** 핫따쓰	【発達】	발달
□ **ばったり** 밧따리		픽, 털썩

あ

か

さ

た

な

は

ま

や

ら

わ

405

□ はったん 핫땅	【発端】	발단	
□ ぱっちり 팟찌리		눈이 맑고 반짝 뜨인 것	
□ ばってき 밧떼끼	【抜擢】	발탁	
□ バッテリー 밧떼리-		배터리, 축전지	
□ はつでん 하쓰뎅	【発電】	발전	
□ はってん 핫뗑	【発展】	발전	
□ はっと 핫또		문득 생각나는 모양	
□ はつねつ 하쓰네쓰	【発熱】	발열	
□ はつばい 하쓰바이	【発売】	발매	
□ ハッピーエンド 합삐-엔도		해피엔드	
□ はっぴょう 합뾰-	【発表】	발표	
□ はっぽう 합뽀-	【八方】	여기저기	
□ はつみみ 하쓰미미	【初耳】	금시초문	
□ はつめい 하쓰메-	【発明】	발명	
□ はつゆき 하쓰유끼	【初雪】	첫눈	
□ はつらつ 하쓰라쓰	【溌剌】	발랄	
□ はつれい 하쓰레-	【発令】	발령	
□ はで 하데	【派手】	화려한 모양	

406

□ **はと** 하또	【鳩】	비둘기
□ **はとば** 하또바	【波止場】	선창, 부두
□ **バドミントン** 바도민똥		배드민턴
□ **はとむね** 하또무네	【鳩胸】	새가슴
□ **パトロール** 파토로-루		패트롤, 순찰
□ **パトロン** 파토롱		패트런, 후원자
□ **はな** 하나	【鼻】	코
□ **はな** 하나	【花】	꽃
□ **はなかご** 하나카고	【花籠】	꽃바구니
□ **はながた** 하나가따	【花形】	스타, 인기인
□ **はなくそ** 하나꾸소	【鼻糞】	코딱지
□ **はなことば** 하나코또바	【花言葉】	꽃말
□ **はなし** 하나시	【話】	이야기, 말
□ **はなして** 하나시떼	【話し手】	말하는 사람
□ **はなす** 하나스	【話す】	이야기하다, 말하다
□ **はなす** 하나스	【離す】	떼다, 옮기다, 풀다
□ **はなす** 하나스	【放す】	놓아주다, 풀어놓다
□ **はなぞの** 하나조노	【花園】	꽃밭, 꽃동산

あ
か
さ
た
な
は
ま
や
ら
わ

□ はなたば 하나타바	【花束】	꽃다발
□ はなぢ 하나지	【鼻血】	코피
□ バナナ 바나나		바나나
□ はなはだ 하나하다	【甚だ】	매우, 몹시
□ はなはだしい 하나하다시-	【甚だしい】	심하다, 대단하다
□ はなび 하나비	【花火】	불꽃, 폭죽
□ はなふだ 하나후다	【花札】	화투
□ はなみ 하나미	【花見】	꽃구경
□ はなみず 하나미즈	【鼻水】	콧물
□ はなむこ 하나무꼬	【花婿】	새신랑
□ はなやか 하나야까	【華やか】	화려한 모양
□ はなよめ 하나요메	【花嫁】	새색시
□ はなれじま 하나레지마	【離れ島】	외딴 섬
□ はなればなれ 하나레바나레	【離れ離れ】	따로따로 떨어짐
□ はなれる 하나레루	【離れる】	떨어지다
□ はなわ 하나와	【花輪】	화환
□ はにかむ 하니까무		수줍어하다
□ ハニムーン 하니무-ㅇ		허니문

408

□ **はね** 하네	【羽】	날개
□ **ばね** 바네		용수철, 스프링
□ **はねつける** 하네쓰께루	【撥ねつける】	잡아떼다
□ **はねのける** 하네노께루	【撥ね除ける】	뿌리치다, 밀어내다
□ **はねる** 하네루	【跳ねる】	뛰다, 뛰어오르다
□ **パノラマ** 파노라마		파노라마
□ **はは** 하하	【母】	어머니
□ **はば** 하바	【幅】	폭, 넓이
□ **ははうえ** 하하우에	【母上】	어머님
□ **ははおや** 하하오야	【母親】	모친, 어머니
□ **はばかる** 하바까루	【憚る】	거리끼다, 꺼려하다
□ **はばたく** 하바타꾸	【羽ばたく】	날개 치다, 회치다
□ **はびこる** 하비꼬루		널리 퍼지다
□ **はぶく** 하부꾸	【省く】	생략하다, 줄이다
□ **はへい** 하헤-	【派兵】	파병
□ **はま** 하마	【浜】	물가, 갯가
□ **はまぐり** 하마구리		대합, 조개
□ **はまなす** 하마나스		해당화

は

409

□ はまべ 하마베	【浜辺】	바닷가
□ はみがき 하미가끼	【歯磨き】	이닦기
□ はみだす 하미다스	【食み出す】	삐져나오다
□ ハム 하무		햄
□ はめつ 하메쓰	【破滅】	파멸
□ はめる 하메루		끼우다
□ ばめん 바멩	【場面】	장면
□ はやい 하야이	【速い】	빠르다(속도)
□ はやい 하야이	【早い】	이르다
□ はやおき 하야오끼	【早起き】	일찍 일어남
□ はやし 하야시	【林】	숲
□ はやびき 하야비끼	【早引き】	조퇴
□ はやぶさ 하야부사		송골매
□ はやめ 하야메	【早目】	일찌감치
□ はやる 하야루	【流行る】	유행하다
□ はら 하라	【腹】	배
□ ばら 바라		장미
□ はらいせ 하라이세		화풀이

410

□ **はらう** 【払う】 제거하다, 지불하다
　하라우

□ **はらぐろい** 【腹黒い】 음험하다
　하라구로이

□ **はらごしらえ** 【腹拵え】 미리 배를 채워둠
　하라고시라에

□ **ばらす** 들추어내다, 폭로하다
　바라스

□ **パラソル** 파라솔, 양산
　파라소루

□ **はらだちまぎれ** 【腹立ち紛れ】 홧김에
　하라다찌마기레

□ **はらだてる** 【腹立てる】 화내다, 노하다
　하라다떼루

□ **はらちがい** 【腹違い】 배다른 형제자매
　하라찌가이

□ **ばらばら** 뿔뿔이
　바라바라

□ **はらはら** 조마조마
　하라하라

□ **ばらまく** 【ばら蒔く】 드문드문 뿌리다
　바라마꾸

□ **はらむ** 【孕む】 잉태하다
　하라무

□ **はらわた** 【腸】 장, 창자
　하라와따

□ **はらん** 【波瀾】 파란
　하랑

□ **バランス** 밸런스, 균형
　바란스

□ **はり** 【針】 바늘
　하리

□ **はりがね** 【針金】 철사
　하리가네

□ **はりきる** 【張り切る】 긴장하다
　하리끼루

□ バリケード 바리케-도	바리케이드		
□ ハリケーン 하리케- ㅇ	허리케인		
□ バリトン 바리똥	바리톤		
□ はりねずみ 하리네즈미	고슴도치		
□ ぱりぱり 파리빠리	민첩하고 단정한 모양		
□ はる 하루	【春】 봄		
□ はるか 하루까	【遥か】 아득히		
□ バルコニー 바루꼬니-	발코니		
□ はるさめ 하루사메	【春雨】 봄비		
□ はるばる 하루바루	【遥々】 저멀리		
□ パルプ 파루뿌	펄프		
□ バレー 바레-	발레		
□ はれぎ 하레기	【晴れ着】 나들이옷		
□ はれつ 하레쓰	【破裂】 파열		
□ パレット 파렛또	팔레트		
□ はれもの 하레모노	【腫物】 종기, 부스럼		
□ はれる 하레루	【腫れる】 붓다		
□ はれる 하레루	【晴れる】 하늘이 개다		

□ **ばれる** 바레루		발각되다, 탄로나다
□ **パワー** 파와-		파워, 힘
□ **パン** 팡		빵
□ **ばん** 방	【晩】	밤, 저녁때
□ **はんい** 항이	【範囲】	범위
□ **はんえい** 항에-	【反映】	반영
□ **はんえい** 항에-	【繁栄】	번영
□ **ばんかい** 방까이	【挽回】	만회
□ **ばんがく** 방가꾸	【晩学】	만학
□ **はんがく** 항가꾸	【半額】	반액
□ **ハンカチ** 항까찌		손수건
□ **バンガロー** 방가로-		방갈로
□ **はんかん** 항깡	【反感】	반감
□ **はんぎゃく** 항갸꾸	【反逆】	반역
□ **はんきょう** 항꾜-	【反響】	반향
□ **パンク** 팡꾸		펑크
□ **ばんぐみ** 방구미	【番組】	(방송)프로그램
□ **はんけい** 항께-	【半徑】	반경

□ **はんげつ** 【半月】 반달
항게쓰

□ **はんけつ** 【判決】 판결
항께쓰

□ **はんけん** 〖版権〗 판권
항껭

□ **はんこう** 【反抗】 반항
항꼬-

□ **ばんごう** 【番号】 번호
방고-

□ **ばんこん** 【晩婚】 만혼
방꽁

□ **ばんざい** 【万歳】 만세
반자이

□ **はんざい** 【犯罪】 범죄
한자이

□ **ハンサム** 핸섬, 미남
한사무

□ **ばんさんかい** 【晩餐会】 만찬회
반상까이

□ **はんじ** 【判事】 판사
한지

□ **はんしゃ** 【反射】 반사
한샤

□ **はんじゅく** 【半熟】 반숙
한쥬꾸

□ **ばんしゅん** 【晩春】 만춘
반슝

□ **はんじょう** 〖繁盛〗 번창
한죠-

□ **はんすう** 【反芻】 반추, 되새김질
한스-

□ **はんせい** 【反省】 반성
한세-

□ **ばんそう** 【伴奏】 반주
반소-

□ **ばんそうこう** 【絆創膏】 반창고
　반소-꼬-

□ **はんそく** 【反則】 반칙
　한소꾸

□ **はんそで** 【半袖】 반소매
　한소데

□ **はんたい** 【反対】 반대
　한따이

□ **はんだん** 【判断】 판단
　한당

□ **ばんち** 【番地】 번지
　반찌

□ **パンチ** 펀치
　판찌

□ **はんてい** 【判定】 판정
　한떼-

□ **ハンディキャップ** 핸디캡
　한디캽뿌

□ **はんてん** 【斑点】 반점, 얼룩점
　한뗑

□ **バンド** 밴드, 줄, 끈
　반도

□ **はんとう** 【半島】 반도
　한또-

□ **ばんとう** 【番頭】 지배인
　반또-

□ **ハンドバッグ** 핸드백
　한도박구

□ **ハンドブック** 핸드북
　한도북꾸

□ **ハンドボール** 핸드볼
　한도보-루

□ **ハンドル** 핸들, 손잡이
　한도루

□ **はんにち** 【半日】 한나절
　한니찌

415

□ はんにゃ 한냐	【般若】	반야	
□ はんにゅう 한뉴-	【搬入】	반입	
□ はんにん 한닝	【犯人】	범인	
□ はんね 한네	【半値】	반 값	
□ ばんねん 반넹	【晩年】	만년	
□ はんねん 한넹	【半年】	반년	
□ ばんのう 반노-	【万能】	만능	
□ はんのう 한노-	【反応】	반응	
□ はんぱ 함빠	【半端】	우수리, 파치	
□ ハンバーガー 함바-가-		햄버거	
□ はんぴれい 함삐레-	【反比例】	반비례	
□ はんぷく 함뿌꾸	【反復】	반복	
□ ばんぶつ 밤부쯔	【万物】	만물	
□ パンフレット 팡후렛또		팸플릿, 소책자	
□ はんぶん 함붕	【半分】	반, 절반	
□ はんべつ 함베쯔	【判別】	판별	
□ はんめい 함메-	【判明】	판명	
□ はんめん 함멩	【反面】	반면	

□ **はんら**
  한라
  【半裸】 반라

□ **はんらん**
  한랑
  【反乱】 반란

□ **はんらん**
  한랑
  【氾濫】 범람

□ **はんりょ**
  한료
  【伴侶】 반려, 동반자

□ **はんろ**
  한로
  【販路】 판로

□ **はんろん**
  한롱
  【反論】 반론

- **ひ**
  히 【日】해, 태양

- **ひ**
  히 【火】불

- **ひあい**
  히아이 【悲哀】비애

- **ひあたり**
  히아따리 【日当り】양지, 양지쪽

- **ピアニスト**
  피아니스또 피아니스트

- **ピアノ**
  피아노 피아노

- **ピーク**
  피-꾸 피크, 절정

- **ビーナス**
  비-나스 비너스

- **ビール**
  비-루 맥주

- **ビールス**
  비-루스 바이러스

- **ひえる**
  히에루 【冷える】식다, 차가워지다

- **ピエロ**
  피에로 피에로, 희극배우

- **ひがい**
  히가이 【被害】피해

- **ひがえり**
  히가에리 【日帰り】당일치기 왕복

- **ひかく**
  히카꾸 【比較】비교

□ **ひかげ** 히까게	【日陰】	그늘, 응달
□ **ひがさ** 히가사	【日傘】	양산
□ **ひがし** 히가시	【東】	동, 동쪽
□ **ひかた** 히카따	【干潟】	조수가 밀려난 개펄
□ **ぴかぴか** 피까삐까		번쩍번쩍 빛나는 모양
□ **ひがみ** 히가미		비뚤어진 마음
□ **ひからびる** 히까라비루		바싹 마르다
□ **ひかる** 히까루	【光る】	빛나다, 번쩍이다
□ **びかん** 비깡	【美観】	미관
□ **ひかん** 히깡	【悲観】	비관
□ **ひがん** 히강	【彼岸】	피안, 건너편
□ **ひきあげる** 히끼아게루	【引き上げる】	끌어올리다, 철수하다
□ **ひきあわせ** 히끼아와세	【引き合せ】	소개
□ **ひきいる** 히끼이루	【率いる】	거느리다, 인솔하다
□ **ひきうけ** 히끼우께	【引受け】	인수, 보증
□ **ひきかえす** 히끼까에스	【引き返す】	되돌아가(오)다
□ **ひきがえる** 히끼가에루	【ひき蛙】	두꺼비
□ **ひきさがる** 히끼사가루	【引き下がる】	물러나다

ひ

□ **ひきざん** 히끼장	【引き算】	뺄셈
□ **ひきしめる** 히끼시메루	【引き締める】	졸라매다
□ **ひきずる** 히끼즈루	【引きずる】	질질 끌다
□ **ひきだし** 히끼다시	【引出し】	서랍
□ **ひきつける** 히끼쓰께루	【引き付ける】	끌어당기다, 잡아끌다
□ **ひきつる** 히끼쓰루	【引き攣る】	오므라들다
□ **ひきて** 히끼테	【弾き手】	연주자
□ **ひきとめる** 히끼토메루	【引き止める】	만류하다
□ **ひきとる** 히끼토루	【引き取る】	인수하다, 거두다
□ **ひきぬく** 히끼누꾸	【引き抜く】	잡아뽑다
□ **ひきもどす** 히끼모도스	【引き戻す】	끌어 되돌리다
□ **ひきょう** 히꾜-	【卑怯】	비겁함
□ **ひきわけ** 히끼와께	【引き分け】	무승부, 비김
□ **ひきわたし** 히끼와따시	【引渡し】	인도
□ **びく** 비꾸	【魚籠】	물고기초롱
□ **ひく** 히꾸	【引く】	끌다, 끌어당기다
□ **ひく** 히꾸	【弾く】	켜다, 연주하다
□ **ひくい** 히꾸이	【低い】	낮다

□ **びくとも**
비꾸또모
꼼짝도

□ **びくに**
비꾸니
【比丘尼】 비구니

□ **ピクニック**
피꾸닉꾸
피크닉

□ **びくびく**
비꾸비꾸
벌벌 떠는 모양

□ **ひぐれ**
히구레
【日暮れ】 해질 무렵

□ **ひげ**
히게
수염

□ **ひげき**
히게끼
【悲劇】 비극

□ **ひけつ**
히께쓰
【否決】 부결

□ **ひけめ**
히께메
【引け目】 열등감

□ **びこう**
비꼬-
【尾行】 미행

□ **ひこう**
히꼬-
【飛行】 비행

□ **ひこく**
히꼬꾸
【被告】 피고

□ **ひごと**
히고또
【日毎】 매일, 날마다

□ **ひごろ**
히고로
【日頃】 평소

□ **ひざ**
히자
무릎

□ **ビザ**
비자
비자, 사증

□ **ひさし**
히사시
차양

□ **ひさしぶり**
히사시부리
오래간만

□ **ひざまずく** 히자마즈꾸		무릎을 꿇다
□ **ひじ** 히지		팔꿈치
□ **ひしぐ** 히시구		눌러 찌부러뜨리다
□ **ビジネス** 비지네스		비즈니스
□ **ひしひし** 히시히시		오싹오싹
□ **ひじまくら** 히지마꾸라		팔베개
□ **ひしめく** 히시메꾸		웅성대다, 삐걱거리다
□ **ぴしゃり** 피샤리		찰싹 때리는 소리
□ **ひじゅう** 히쥬-	【比重】	비중
□ **びじゅつ** 비쥬쓰	【美術】	미술
□ **びじょ** 비죠	【美女】	미녀
□ **ひしょ** 히쇼	【秘書】	비서
□ **ひしょ** 히쇼	【避暑】	피서
□ **びしょう** 비쇼-	【微笑】	미소
□ **ひじょうぐち** 히죠-구찌	【非常口】	비상구
□ **びしょぬれ** 비쇼누레		흠뻑 젖음
□ **びじん** 비징	【美人】	미인
□ **ビスケット** 비스켓또		비스킷

□ **ヒステリー**
히스테리-
　히스테리

□ **びせいぶつ**
비세-부쓰
　【微生物】 미생물

□ **ひそひそ**
히소히소
　소곤소곤

□ **ひそめる**
히소메루
　찌푸리다

□ **ひだ**
히다
　의복 등의 주름

□ **ひたい**
히따이
　이마

□ **ひたす**
히따스
　【浸す】 담그다, 적시다

□ **ひたすら**
히따스라
　오직

□ **ビタミン**
비타밍
　비타민

□ **ひだり**
히다리
　【左】 왼쪽

□ **ぴたり**
피따리
　갑자기 뚝 그치는 모양

□ **ひだりがわ**
히다리가와
　【左側】 왼쪽

□ **ひだりきき**
히다리키끼
　【左利き】 왼손잡이

□ **ぴちゃぴちゃ**
피쨔삐쨔
　철벅철벅

□ **ひつう**
히쓰-
　【悲痛】 비통

□ **ひっかかる**
힉카까루
　【引っ掛かる】 걸리다

□ **ひっかく**
힉카꾸
　【引っ掻く】 할퀴다

□ **ひっき**
힉끼
　【筆記】 필기

423

□ **ひっきりなし** 힉끼리나시	【引っ切り無し】	끊임없이
□ **びっくり** 빅꾸리	깜짝 놀람	
□ **ひっくるめる** 힉꾸루메루	【引っくるめる】	뭉뚱그리다
□ **びっこ** 빅꼬	절름발이	
□ **ひっこし** 힉꼬시	【引っ越し】	이사, 집을 옮김
□ **ひっこめる** 힉꼬메루	【引っ込める】	움츠리다, 오므리다
□ **ひつじ** 히쓰지	【羊】	염소, 양
□ **ひっし** 힛시	【必死】	필사
□ **ひっしゃ** 힛샤	【筆者】	필자
□ **びっしょり** 빗쇼리	흠뻑 젖은 모양	
□ **ひっす** 힛스	【必須】	필수
□ **ひっせき** 힛세끼	【筆跡】	필적
□ **ひっそり** 힛소리	쥐 죽은 듯이 조용한 상태	
□ **ひったくる** 힛타꾸루	【引ったくる】	낚아채다
□ **ぴったり** 핏따리	빈틈없이 딱	
□ **ひってき** 힛테끼	【匹敵】	필적
□ **ヒット** 힛또	히트	
□ **ひつどく** 히쓰도꾸	【必読】	필독

□ **ひっぱる**　【引っ張る】 잡아당기다, 잡아끌다
히빠루

□ **ひつめい**　【筆名】 필명
히쓰메-

□ **ひつよう**　【必要】 필요
히쓰요-

□ **ひてい**　【否定】 부정
히떼-

□ **ビデオ**　비디오
비데오

□ **ひと**　【人】 사람
히또

□ **ひどい**　심하다, 지독하다
히도이

□ **ひとえに**　오직
히또에니

□ **ひとかど**　【一角】 어엿한, 버젓한
히또카도

□ **ひとがら**　【人柄】 인품
히또가라

□ **ひときわ**　【一際】 유난히, 유달리
히또키와

□ **びとく**　【美徳】 미덕
비또꾸

□ **ひとこと**　【一言】 한 마디
히또코또

□ **ひとごみ**　【人混み】 사람들로 북적거리는 모양
히또고미

□ **ひとごろ**　【一頃】 한 때
히또고로

□ **ひとしい**　【等しい】 같다, 동등하다
히또시-

□ **ひとしお**　【一入】 한층 더
히또시오

□ **ひとしきり**　【一頻り】 한 바탕
히또시끼리

425

□ **ひとだかり** 히또다까리	【人だかり】	많은 사람들의 모임
□ **ひとたび** 히또타비	【一度】	한 번, 일단
□ **ひとつ** 히또쓰	【一つ】	하나
□ **ひとづて** 히또즈떼	【人伝】	인편에 전함
□ **ひとづま** 히또즈마	【人妻】	유부녀
□ **ひとで** 히또데	【人手】	일손
□ **ひとで** 히또데		불가사리
□ **ひととおり** 히또토-리	【一通り】	대충
□ **ひとなみ** 히또나미	【人波】	인파
□ **ひとなみ** 히또나미	【人並み】	보통사람 정도
□ **ひとびと** 히또비또	【人々】	사람들
□ **ひとまね** 히또마네	【人真似】	남의 흉내
□ **ひとみ** 히또미		눈동자
□ **ひとめ** 히또메	【人目】	남의 눈, 이목
□ **ひともしごろ** 히또모시고로	【火点し頃】	땅거미가 질 무렵
□ **ひとよし** 히또요시	【人好し】	호인
□ **ひとり** 히또리	【一人】	혼자, 한 사람
□ **ひとりごと** 히또리고또	【独り言】	혼잣말, 독백

426

□ **ひとりじめ** 【独り占め】 독차지, 독점
　히또리지메

□ **ひとりでに** 저절로, 자연히
　히또리데니

□ **ひとりぼっち** 【一人ぼっち】 외톨이
　히또리봇찌

□ **ひとりもの** 【独り者】 독신자
　히또리모노

□ **ひとりよがり** 【独り善がり】 독선적
　히또리요가리

□ **ひな** 갓 깬 날짐승의 새끼
　히나

□ **びなん** 【美男】 미남
　비낭

□ **ひなん** 【非難】 비난
　히낭

□ **ひなん** 【避難】 피난
　히낭

□ **ビニール** 비닐
　비니-루

□ **ひにく** 【皮肉】 비꼬임
　히니꾸

□ **ひにんじょう** 【非人情】 몰인정
　히닌죠-

□ **ひねくれる** 비뚤어지다
　히네꾸레루

□ **ひねる** 비틀다, 뒤틀다
　히네루

□ **ひのき** 노송나무
　히노끼

□ **ひので** 【日の出】 해돋이, 일출
　히노데

□ **ひのまる** 【日の丸】 일장기
　히노마루

□ **ひばち** 【火鉢】 화로
　히바찌

□ **ひばな** 히바나	【火花】 불꽃
□ **ひばり** 히바리	종달새
□ **ひばん** 히방	【非番】 비번
□ **ひはん** 히항	【批判】 비판
□ **ひび** 히비	그릇 따위에 생긴 금
□ **ひびく** 히비꾸	【響く】 울려 퍼지다
□ **ひひょう** 히효-	【批評】 비평
□ **ひふ** 히후	【皮膚】 피부, 살갗
□ **びふう** 비후-	【微風】 미풍
□ **びぼう** 비보-	【美貌】 미모
□ **ひほう** 히호-	【秘法】 비법
□ **ひぼん** 히봉	【非凡】 비범함
□ **ひま** 히마	【暇】 틈, 짬
□ **ひまつぶし** 히마쓰부시	심심풀이
□ **ひまわり** 히마와리	해바라기
□ **ひまん** 히망	【肥満】 비만
□ **ひみつ** 히미쓰	【秘密】 비밀
□ **びみょう** 비묘-	【微妙】 미묘함

□ **ひめ** 【姫】 공주
　히메

□ **びめい** 【美名】 미명
　비메-

□ **ひめい** 【悲鳴】 비명
　히메-

□ **ひも** 【紐】 끈, 끄나풀
　히모

□ **ひもの** 【乾物】 건어물
　히모노

□ **ひやかし** 【冷やかし】 놀림
　히야까시

□ **ひやく** 【飛躍】 비약
　히야꾸

□ **びゃくえ** 【白衣】 백의, 흰옷
　뱌꾸에

□ **ひゃくしょう** 【百姓】 농민, 백성
　햐꾸쇼-

□ **ひゃくにちせき** 【百日咳】 백일해
　햐꾸니찌세끼

□ **ひやす** 【冷やす】 식히다, 차게 하다
　히야스

□ **ひやひや** 조마조마함
　히야히야

□ **ビヤホール** 비어홀
　비야호-루

□ **ひやめし** 【冷や飯】 찬밥
　히야메시

□ **ヒューマニズム** 휴머니즘
　휴-마니즈무

□ **ビュッフェ** 뷔페
　븃훼

□ **ひよう** 【費用】 비용
　히요-

□ **ひょう** 표범
　효-

429

□ びよういん 니요-잉	【美容院】	미장원	
□ びょういん 뵤-잉	【病院】	병원	
□ ひょうが 효-가	【氷河】	빙하	
□ ひょうか 효-까	【評価】	평가	
□ びょうき 뵤-끼	【病気】	병, 질병	
□ ひょうげん 효-겡	【表言】	표언	
□ ひょうげん 효-겡	【表現】	표현	
□ ひょうご 효-고	【標語】	표어	
□ ひょうし 효-시	【拍子】	박자	
□ ひょうし 효-시	【表紙】	표지	
□ びょうしつ 뵤-시쓰	【病室】	병실	
□ びょうしゃ 뵤-샤	【描写】	묘사	
□ ひょうじゅん 효-즁	【標準】	표준	
□ ひょうじょう 효-죠-	【表情】	표정	
□ ひょうたん 효-땅	호리병박		
□ ひょうてん 효-뗑	【氷点】	빙점	
□ びょうとう 뵤-또-	【病棟】	병동	
□ びょうどう 뵤-도-	【平等】	평등	

□ **びょうにん** 【病人】 환자
  뵤-닝

□ **ひょうばん** 【評判】 평판, 소문
  효-방

□ **びょうぶ** 【屏風】 병풍
  뵤-부

□ **ひょうほん** 【標本】 표본
  효-홍

□ **ひょうめん** 【表面】 표면
  효-멩

□ **ひょうろん** 【評論】 평론
  효-롱

□ **ひよこ** 병아리
  히요꼬

□ **ひょっと** 어쩌면, 혹시
  홋또

□ **ひより** 【日和】 맑게 갠 날씨
  히요리

□ **ひょろひょろ** 비틀거리는 모양
  효로효로

□ **ひらく** 【開く】 열다, 벌어지다
  히라꾸

□ **ひらける** 【開ける】 열리다, 트이다
  히라께루

□ **ひらて** 【平手】 손바닥
  히라떼

□ **ピラミット** 피라미드
  피라밋도

□ **ひらめ** 【平目】 넙치
  히라메

□ **ひらめく** 【閃く】 번뜩이다
  히라메꾸

□ **びり** 꼴찌, 꼴등
  비리

□ **ひりょう** 【肥料】 비료
  히료-

□ ビル 비루		빌딩
□ ひる 히루		거머리
□ ひる 히루	【昼】	낮
□ ビルディング 비루딩구		빌딩
□ ひるね 히루네	【昼寝】	낮잠
□ ひるま 히루마	【昼間】	주간, 낮 동안
□ ひるやすみ 히루야스미	【昼休み】	점심시간
□ ひれ 히레		지느러미
□ ひれい 히레-	【比例】	비례
□ ひれん 히렝	【悲恋】	비련
□ ひろい 히로이	【広い】	넓다
□ ヒロイン 히로잉		히로인, 여주인공
□ ひろう 히로우	【拾う】	줍다
□ ひろう 히로-	【疲労】	피로
□ ひろがる 히로가루	【広がる】	넓어지다, 퍼지다
□ ひろげる 히로게루	【広げる】	펴다, 펼치다
□ ひろっぱ 히롭빠	【広っぱ】	넓은 빈터
□ ひろば 히로바	【広場】	광장

□ **ひろまる**
히로마루
【広まる】 넓어지다, 퍼뜨리다

□ **ひろめる**
히로메루
【広める】 넓히다

□ **ひわ**
히와
검은 방울새

□ **ピンク**
핑꾸
핑크

□ **ひんけつ**
힝께쓰
【貧血】 빈혈

□ **ひんこう**
힝꼬-
【品行】 품행

□ **ひんこん**
힝꽁
【貧困】 빈곤

□ **ひんし**
힌시
【瀕死】 빈사

□ **ひんしつ**
힌시쓰
【品質】 품질

□ **ひんじゃく**
힌쟈꾸
【貧弱】 빈약함

□ **びんしょう**
빈쇼-
【敏捷】 민첩함

□ **ピンセット**
핀셋또
핀셋

□ **びんせん**
빈셍
【便せん】 편지지

□ **ヒント**
힌또
힌트, 암시

□ **ひんぴん**
힘삥
빈번함, 몹시 잦음

□ **びんぼう**
빔보-
【貧乏】 가난

□ **ピンポン**
핌뽕
핑퐁, 탁구

□ **ひんもく**
힘모꾸
【品目】 품목

433

① 絵の具
에노구

② 紙
카미

③ クレヨン
쿠레용

④ スケッチブック
스켓치북꾸

① 물감 ② 종이 ③ 크레용 ④ 스케치북

⑤ はさみ
하사미

⑥ 折り紙
오리가미

⑦ のり
노리

⑧ 箱
하꼬

⑤ 가위   ⑥ 종이접기   ⑦ 풀   ⑧ 상자

□ **ぶあいそう**
부아이소-
【無愛想】 무뚝뚝함

□ **ファッション**
홧숑
패션

□ **ふあん**
후앙
【不安】 불안

□ **ファン**
환
팬, 열성가

□ **ふいうち**
후이우찌
【不意討ち】 역습, 불의의 습격

□ **フィクション**
휘꾸숑
픽션, 허구

□ **ふいちょう**
후이쬬-
【吹聴】 퍼뜨리고 다님

□ **フィナレー**
휘나레-
피날레

□ **フィルム**
휘루무
필름

□ **ふううん**
후-웅
【風雲】 풍운

□ **ふうがわり**
후-가와리
【風変り】 색다름

□ **ふうき**
후-끼
【風紀】 풍기

□ **ふうきり**
후-끼리
【封切】 영화의 개봉

□ **ふうけい**
후-께-
【風景】 풍경

□ **ふうさい**
후-사이
【風采】 풍채

□ **ふうし** 후-시	【諷刺】	풍자
□ **ふうしょ** 후-쇼	【封書】	봉함편지
□ **ふうせん** 후-셍	【風船】	풍선
□ **ふうぞく** 후-조꾸	【風俗】	풍속
□ **ふうど** 후-도	【風土】	풍토
□ **ふうとう** 후-또-	【封筒】	봉투
□ **ふうふ** 후-후	【夫婦】	부부
□ **ふうふう** 후-후-		숨을 가쁘게 쉬는 모양
□ **ブーム** 부-무		붐, 갑작스런 경기
□ **フェニックス** 훼닉꾸스		불사조
□ **ふえる** 후에루	【増える】	늘다, 증가하다
□ **ぶえんりょ** 부엔료	【無遠慮】	행동이 매우 거침
□ **フォーク** 훠-꾸		포크, 수저
□ **ふか** 후까	【賦課】	부과
□ **ぶか** 부까	【部下】	부하
□ **ふかい** 후까이	【不快】	불쾌
□ **ふかい** 후까이	【深い】	깊다
□ **ふがいない** 후가이나이		기개가 없다

437

□ **ふかく** 후카꾸	【不覚】	생각이 모자람
□ **ふかで** 후까데	【深手】	중상, 깊은 상처
□ **ふかのう** 후까노-	【不可能】	불가능
□ **ふかまる** 후까마루	【深まる】	깊어지다
□ **ふかんぜん** 후깐젱	【不完全】	불완전
□ **ふき** 후끼		머위
□ **ふきげん** 후끼겡	【不気嫌】	기분이 언짢음
□ **ふきつける** 후끼쓰께루	【吹き付ける】	마구 불어오다
□ **ふきまくる** 후끼마꾸루	【吹きまくる】	바람 따위가 몰아치다
□ **ぶきみ** 부끼미	【不気味】	기분이 언짢음
□ **ふきゅう** 후뀨-	【不朽】	불후
□ **ふきゅう** 후뀨-	【普及】	보급
□ **ぶきよう** 부끼요-	【不器用】	서투름, 손재주가 없음
□ **ふきょう** 후꾜-	【不況】	불황
□ **ぶきりょう** 부끼료-	【不器量】	못생겼음
□ **ふきん** 후낑	【付近】	부근, 근처
□ **ふく** 후꾸	【服】	옷, 특히 양복
□ **ふぐ** 후구		복어

□ **ふく** 후꾸		닦다, 훔치다
□ **ふく** 후꾸	【吹く】	(바람이) 불다
□ **ふくあん** 후꾸앙	【腹案】	복안
□ **ふくいん** 후꾸잉	【福音】	복음
□ **ふくざつ** 후구자쓰	【複雑】	복잡함
□ **ふくしゅう** 후꾸슈-	【復讐】	복수
□ **ふくしゅう** 후꾸슈-	【復習】	복습
□ **ふくじゅう** 후꾸쥬-	【服従】	복종
□ **ふくすう** 후꾸스-	【複数】	복수
□ **ふくせん** 후꾸셍	【伏線】	복선
□ **ふくそう** 후꾸소-	【服装】	복장
□ **ふくつ** 후꾸쓰	【不屈】	불굴
□ **ふくつう** 후꾸쓰-	【腹痛】	복통
□ **ふくむ** 후꾸무	【含む】	포함하다
□ **ふくめる** 후꾸메루	【含める】	포함시키다
□ **ふくめん** 후꾸멩	【覆面】	복면
□ **ふくよう** 후꾸요-	【服用】	복용
□ **ふくらす** 후꾸라스		부풀리다

ふくらはぎ 우꾸라하기		장딴지, 허벅지
ふくれる 후꾸레루		불룩해지다
ふくろ 후꾸로	【袋】	자루, 주머니
ふくろう 후꾸로-		올빼미
ふくろこうじ 후꾸로코-지	【袋小路】	막다른 골목길
ふくろだたき 후꾸로다타끼	【袋叩き】	뭇매
ふけいき 후께-끼	【不景気】	불경기
ふけつ 후께쓰	【不潔】	불결
ふける 후께루	【更ける】	이슥해지다
ふける 후께루	【耽る】	빠지다, 열중하다
ふごう 후고-	【符合】	부합
ふこう 후꼬-	【不幸】	불행
ふごう 후고-	【富豪】	부호, 갑부
ふこう 후꼬-	【不孝】	불효
ぶこつ 부꼬쓰	【武骨】	멋도 없고 예의도 없음
ブザー 부자-		부저, 초인종
ふさい 후사이	【負債】	부채
ふざい 후자이	【不在】	부재

440

□ **ふさい** 후사이	【夫妻】	부처
□ **ふさがる** 후사가루	【塞がる】	막히다, 메다
□ **ふさぐ** 후사구	【塞ぐ】	막다, 가리다
□ **ふざける** 후자께루		까불다, 장난치다
□ **ぶさほう** 부사호-	【無作法】	버릇없음
□ **ぶざま** 부자마	【無様】	꼴불견
□ **ふさわしい** 후사와시-		어울리다
□ **ぶし** 부시	【武士】	무사
□ **ぶじ** 부지	【無事】	무사함
□ **ふし** 후시	【不死】	불사
□ **ふしあな** 후시아나	【節穴】	널빤지 등의 옹이구멍
□ **ふしあわせ** 후시아와세	【不仕合せ】	불행
□ **ふしぎ** 후시기	【不思議】	불가사의, 이상함
□ **ふしぜん** 후시젱	【不自然】	자연스럽지 못함
□ **ふしだら** 후시다라		단정치 못함
□ **ふしちょう** 후시쬬-	【不死鳥】	불사조
□ **ぶしつけ** 부시쓰께	【不躾】	무례, 버릇없음
□ **ふじゆう** 후지유-	【不自由】	자유스럽지 못함

あ
か
さ
た
な
ふ
ま
や
ら
わ

441

□ **ぶしょ** 부쇼	【部署】	부서	
□ **ふしょう** 후쇼-	【負傷】	부상	
□ **ぶしょう** 부쇼-	【不精】	게으름, 귀찮아함	
□ **ふしょうち** 후쇼-찌	【不承知】	불찬성, 찬성하지 않음	
□ **ぶじょく** 부죠꾸	【侮辱】	모욕	
□ **ふしん** 후싱	【不信】	불신	
□ **ふしん** 후싱	【腐心】	부심	
□ **ふしん** 후싱	【不審】	의심스러움	
□ **ふじん** 후징	【夫人】	부인	
□ **ふじん** 후징	【婦人】	부인	
□ **ふしんせつ** 후신세쓰	【不親切】	불친절	
□ **ふせい** 후세-	【不正】	부정	
□ **ふぜい** 후제이	【風情】	모양, 풍치, 운치	
□ **ふせぐ** 후세구	【防ぐ】	막다, 방지하다	
□ **ぶぞく** 부조꾸	【部族】	부족	
□ **ふそく** 후소꾸	【不足】	부족	
□ **ふた** 후따		뚜껑, 덮개	
□ **ぶた** 부따		돼지	

442

□ **ふだ** 【札】 표(標), 팻말
후다

□ **ぶたい** 【舞台】 무대
부따이

□ **ぶたい** 【部隊】 부대
부따이

□ **ふたえまぶた** 【二重瞼】 쌍꺼풀
후따에마부따

□ **ふたご** 【双子】 쌍둥이
후따고

□ **ふたたび** 【再び】 재차, 다시
후따타비

□ **ふだつき** 【札付き】 딱지가 붙음
후다쓰끼

□ **ふたり** 【二人】 두 사람
후따리

□ **ふだん** 【普段】 평소
후당

□ **ふち** 【不治】 불치
후찌

□ **ふち** 【淵】 강물의 깊은 곳, 소
후찌

□ **ふち** 【縁】 가장자리, 테두리
후찌

□ **ぶちまける** 모조리 털어놓다
부찌마께루

□ **ぶちょう** 【部長】 부장
부쬬-

□ **ぶちょうほう** 【不調法】 미흡함, 서투름
부쬬-호-

□ **ふちん** 【浮沈】 부침, 흥망
후찡

□ **ふつう** 【普通】 보통
후쓰-

□ **ふつう** 【不通】 불통
후쓰-

あ
か
さ
た
な
ふ
ま
や
ら
わ

443

□ **ぶっか** 북까	【物価】	물가
□ **ふつか** 후쓰까	【二日】	이틀
□ **ふっかつ** 훅카쓰	【復活】	부활
□ **ふつかよい** 후쓰까요이	【二日酔い】	숙취
□ **ぶっきょう** 북꾜-	【仏教】	불교
□ **ぶっきらぼう** 북끼라보-	【打切棒】	무뚝뚝함, 퉁명스러움
□ **ブック** 북꾸		북, 책
□ **ふっくら** 훅꾸라		포동포동
□ **ふっこ** 훅꼬	【復古】	복고
□ **ふつごう** 후쓰고-	【不都合】	형편이 좋지 못함
□ **ぶっし** 붓시	【物資】	물자
□ **ぶっしつ** 붓시쓰	【物質】	물질
□ **ぶっそう** 붓소-	【物騒】	뒤숭숭하고 위험한 상태
□ **ぶつぞう** 부쓰조-	【仏像】	불상
□ **ぶつだ** 부쓰다	【仏陀】	불다, 부처
□ **ぶったい** 붓따이	【物体】	물체
□ **ぶっちょうづら** 붓쬬-즈라	【仏頂面】	시무룩한 얼굴
□ **ふつつか** 후쓰쓰까	【不束】	변변찮음

444

□ **ぶっつかる** 　부딪치다
　붓쓰까루

□ **ぶつでん** 　【仏殿】 불전
　부쓰뎅

□ **ぶっと** 　【仏徒】 불교도
　붓또

□ **ふっとう** 　【沸騰】 비등, 끓어오름
　훗또-

□ **ぶつどう** 　【仏道】 불도
　부쓰도-

□ **ぶっとおし** 　【ぶっ通し】 처음부터 끝까지, 줄곧
　붓또오시

□ **ぶっぴん** 　【物品】 물품, 물건
　붑삥

□ **ぶつぶつ** 　투덜투덜
　부쓰부쓰

□ **ぶつり** 　【物理】 물리
　부쓰리

□ **ふで** 　【筆】 붓
　후데

□ **ふてい** 　【不定】 부정
　후떼-

□ **ふてい** 　【不貞】 부정
　후떼-

□ **ふていさい** 　【不体裁】 꼴사나움, 볼품없음
　후떼-사이

□ **ふでいれ** 　【筆入れ】 필통
　후데이레

□ **ふてき** 　【不敵】 겁이 없음, 대담함
　후떼끼

□ **ふと** 　문득, 우연히
　후또

□ **ふとい** 　【太い】 굵다
　후또이

□ **ふとう** 　【不当】 부당함
　후또-

□ **ぶどう**
부도-
【葡萄】 포도

□ **ぶとうかい**
부또-까이
【舞踏会】 무도회

□ **ふところ**
후또꼬로
【懐】 품, 호주머니

□ **ふところで**
후또꼬로데
【懐手】 두 손을 품속에 넣고 있음

□ **ふとどき**
후또도끼
【不届き】 괘씸함

□ **ふともも**
후또모모
【太股】 넓적다리

□ **ふとる**
후또루
【肥る】 살찌다

□ **ふとん**
후똥
【布団】 이부자리, 이불

□ **ぶな**
부나
너도밤나무

□ **ふな**
후나
붕어

□ **ふなのり**
후나노리
【船乗り】 선원, 뱃사람

□ **ふなびん**
후나빙
【船便】 선편, 배편

□ **ふなよい**
후나요이
【船酔】 뱃멀미

□ **ふなれ**
후나레
【不馴れ】 익숙지가 않음, 서투름

□ **ふにん**
후닝
【赴任】 부임

□ **ふにん**
후닝
【不妊】 불임

□ **ふぬけ**
후누께
【腑抜け】 얼간이

□ **ふね**
후네
【船】 배

446

□ **ふのう** 후노-	【不能】	불능
□ **ふはい** 후하이	【腐敗】	부패
□ **ふひつよう** 후히쓰요-	【不必要】	불필요
□ **ふびん** 후빙	【不憫】	딱하고 가엾음
□ **ぶひん** 부힝	【部品】	부품
□ **ふぶき** 후부끼	【吹雪】	눈보라
□ **ぶぶん** 부붕	【部分】	부분
□ **ふぶんりつ** 후분리쓰	【不文律】	불문율
□ **ふへい** 후헤-	【不平】	불평
□ **ふべん** 후벵	【不便】	불편
□ **ふへん** 후헹	【不変】	불변
□ **ふぼ** 후보	【父母】	부모
□ **ふほう** 후호-	【不法】	불법
□ **ふまん** 후망	【不満】	불만
□ **ふみきり** 후미끼리	【踏切り】	건널목
□ **ふみつける** 후미쓰께루	【踏み付ける】	짓밟다, 무시하다
□ **ふみにじる** 후미니지루	【踏みにじる】	밟아 뭉개다, 무시하다
□ **ふみん** 후밍	【不眠】	불면

あ
か
さ
た
な
ふ
ま
や
ら
わ

447

□ **ふむ** 【踏む】 밟다, 디디다
후무

□ **ふむき** 【不向き】 (기호가) 맞지 않음
후무끼

□ **ふめい** 【不明】 불명
후메-

□ **ふめいよ** 【不名誉】 불명예
후메-요

□ **ふめつ** 【不滅】 후메쓰 불멸
후메쓰

□ **ふめんぼく** 【不面目】 면목 없음
후멤보꾸

□ **ふもう** 【不毛】 불모
후모-

□ **ふもと** 산기슭
후모또

□ **ふもん** 【不問】 불문
후몽

□ **ふゆ** 【冬】 겨울
후유

□ **ふゆごもり** 【冬籠り】 동면
후유고모리

□ **ぶよう** 【舞踊】 무용
부요-

□ **ふよう** 【不用】 불용, 쓰지 않음
후요-

□ **ふようい** 【不用意】 조심성이 없음
후요-이

□ **ふようじん** 【不用心】 주의가 부족함
후요-징

□ **ぶらいかん** 【無頼漢】 무뢰한
부라이깡

□ **プライド** 프라이드, 자존심
푸라이도

□ **プライバシー** 프라이버시
푸라이바시-

448

□ **ブラインド** 부라인도	블라인드
□ **ブラウス** 브라우스	블라우스
□ **ぶらく** 부라꾸	【部落】 부락
□ **ぶらさがる** 부라사가루	【ぶら下がる】 매달리다
□ **ブラジャー** 부라쟈-	브래지어
□ **ブラジル** 부라지루	브라질
□ **プラタナス** 푸라따나스	플라타너스
□ **ふらち** 후라찌	발칙함
□ **ブラック** 부락꾸	블랙, 검정
□ **ぶらつく** 부라쓰꾸	서성거리다
□ **フラッシュ** 후랏슈	플래시
□ **プラットホーム** 푸랏토호-무	플랫폼
□ **プラトニック** 푸라토닉꾸	플라토닉
□ **ぶらぶら** 부라부라	흔들흔들
□ **ブラボー** 부라보-	브라보, 근사하다
□ **ふられる** 후라레루	실연당하다, 퇴박맞다
□ **プラン** 푸랑	플랜, 계획
□ **ブランコ** 부랑꼬	그네

□ フランス 후란스	프랑스	
□ ブランデー 부란데-	브랜디	
□ ふり 후리	【不利】 불리	
□ ぶり 부리	방어	
□ ふりかえる 후리까에루	【振り返る】 뒤돌아보다	
□ ふりかかる 후리카까루	【降りかかる】 몸에 내리덮이다	
□ ふりかざす 후리카자스	【振りかざす】 번쩍 쳐들다	
□ ブリキ 부리끼	생철, 양철	
□ ふりすてる 후리스떼루	【振り捨てる】 내동댕이치다	
□ ふりだす 후리다스	【降り出す】 내리기 시작하다	
□ ブリッジ 브릿지	브리지, 다리	
□ ふりほどく 후리호도꾸	【振り解く】 뿌리치다	
□ ふりむく 후리무꾸	【振り向く】 뒤돌아보다	
□ ふりょう 후료-	【不良】 불량	
□ ふりん 후링	【不倫】 불륜	
□ プリント 푸린또	프린트	
□ ふる 후루	【降る】 (비가) 내리다, 오다	
□ ふる 후루	【振る】 흔들다	

450

□ ふるい 후루이	【古い】 오래 되다, 헐다	
□ ブルー 부루-	블루, 청색	
□ ブルース 부루-스	블루스	
□ フルーツ 후루-쯔	과일	
□ ふるえる 후루에루	【震える】 흔들리다, 떨리다	
□ ふるがお 후루가오	【古顔】 고참	
□ ふるぎ 후루기	【古着】 헌 옷	
□ ふるさと 후루사또	【故郷】 고향	
□ ぶるぶる 부루부루	부들부들	
□ ふるほんや 후루홍야	【古本屋】 헌책방	
□ ふるまい 후루마이	【振舞い】 행동, 거동	
□ ぶれい 부레-	【無礼】 무례	
□ プレー 푸레-	플레이	
□ ブレーキ 부레-끼	브레이크	
□ ブレーン 브레-ㅇ	브레인, 두뇌	
□ プレゼント 푸레젠또	선물	
□ プレミアム 푸레미아무	프리미엄	
□ ふれる 후레루	【触れる】 닿다, 접촉하다	

□ **ふろ** 후로	【風呂】	목욕, 목욕통
□ **プロ** 푸로	프로, 전문가	
□ **ふろう** 후로-	【不老】	불로
□ **ブローカ** 부로-까	브로커	
□ **ブローチ** 부로-찌	브로치	
□ **ふろく** 후로꾸	【付録】	부록
□ **プログラム** 푸로구라무	프로그램	
□ **プロジェクト** 푸로제꾸또	프로젝트, 계획	
□ **ふろしき** 후로시끼	【風呂敷】	보자기
□ **プロデューサー** 푸로듀-사-	프로듀서	
□ **プロフィール** 푸로휘-루	프로필	
□ **プロペラ** 푸로페라	프로펠러	
□ **プロポーズ** 푸로포-즈	프로포즈	
□ **プロローグ** 푸로로-구	플로로그	
□ **フロント** 후론또	프런트	
□ **ふわたり** 후와따리	【不渡り】	부도
□ **ふわりと** 후와리또	둥실둥실, 너풀너풀	
□ **ふんいき** 훙이끼	【雰囲気】	분위기

452

□ **ぶんか** 【文化】 문화
붕까

□ **ぶんかい** 【分解】 분해
붕까이

□ **ぶんがく** 【文学】 문학
붕가꾸

□ **ぶんかつ** 【分割】 분할
붕까쓰

□ **ぶんけ** 【分家】 분가
붕께

□ **ぶんけん** 【文献】 문헌
붕껭

□ **ぶんこ** 【文庫】 문고
붕꼬

□ **ぶんごう** 【文豪】 문호
붕고-

□ **ぶんこう** 【分校】 분교
붕꼬-

□ **ぶんざい** 【分際】 주제
분자이

□ **ぶんさん** 【分散】 분산
분상

□ **ふんしつ** 【紛失】 분실
훈시쓰

□ **ぶんしょう** 【文章】 문장
분쇼-

□ **ぶんじょう** 【分譲】 분양
분죠-

□ **ふんしょく** 【粉飾】 분식
훈쇼꾸

□ **ぶんしん** 【分身】 분신
분싱

□ **ふんすい** 【噴水】 분수
훈스이

□ **ぶんせき** 【分析】 분석
분세끼

453

- □ ふんそう　　　　【扮装】 분장
  훈소-
- □ ふんぞりかえる 【ふんぞり返る】 뒤로 젖히다
  훈조리카에루
- □ ふんだくる　　　강제로 빼앗다
  훈다꾸루
- □ ぶんだん　　　　【文壇】 문단
  분당
- □ ぶんたん　　　　【分担】 분담
  분땅
- □ ぶんどき　　　　【分度器】 분도기
  분도끼
- □ ぶんどる　　　　【分捕る】 빼앗다
  분도루
- □ ふんぬ　　　　　【憤怒】 분노
  훈누
- □ ぶんぱ　　　　　【分派】 분파
  붐빠
- □ ぶんぱい　　　　【分配】 분배
  붐빠이
- □ ふんばる　　　　【踏ん張る】 버티다
  훔바루
- □ ぶんぴつ　　　　【分泌】 분비
  붐삐쓰
- □ ぶんぷ　　　　　【分布】 분포
  붐뿌
- □ ふんべつ　　　　【分別】 분별
  훔베쓰
- □ ぶんべん　　　　【分娩】 분만
  붐벵
- □ ぶんぽう　　　　【文法】 문법
  붐뽀-
- □ ぶんぽうぐ　　　【文房具】 문방구
  붐보-구
- □ ぶんみゃく　　　【文脈】 문맥
  붐먀꾸

454

□ **ふんまつ** 【粉末】 분말
  훔마쓰

□ **ぶんめい** 【文明】 문명
  붐메-

□ **ぶんや** 【分野】 분야
  붕야

□ **ぶんり** 【分離】 분리
  분리

□ **ぶんりつ** 【分立】 분립
  분리쓰

□ **ぶんりょう** 【分量】 분량
  분료-

□ **ぶんるい** 【分類】 분류
  분루이

□ **ぶんれつ** 【分裂】 분열
  분레쓰

□ **ふんわりと** 푹신푹신, 사뿐히
  훙와리또

あ か さ た な ふ ま や ら わ

□ **ヘアスタイル** 　헤어스타일
　헤아스타이루

□ **へい** 　【塀】담, 울타리
　헤-

□ **へいえき** 　【兵役】병역
　헤-에끼

□ **へいか** 　【兵科】병과
　헤-까

□ **へいか** 　【陛下】폐하
　헤-까

□ **へいき** 　【平気】태연함
　헤-끼

□ **へいきん** 　【平均】평균
　헤-낑

□ **へいこう** 　【閉口】질림
　헤-꼬-

□ **へいこうせん** 　【平行線】평행선
　헤-꼬-셍

□ **へいさ** 　【閉鎖】폐쇄
　헤-사

□ **へいじつ** 　【平日】평일
　헤-지쓰

□ **へいたい** 　【兵隊】군인, 병정
　헤-따이

□ **へいてん** 　【閉店】폐점
　헤-뗑

□ **へいねん** 　【平年】평년
　헤-넹

□ **へいふく** 　【平伏】엎드려 절함
　헤-후꾸

456

□ へいぼん 【平凡】 평범함
헤-봉

□ へいや 【平野】 평야
헤-야

□ へいよう 【併用】 병용
헤-요-

□ へいりょく 【兵力】 병력
헤-료꾸

□ へいわ 【平和】 평화
헤-와

□ へきが 【壁画】 벽화
헤끼가

□ へきがん 【碧眼】 벽안, 푸른 눈
헤끼강

□ へきそん 【僻村】 벽촌
헤끼송

□ ヘクタール 헥타르
헤쿠타-루

□ へこたれる 녹초가 되다
헤꼬타레루

□ ぺこぺこ 배가 몹시 고픈 모양
페꼬뻬꼬

□ へこむ 【凹む】 움푹 들어가다
헤꼬무

□ へさき 【舳先】 뱃머리
헤사끼

□ ベストセラー 베스트셀러
베스또세라-

□ べそ 울상
베소

□ へそくり 은밀히 돈을 모으는 것
헤소꾸리

□ へた 【下手】 솜씨가 서투름
헤따

□ へだてる 【隔てる】 사이에 두다
헤다떼루

□ べたべた 베따베따		끈적끈적
□ ペダル 페다루		페달
□ ぺちゃくちゃ 페쨔꾸쨔		재잘거리는 모양
□ ぺちゃんこ 페쨩꼬		납작해짐, 납작함
□ べっきょ 벡꾜	【別居】	별거
□ べつじょう 베쓰죠-	【別状】	이상
□ べっそう 벳소-	【別荘】	별장
□ べつだん 베쓰당	【別段】	별로, 별반
□ ベッド 벳도		베드, 침대
□ ヘッドライト 헷도라이또		헤드라이트
□ べつに 베쓰니	【別に】	별로
□ べつべつ 베쓰베쓰	【別々】	따로따로
□ へつらう 헤쓰라우		아첨하다
□ ベテラン 베떼랑		베테랑
□ へど 헤도	【反吐】	구역질, 게움
□ べとべと 베또베또		끈적끈적
□ へなへな 헤나헤나		맥없이 주저앉는 모양
□ べにいろ 베니이로	【紅色】	주홍색

□ **へばりつく** 헤바리쓰꾸	찰싹 달라붙다	
□ **へび** 헤비	【蛇】 뱀	
□ **ベビー** 베비-	베이비, 아기	
□ **へぼ** 헤보	서툴기 짝이 없음	
□ **へま** 헤마	【下間】 바보짓	
□ **へや** 헤야	【部屋】 방	
□ **へらす** 헤라스	【減らす】 줄이다	
□ **ぺらぺら** 페라뻬라	거침없이 지껄여대는 모양	
□ **べらぼう** 베라보-	터무니없음	
□ **ペリカン** 페리깡	펠리컨	
□ **へりくつ** 헤리꾸쓰	억지이론	
□ **へる** 헤루	【減る】 줄다, 적어지다	
□ **へる** 헤루	【経る】 지나가다, 거치다	
□ **ベル** 베루	벨, 방울, 초인종	
□ **ベルト** 베루또	벨트, 허리띠	
□ **ヘルメット** 헤루멧또	헬멧	
□ **ぺろぺろ** 페로뻬로	혀를 날름거리는 모양	
□ **へんか** 헹까	【変化】 변화	

あ

か

さ

た

な

へ

ま

や

ら

わ

□ **べんかい** 벵까이	【弁解】	변명
□ **べんき** 벵끼	【便器】	변기
□ **べんぎ** 벵기	【便宜】	편의
□ **べんきょう** 벵꾜-	【勉強】	공부
□ **へんきょく** 헹쿄꾸	【編曲】	편곡
□ **へんくつ** 헹꾸쓰	【偏屈】	괴팍함
□ **へんけん** 헹껭	【偏見】	편견
□ **へんこう** 헹꼬-	【変更】	변경
□ **べんごし** 벵고시	【弁護士】	변호사
□ **へんじ** 헨지	【返事】	대답, 응답
□ **へんしゅう** 헨슈-	【編集】	편집
□ **べんじょ** 벤죠	【便所】	변소
□ **へんじょう** 헨죠-	【返上】	반환, 반려
□ **へんしょく** 헨쇼꾸	【偏食】	편식
□ **へんじん** 헨징	【変人】	괴짜, 색다른 사람
□ **へんせい** 헨세-	【編成】	편성
□ **へんそう** 헨소-	【変装】	변장
□ **へんたい** 헨따이	【変態】	변태

□ ベンチ　　　　　　벤치
　　벤찌

□ へんてこ　　　【変梃】 야릇한 모양
　　헨테꼬

□ へんとう　　　【返答】 대답, 회답
　　헨또-

□ べんとう　　　【弁当】 도시락
　　벤또-

□ へんとうせん　【扁桃腺】 편도선
　　헨또-셍

□ ペンネーム　　펜네임, 필명
　　펜네-무

□ へんぴ　　　　【辺鄙】 두메, 벽촌
　　헴삐

□ べんめい　　　【弁明】 변명
　　벰메-

□ べんり　　　　【便利】 편리
　　벤리

□ べんろん　　　【弁論】 변론
　　벤롱

あ
か
さ
た
な
へ
ま
や
ら
わ

부엌 台所

① フライパン
후라이팡

② 流し
나가시

③ やかん
야깡

④ オーブン
오-붕

⑤ ふきん
후낑

① 프라이팬 ② 싱크대 ③ 주전자 ④ 오븐 ⑤ 냅킨

462

⑥ <ruby>冷蔵庫<rt>れいぞうこ</rt></ruby>
레-조-꼬

⑦ <ruby>食器棚<rt>しょっきだな</rt></ruby>
쇽끼다나

⑧ グラス
구라스

⑨ <ruby>皿<rt>さら</rt></ruby>
사라

⑩ テーブル
테-부루

⑥ 냉장고　⑦ 찬장　⑧ 유리잔　⑨ 접시　⑩ 탁자

□ **ボイラー**
보이라-
보일러

□ **ポインター**
포인따-
포인터

□ **ポイント**
포인또
포인트, 요점

□ **ぼう**
보-
【棒】 봉, 막대기, 몽둥이

□ **ほうあん**
호-앙
【法案】 법안

□ **ほうい**
호-이
【包囲】 포위

□ **ぼうえき**
보-에끼
【貿易】 무역

□ **ぼうえき**
보-에끼
【防疫】 방역

□ **ぼうえんきょう**
보-엥꾜-
【望遠鏡】 망원경

□ **ぼうおん**
보-옹
【忘恩】 망은

□ **ぼうおん**
보-옹
【防音】 방음

□ **ほうおん**
호-옹
【報恩】 보은

□ **ぼうがい**
보-가이
【妨害】 방해

□ **ほうがい**
호-가이
【法外】 터무니없음

□ **ほうかい**
호-까이
【崩壊】 붕괴

□ **ほうがく** 호-가꾸	【方角】	방향, 방위
□ **ほうがく** 호-가꾸	【法学】	법학
□ **ほうかご** 호-까고	【放課後】	방과 후
□ **ぼうかん** 보-깡	【傍観】	방관
□ **ほうかん** 호-깡	【法官】	법관
□ **ほうき** 호-끼	【放棄】	방기, 포기
□ **ほうき** 호-끼	【法規】	법규
□ **ほうき** 호-끼		비, 빗자루
□ **ぼうきゃく** 보-캬꾸	【忘却】	망각
□ **ぼうぎょ** 보-교	【防禦】	방어
□ **ぼうくう** 보-꾸-	【防空】	방공
□ **ぼうくん** 보-꿍	【暴君】	폭군
□ **ほうけい** 호-께-	【包茎】	포경
□ **ほうげき** 호-게끼	【砲撃】	포격
□ **ぼうけん** 보-껭	【冒険】	모험
□ **ほうげん** 호-겡	【方言】	방언, 사투리
□ **ほうけん** 호-껭	【封建】	봉건
□ **ほうこう** 호-꼬-	【方向】	방향

465

□ ぼうこう 보-꼬-	【暴行】	폭행
□ ほうこう 호-꼬-	【彷徨】	방황
□ ほうこう 호-꼬-	【奉公】	몸을 바쳐 봉사함
□ ほうこく 호-코꾸	【報告】	보고
□ ほうさく 호-사꾸	【豊作】	풍작
□ ぼうし 보-시	【帽子】	모자
□ ぼうし 보-시	【防止】	방지
□ ほうし 호-시	【奉仕】	봉사
□ ほうしゅう 호-슈-	【報酬】	보수
□ ほうしゅつ 호-슈쓰	【放出】	방출
□ ほうしん 호-싱	【方針】	방침
□ ほうしん 호-싱	【放心】	방심
□ ぼうず 보-즈	【坊主】	중
□ ほうせき 호-세끼	【宝石】	보석
□ ぼうぜん 보-젱	【茫然】	어리둥절함
□ ほうそう 호-소-	【放送】	방송
□ ぼうそうぞく 보-소-조꾸	【暴走族】	폭주족
□ ほうそく 호-소꾸	【法則】	법칙

□ **ほうたい** 　　【繃帯】 붕대
　호-따이

□ **ぼうだい** 　　【膨大】 방대
　보-다이

□ **ほうち** 　　【放置】 방치
　호-찌

□ **ぼうちょう** 　　【防諜】 방첩
　보-쪼-

□ **ほうちょう** 　　【疱丁】 식칼
　호-쪼-

□ **ぼうちょう** 　　【傍聴】 방청
　보-쪼-

□ **ぼうちょう** 　　【膨脹】 팽창
　보-쪼-

□ **ほうてい** 　　【法定】 법정
　호-떼-

□ **ほうてい** 　　【法廷】 법정
　호-떼-

□ **ほうてん** 　　【法典】 법전
　호-뗑

□ **ぼうと** 　　【暴徒】 폭도
　보-또

□ **ほうとう** 　　【放蕩】 방탕
　호-또-

□ **ほうどう** 　　【報道】 보도
　호-도-

□ **ぼうとく** 　　【冒涜】 모독
　보-토꾸

□ **ぼうどくめん** 　　【防毒面】 방독면
　보-도꾸멩

□ **ほうにん** 　　【放任】 방임
　호-닝

□ **ほうねん** 　　【豊年】 풍년
　호-넹

□ **ぼうねんかい** 　　【忘年会】 망년회
　보-넹까이

□ **ほうばい**	【朋輩】	동료
호-바이		
□ **ほうび**	【褒美】	포상, 상
호-비		
□ **ほうふ**	【抱負】	포부
호-후		
□ **ほうふ**	【豊富】	풍부
호-후		
□ **ほうへい**	【砲兵】	포병
호-헤-		
□ **ほうべん**	【方便】	방편
호-벵		
□ **ほうぼう**	【方々】	여기저기
호-보-		
□ **ほうほう**	【方法】	방법
호-호-		
□ **ほうまん**	【豊満】	풍만
호-망		
□ **ぼうめい**	【亡命】	망명
보-메-		
□ **ほうめん**	【方面】	방면
호-멩		
□ **ほうもん**	【訪問】	방문
호-몽		
□ **ほうよう**	【抱擁】	포옹, 얼싸안음
호-요-		
□ **ほうらつ**	【放埒】	멋대로 놀아남
호-라쓰		
□ **ほうりつ**	【法律】	법률
호-리쓰		
□ **ぼうりゃく**	【謀略】	모략
보-랴꾸		
□ **ぼうりょく**	【暴力】	폭력
보-료꾸		
□ **ほうれんそう**	【ほうれん草】	시금치
호-렌소-		

□ **ほうろう** 호-로-	【放浪】 방랑	
□ **ほえる** 호에루	(짐승이) 짖다	
□ **ほお** 호-	볼, 뺨	
□ **ほおえむ** 호-에무	미소짓다	
□ **ポーズ** 포-즈	자세, 태도	
□ **ボート** 보-또	보트	
□ **ボーナス** 보-나스	보너스, 상여금	
□ **ホーム** 호-무	홈, 가정	
□ **ホームラン** 호-무랑	홈런	
□ **ポーラント** 포-란도	폴란드	
□ **ボーリング** 보-링구	볼링	
□ **ボール** 보-루	볼, 공	
□ **ホール** 호-루	홀, 대청	
□ **ほかならぬ** 호까나라누	다름 아닌	
□ **ほがらか** 호가라까	【朗らか】 쾌활한 모양	
□ **ぽかんと** 포깐또	입을 크게 벌린 모양	
□ **ほきゅう** 호뀨-	【補給】 보급	
□ **ボクサー** 보꾸사-	복서, 권투선수	

あ
か
さ
た
な
ほ
ま
や
ら
わ

□ **ぼくし** 보꾸시	【牧師】	목사
□ **ぼくじょう** 보꾸죠-	【牧場】	목장
□ **ボクシング** 보꾸싱구		복싱, 권투
□ **ほくそえむ** 호꾸소에무	【ほくそ笑む】	득의의 미소를 짓다
□ **ぼくちく** 보꾸치꾸	【牧畜】	목축
□ **ぼくねんじん** 보꾸넨징		맹꽁이
□ **ぼくめつ** 보꾸메쓰	【撲滅】	박멸
□ **ほくろ** 호꾸로	【黒子】	검정사마귀, 점(얼굴)
□ **ポケット** 포켓또		포켓, 호주머니
□ **ぼける** 보께루		색이 바래다
□ **ほけん** 호껭	【保険】	보험
□ **ほご** 호고	【反故】	소용없는 물건
□ **ほご** 호고	【保護】	보호
□ **ほこう** 호꼬-	【歩行】	보행
□ **ぼこく** 보코꾸	【母国】	모국, 조국
□ **ほこり** 호꼬리		먼지, 쓰레기
□ **ほこる** 호꼬루		자랑하다, 뽐내다
□ **ほころびる** 호꼬로비루		바느질 자리가 풀어지다

□ **ぼさつ** 【菩薩】 보살
　보사쓰

□ **ほし** 【星】 별
　호시

□ **ほしい** 【欲しい】 필요하다, 하고 싶다
　호시-

□ **ほしがき** 【干し柿】 곶감
　호시가끼

□ **ほじくる** 후비다, 쑤시다
　호지꾸루

□ **ポジション** 포지션, 자리
　포지숑

□ **ほしゅ** 【保守】 보수
　호슈

□ **ぼしゅう** 【募集】 모집
　보슈-

□ **ほじょ** 【補助】 보조
　호죠

□ **ほしょう** 【保証】 보증
　호쇼-

□ **ほしょう** 【補償】 보상
　호쇼-

□ **ほしょう** 【保障】 보장
　호쇼-

□ **ほす** 【干す】 말리다
　호스

□ **ボス** 보스, 두목
　보스

□ **ポスター** 포스터
　포스따-

□ **ぼせい** 【母性】 모성
　보세-

□ **ほそい** 【細い】 가늘다
　호소이

□ **ほそながい** 【細長い】 가늘고 길다
　호소나가이

471

□ ほそぼそ 호소보소		소곤거리는 모양
□ ほそめ 호소메	【細目】	가늘게 뜬 눈
□ ほぞん 호종	【保存】	보존
□ ぼだいじゅ 보다이쥬	【菩提樹】	보리수
□ ぽたり 포따리		물이 방울져 떨어지는 모양
□ ほたる 호따루		개똥벌레
□ ぼたん 보땅		모란
□ ボタン 보땅		버튼, 단추
□ ぼち 보찌	【墓地】	묘지
□ ほちょう 호쬬-	【歩調】	보조
□ ほちょうき 호쬬-끼	【補聴器】	보청기
□ ぼっかり 복까리		두둥실
□ ぽっかり 폭까리		입을 크게 벌린 모양
□ ほっきにん 혹끼닝	【発起人】	발기인
□ ほっきょく 혹꾜꾸	【北極】	북극
□ ボックス 복꾸스		박스, 상자
□ ぼっけん 복껭	【木剣】	목검
□ ほっさ 홋사	【発作】	발작

472

□ **ぼっしゅう** 봇슈-	【没収】	몰수
□ **ほっする** 홋스루	【欲する】	바라다
□ **ぼっする** 봇스루	【没する】	가라앉다, 저물다
□ **ほっそく** 홋소꾸	【発足】	발족
□ **ほっそり** 홋소리		마르고 홀쭉한 모양
□ **ぼっちゃん** 봇쨩	【坊ちゃん】	도령, 도련님
□ **ほっと** 홋또		안도의 숨을 쉬는 모양
□ **ほっぺた** 홋뻬따		뺨
□ **ぼつぼつ** 보쓰보쓰		조금씩, 슬슬
□ **ほつれる** 호쓰레루	【解れる】	올이 풀리다
□ **ほてる** 호떼루		달아오르다, 빨개지다
□ **ホテル** 호떼루		호텔
□ **ほどう** 호도-	【歩道】	보도
□ **ほどく** 호도꾸	【解く】	풀다
□ **ほとけ** 호토께	【仏】	부처
□ **ほどこす** 호도꼬스	【施す】	베풀다
□ **ほととぎす** 호토또기스		두견새
□ **ほとばしる** 호또바시루		힘차게 내뿜다

あ

か

さ

た

な

ほ

ま

や

ら

わ

473

□ **ほどほど** 호도호도	적당히, 알맞게	
□ **ほどよい** 호도요이	알맞다	
□ **ほとり** 호또리	【辺】 근처, 부근	
□ **ほとんど** 호똔도	거의, 대략	
□ **ほね** 호네	【骨】 뼈	
□ **ほねおしみ** 호네오시미	【骨惜しみ】 노력을 아낌	
□ **ほねおる** 호네오루	【骨折る】 수고하다, 애쓰다	
□ **ほねぐみ** 호네구미	【骨組み】 뼈대	
□ **ほねつぎ** 호네쓰기	【骨接ぎ】 접골	
□ **ほのお** 호노-	【炎】 불길	
□ **ほのか** 호노까	【仄か】 어슴푸레함, 어렴풋함	
□ **ほのぐらい** 호노구라이	【仄暗い】 어두컴컴함	
□ **ほのめかす** 호노메까쓰	【仄めかす】 넌지시 알리다	
□ **ポプラ** 포뿌라	포플러	
□ **ほへい** 호헤-	【歩兵】 보병	
□ **ほぼ** 호보	대략, 약	
□ **ほめる** 호메루	【誉める】 칭찬하다	
□ **ぼやける** 보야께루	흐릿해지다	

474

□ **ほやほや** 호야호야	갓 만들어져 말랑말랑한 모양
□ **ほゆう** 호유-	【保有】 보유
□ **ほら** 호라	소라고둥, 허풍
□ **ぼら** 보라	숭어
□ **ほらあな** 호라아나	【洞穴】 동굴
□ **ほらふき** 호라후끼	거짓말쟁이
□ **ほり** 호리	도랑
□ **ほりゅう** 호류-	【保留】 보류
□ **ほる** 호루	【掘る】 (땅을) 파다
□ **ホルモン** 호루몽	호르몬
□ **ほれる** 호레루	반하다
□ **ほろ** 호로	포장, 덮개
□ **ぼろ** 보로	넝마, 누더기
□ **ぼろくそ** 보로꾸소	시시하기 짝이 없음
□ **ほろにがい** 호로니가이	씁쓰레하다
□ **ほろびる** 호로비루	【滅びる】 망하다, 멸망하다
□ **ほろぼす** 호로보스	【滅ぼす】 멸망시키다
□ **ぼろぼろ** 보로보로	너덜너덜

あ
か
さ
た
な
ほ
ま
や
ら
わ

475

□ **ホワイト** 호와이또		화이트
□ **ほん** 홍	【本】	책
□ **ぼん** 봉	【盆】	쟁반
□ **ほんかく** 홍까꾸	【本格】	본격
□ **ほんき** 홍끼	【本気】	진심, 진실
□ **ぼんくら** 봉꾸라		멍텅구리
□ **ほんごし** 홍고시	【本腰】	본격적
□ **ぼんさい** 본사이	【盆栽】	분재
□ **ほんしき** 혼시끼	【本式】	정식
□ **ほんじつ** 혼지쓰	【本日】	오늘
□ **ほんしつ** 혼시쓰	【本質】	본질
□ **ほんしゃ** 혼샤	【本社】	본사
□ **ほんしゃ** 혼싱	【本心】	본심
□ **ぼんじん** 본징	【凡人】	범인, 보통사람
□ **ほんしん** 혼싱	【本心】	본심
□ **ほんすじ** 혼스지	【本筋】	중요한 줄거리
□ **ほんせき** 혼세끼	【本籍】	본적
□ **ほんせん** 혼셍	【本線】	본선

□ **ほんたい** 혼따이	【本体】	본체
□ **ほんだて** 혼다떼	【本立て】	책꽂이
□ **ほんだな** 혼다나	【本棚】	책장
□ **ぼんち** 본찌	【盆地】	분지
□ **ほんてん** 혼뗑	【本店】	본점
□ **ほんど** 혼도	【本土】	본토
□ **ほんとう** 혼또-	【本当】	정말
□ **ほんにん** 혼닝	【本人】	본인
□ **ほんね** 혼네	【本音】	진심, 본연의 모습
□ **ボンネット** 본넷또		보닛
□ **ほんの** 혼노		그저 명색뿐인
□ **ほんのう** 혼노-	【本能】	본능
□ **ほんば** 홈바	【本場】	본고장
□ **ほんばこ** 홈바꼬	【本箱】	책장
□ **ほんぶ** 홈부	【本部】	본부
□ **ポンプ** 폼뿌		펌프
□ **ほんぶん** 홈붕	【本文】	본문
□ **ほんみょう** 홈묘-	【本名】	본명

あ
か
さ
た
な
ま
や
ら
わ

477

□ **ほんもう** 【本望】 숙원
　 홈모-

□ **ほんもの** 【本物】 진짜 물건
　 홈모노

□ **ほんや** 【本屋】 책방
　 홍야

□ **ほんやく** 【翻訳】 번역
　 홍야꾸

□ **ぼんやり** 멍한 상태, 우두커니
　 봉야리

□ **ほんらい** 【本来】 본래, 본시
　 혼라이

□ **ほんろん** 【本論】 본론
　 혼롱

□ **マーガリン**　　マ가린
　마-가링

□ **マーク**　　　　마크
　마-꾸

□ **マーケット**　　마켓
　마-껫또

□ **マージャン**　　마작
　마-쟝

□ **マージン**　　　마진
　마-징

□ **まいあがる**　【舞い上がる】　날아 올라가다
　마이아가루

□ **まいあさ**　　【毎朝】　매일아침
　마이아사

□ **マイカー**　　마이카, 자가용
　마이까-

□ **マイク**　　　마이크
　마이꾸

□ **まいげつ**　　【毎月】　매달
　마이게쓰

□ **まいご**　　　【迷子】　미아
　마이고

□ **まいしゅう**　【毎週】　매주
　마이슈-

□ **まいしん**　　【邁進】　매진
　마이싱

□ **まいぞう**　　【埋蔵】　매장
　마이조-

□ **まいど**　　　【毎度】　매번
　마이도

479

□ **マイナス** 마이나스		마이너스
□ **まいにち** 마이니찌	【毎日】	매일
□ **まいねん** 마이넹	【毎年】	매년
□ **まいばん** 마이방	【毎晩】	매일 밤
□ **まいぼつ** 마이보쓰	【埋没】	매몰
□ **まいる** 마이루	【参る】	「가다, 오다」의 겸양어
□ **マイル** 마이루		마일
□ **まう** 마우	【舞う】	춤추다
□ **まうえ** 마우에	【真上】	바로 위
□ **マウンド** 마운도		마운드
□ **まえ** 마에	【前】	앞, 전
□ **まえうり** 마에우리	【前売り】	예매
□ **まえがき** 마에가끼	【前書き】	머리말
□ **まえがみ** 마에가미	【前髪】	앞머리
□ **まえがり** 마에가리	【前借り】	가불
□ **まえきん** 마에낑	【前金】	선금
□ **まえば** 마에바	【前歯】	앞니
□ **まえぶれ** 마에부레	【前触れ】	예고, 전조

□ **まえもって** 마에못떼	【前以って】	사전에, 미리
□ **まおう** 마오-	【魔王】	마왕
□ **まがいもの** 마가이모노	【紛い物】	모조품, 가짜
□ **まがお** 마가오	【真顔】	정색
□ **マガジン** 마가진		매거진
□ **まかす** 마까스	【任す】	맡기다
□ **まがり** 마가리	【間借り】	셋방살이
□ **まがりかど** 마가리카도	【曲り角】	길모퉁이
□ **まがる** 마가루	【曲る】	굽다, 구부러지다, 돌다
□ **まき** 마끼		장작
□ **まきがみ** 마끼가미	【巻紙】	두루마리
□ **まきこむ** 마끼코무	【巻き込む】	말려들다
□ **まきじゃく** 마끼쟈꾸	【巻尺】	줄자
□ **まきつく** 마끼쓰꾸	【巻き付く】	감기다
□ **まきば** 마끼바	【牧場】	목장
□ **まぎらわす** 마기라와스		얼버무리다
□ **まぎれる** 마기레루		헛갈리다
□ **まぎわ** 마기와	【間際】	임박한 때, 직전

あ
か
さ
た
な
は
ま
や
ら
わ

481

□ **まく** 마꾸	【幕】	막
□ **まく** 마꾸	(씨앗을)	뿌리다
□ **まく** 마꾸	【巻く】	감다
□ **まくら** 마꾸라	【枕】	베개
□ **まくらもと** 마꾸라모또	【枕許】	머리맡
□ **まぐれあたり** 마구레아따리	【紛れ当たり】	우연히 들어맞음
□ **まくれる** 마꾸레루	【捲れる】	걷어 올려지다
□ **まげる** 마게루	【曲げる】	구부리다
□ **まける** 마께루	【負ける】	지다, 값을 깎아주다
□ **まご** 마고	【孫】	손자
□ **まご** 마고	【馬子】	마부
□ **まごころ** 마고꼬로	【真心】	진심, 참마음
□ **まごつく** 마고쓰꾸		갈팡질팡하다
□ **まことに** 마코또니	【誠に】	참으로, 정말
□ **まさか** 마사까		설마하니
□ **まさつ** 마사쓰	【摩擦】	마찰
□ **まさる** 마사루	【勝る】	보다 낫다, 뛰어나다
□ **まじえる** 마지에루	【交える】	섞다, 끼게 하다

482

□ **ました** 마시따	【真下】 바로 아래	
□ **まして** 마시떼	하물며	
□ **まじない** 마지나이	【呪い】 주술	
□ **まじめ** 마지메	【真面目】 진지함	
□ **まじょ** 마죠	【魔女】 마녀	
□ **ましょうめん** 마쇼-멩	【真正面】 정면	
□ **ます** 마스	【増す】 늘다, 불어나다	
□ **まず** 마즈	【先ず】 우선, 대체로	
□ **ます** 마스	【升】 되, 말	
□ **ます** 마스	송어	
□ **まずい** 마즈이	서툴다, 맛이 없다	
□ **マスカラ** 마스카라	마스카라	
□ **マスク** 마스꾸	마스크	
□ **マスコット** 마스콧또	마스코트	
□ **マスコミ** 마스코미	매스컴	
□ **まずしい** 마즈시-	【貧しい】 가난하다	
□ **マスター** 마스따-	마스터	
□ **ますます** 마스마스	【益々】 점점 더	

あ
か
さ
た
な
は
ま
や
ら
わ

483

□ **まぜる** 마제루	【混ぜる】	뒤섞다
□ **まだ** 마다		아직도
□ **また** 마따		또, 다음
□ **またがる** 마따가루		걸터앉다
□ **またたく** 마따다꾸		반짝이다, 깜빡이다
□ **マダム** 마다무		마담, 부인
□ **まだら** 마다라		얼룩, 반점
□ **まち** 마찌	【町】	도시, 거리
□ **まちあいしつ** 마찌아이시쓰	【待合室】	대합실
□ **まぢか** 마지까	【間近】	아주 가까움
□ **まちがう** 마찌가우	【間違う】	잘못되다, 틀리다
□ **まちかど** 마찌카도	【町角】	길모퉁이
□ **まちこがれる** 마찌코가레루	【待ち焦がれる】	애타게 기다리다
□ **まちどおしい** 마찌도-시-	【待ち遠しい】	몹시 기다려지다
□ **まちはずれ** 마찌하즈레	【町外れ】	변두리
□ **まつ** 마쓰	【待つ】	기다리다
□ **まつ** 마쓰	【松】	소나무
□ **まっかだ** 막까다	【真っ赤だ】	새빨갛다

484

□ **まっくらだ** 【真っ暗だ】 아주 캄캄하다
막꾸라다

□ **まっくろだ** 【真っ黒だ】 새카맣다
막꾸로다

□ **まつげ** 속눈썹
마쓰게

□ **まつけむし** 송충이
마쓰께무시

□ **マッサージ** 마사지
맛사-지

□ **まっさかさま** 【真っ逆様】 완전히 거꾸로 됨
맛사까사마

□ **まっさき** 【真っ先】 맨 먼저, 맨 앞
맛사끼

□ **まっさつ** 【抹殺】 말살
맛사쓰

□ **まっしろだ** 【真っ白だ】 새하얗다
맛시로다

□ **まっすぐ** 곧장, 곧바로
맛스구

□ **まっせ** 【末世】 말세
맛세

□ **まったく** 【全く】 완전히, 그야말로
맛따꾸

□ **まったん** 【末端】 말단
맛땅

□ **マッチ** 성냥
맛찌

□ **マットレス** 매트리스
맛또레스

□ **まつば** 【松葉】 솔잎
마쓰바

□ **まっぱだか** 【真っ裸】 알몸
맙빠다까

□ **まっぴら** 【真っ平】 질색
맙삐라

□ **まつり** 마쓰리	【祭り】	제사, 축제
□ **まつわる** 마쓰와루		얽히다, 감겨들다
□ **まと** 마또	【的】	과녁
□ **まど** 마도	【窓】	창, 창문
□ **まとう** 마또우		감기다, 걸치다
□ **まどぐち** 마도구찌	【窓口】	창구
□ **まとはずれ** 마또하즈레	【的外れ】	빗나감
□ **まとめる** 마또메루		간추리다, 정리하다
□ **まとも** 마또모		정면, 성실함, 정상적
□ **マドロス** 마도로스		마도로스, 선원
□ **まどろむ** 마도로무		잠시 졸다
□ **マドンナ** 마돈나		마돈나, 성모마리아
□ **マナー** 마나-		매너, 예의범절
□ **まないた** 마나이따		도마
□ **まなじり** 마나지리		눈초리
□ **まなつ** 마나쓰	【真夏】	한여름
□ **まなぶ** 마나부	【学ぶ】	배우다, 익히다
□ **マニア** 마니아		마니아, 열광자

□ **まにあう**
마니아우
【間に合う】시간에 대다

□ **まにあわせ**
마니아와세
【間に合わせ】임시변통

□ **まにうける**
마니우께루
【真に受ける】곧이듣다

□ **まにんげん**
마닝겡
【真人間】착실한 사람

□ **まぬかれる**
마누까레루
【免れる】면하다, 벗어나다

□ **まぬけ**
마누께
【間抜け】얼간이

□ **まね**
마네
【真似】흉내

□ **マネー**
마네-
머니, 돈

□ **マネージャー**
마네-쟈-
매니저

□ **マネキン**
마네낑
마네킹

□ **まねく**
마네꾸
【招く】초대하다

□ **マネジメント**
마네지멘또
매니지먼트, 경영관리

□ **まねる**
마네루
【真似る】흉내 내다

□ **まばゆい**
마바유이
【目映い】눈부시다

□ **まばら**
마바라
드문드문함

□ **まひ**
마히
【麻痺】마비

□ **まひる**
마히루
【真昼】대낮, 백주

□ **まぶしい**
마부시-
눈부시다

487

□ まぶた 마부따	눈꺼풀	
□ マフラー 마후라-	머플러	
□ まぼろし 마보로시	【幻】 환상, 환영	
□ ままこ 마마꼬	【継子】 의붓자식	
□ ままはは 마마하하	【継母】 계모	
□ まむかい 마무까이	【真向い】 바로 맞은편	
□ まむし 마무시	【蝮】 살무사	
□ まめ 마메	【豆】 콩	
□ まめ 마메	【忠実】 성실함, 바지런함	
□ まもなく 마모나꾸	【間もなく】 이제 곧	
□ まもる 마모루	【守る】 지키다, 보호하다	
□ まゆ 마유	【眉】 눈썹	
□ まゆげ 마유게	【眉毛】 눈썹	
□ まよう 마요-	【迷う】 헤매다, 갈피를 못잡다	
□ まよなか 마요나까	【真夜中】 한밤중, 심야	
□ マラソン 마라송	마라톤	
□ マラリア 마라리야	말라리아	
□ まり 마리	공	

□ **まりょく** 마료꾸	【魔力】	마력
□ **まるい** 마루이	【丸い】	둥글다
□ **まるきぶね** 마루끼부네	【丸木舟】	통나무배
□ **まるきり** 마루끼리		전혀, 아주
□ **まるた** 마루따	【丸太】	통나무
□ **まるで** 마루데		마치, 영락없이
□ **まるのみ** 마루노미	【丸呑み】	통째로 삼킴
□ **まるはだか** 마루하다까	【丸裸】	알몸, 맨몸
□ **まるもうけ** 마루모-께	【丸儲け】	몽땅 이득을 봄
□ **まるやけ** 마루야께	【丸焼け】	몽땅 타버림
□ **まれに** 마레니	【稀に】	드물게, 보기 드물게
□ **まわす** 마와스	【回る】	돌리다, 회전시키다
□ **まわりみち** 마와리미찌	【回り道】	멀리 돌아가는 길
□ **まわる** 마와루	【回る】	돌다
□ **まんいち** 망이찌	【万一】	만일
□ **まんいん** 망잉	【満員】	만원
□ **まんが** 망가	【漫画】	만화
□ **まんき** 망끼	【満期】	만기

あ

か

さ

た

な

は

ま

や

ら

わ

□ **まんきつ** 망끼쓰	【満喫】	만끽
□ **まんげつ** 망게쓰	【満月】	만월, 보름달
□ **まんざら** 만자라	【満更】	그다지, 반드시
□ **まんじゅう** 만쥬-	【饅頭】	만두
□ **まんせい** 만세-	【慢性】	만성
□ **まんぞく** 만조꾸	【満足】	만족
□ **まんてん** 만뗑	【満点】	만점
□ **マント** 만또		망토
□ **まんなか** 만나까	【真ん中】	한가운데
□ **まんねんひつ** 만넹히쓰	【万年筆】	만년필
□ **まんのう** 만노-	【万能】	만능
□ **まんぷく** 맘뿌꾸	【満腹】	배가 부름
□ **マンボ** 맘보		맘보
□ **マンホール** 망호-루		맨홀
□ **マンモス** 맘모스		매머드, 기대함
□ **まんるい** 만루이	【満塁】	만루

あ
か
さ
た
な
は

み
や
ら
わ

□ **みあい**
み아이
【見合い】 맞선

□ **みあやまる**
미아야마루
【見誤る】 잘못 보다, 오인하다

□ **みうしなう**
미우시나우
【見失う】 보던 것을 놓치다

□ **みえぼう**
미에보-
【見栄坊】 겉치레를 꾸미는 사람

□ **みえる**
미에루
【見える】 보이다

□ **みおくり**
미오꾸리
【見送り】 전송

□ **みかい**
미까이
【未開】 미개

□ **みかいけつ**
미카이케쓰
【未解決】 미해결

□ **みがく**
미가꾸
【磨く】 닦다, 연마하다

□ **みかく**
미카꾸
【味覚】 미각

□ **みかけ**
미카께
【見掛け】 겉보기, 외관

□ **みかた**
미카따
【味方】 자기편, 아군

□ **みかづき**
미카즈끼
【三日月】 초승달

□ **みがら**
미가라
【身柄】 신병

□ **みかん**
미깡
【蜜柑】 밀감, 귤

□ **みかんせい** 미칸세-	【未完成】	미완성
□ **みき** 미끼	【幹】	나무의 줄기
□ **みぎ** 미기	【右】	오른쪽, 우측
□ **みくびる** 미쿠비루	【見くびる】	깔보다, 업신여기다
□ **みくらべる** 미쿠라베루	【見比べる】	비교해보다
□ **みぐるしい** 미구루시-	【見苦しい】	보기 흉하다
□ **みけいけん** 미케-껭	【未経験】	미경험
□ **みごしらえ** 미고시라에	【身拵え】	몸(옷)차림
□ **みごたえ** 미고따에	【見応え】	볼품, 볼 만한 가치
□ **みごと** 미고또	【見事】	훌륭함, 멋짐
□ **みこみ** 미꼬미	【見込み】	가망, 가능성
□ **みごもる** 미고모루	【身籠る】	임신하다
□ **みこん** 미꽁	【未婚】	미혼
□ **ミサイル** 미사이루		미사일
□ **みさかい** 미사까이	【見境】	분별, 구별
□ **みさき** 미사끼	【岬】	갑, 곶
□ **みさげる** 미사게루	【見下げる】	멸시하다
□ **みじかい** 미지까이	【短い】	짧다

□ **みじたく**　【身支度】　치장, 몸차림
　미지타꾸

□ **みじめ**　【惨め】　비참함
　미지메

□ **みじゅく**　【未熟】　미숙
　미쥬꾸

□ **みしらぬ**　【見知らぬ】　낯선
　미시라누

□ **ミシン**　　재봉틀
　미싱

□ **みじん**　【微塵】　조금, 추호
　미징

□ **みず**　【水】　물
　미즈

□ **ミス**　　미스, 잘못
　미스

□ **みすい**　【未遂】　미수
　미스이

□ **みずいらず**　【水入らず】　남이 끼지 않은 집안끼리
　미즈이라즈

□ **みずうみ**　【湖】　호수
　미즈우미

□ **みずから**　【自ら】　스스로, 몸소
　미즈까라

□ **みずぎ**　【水着】　수영복
　미즈기

□ **みずぎわ**　【水際】　물가
　미즈기와

□ **みずくさい**　【水臭い】　싱겁다
　미즈쿠사이

□ **みずぐるま**　【水車】　물레방아
　미즈구루마

□ **みずさし**　【水差し】　물주전자
　미즈사시

□ **みずしょうばい**　【水商売】　물장사(술집)
　미즈쇼-바이

□ **みずたまり** 미즈타마리	【水溜り】	웅덩이
□ **ミステリー** 미스떼리-		미스터리
□ **みずのあわ** 미즈노아와	【水の泡】	물거품, 수포
□ **みすぼらしい** 미스보라시-		초라하다, 볼품이 없다
□ **みすみす** 미스미스		뻔히 보면서
□ **みずむし** 미즈무시	【水虫】	무좀
□ **みずわり** 미즈와리	【水割り】	물을 타서 묽게 함
□ **みせ** 미세	【店】	가게, 점포
□ **みせかけ** 미세카께	【見せ掛け】	겉보기, 외관
□ **みせしめ** 미세시메	【見せしめ】	본때, 본보기
□ **みせつける** 미세쓰께루	【見せつける】	자랑삼아 보이다
□ **みせもの** 미세모노	【見世物】	구경거리
□ **みせる** 미세루	【見せる】	보이다, 나타내다
□ **みぞ** 미조	【溝】	도랑, 수채
□ **みそ** 미소	【味噌】	된장
□ **みぞう** 미조-	【未曾有】	미증유
□ **みそか** 미소까	【三十日】	그믐날
□ **みそしる** 미소시루	【味噌汁】	된장국

□ **みそら** 미소라	【身空】	신세, 처지
□ **みぞれ** 미조레		진눈깨비
□ **みたす** 미따스	【満たす】	채우다
□ **みだりに** 미다리니	【妄りに】	함부로, 멋대로
□ **みだれる** 미다레루	【乱れる】	어지러워지다
□ **みち** 미찌	【道】	길, 도로
□ **みち** 미찌	【未知】	미지
□ **みちしるべ** 미찌시루베	【道しるべ】	이정표
□ **みちづれ** 미찌즈레	【道連れ】	길동무, 반려자
□ **みちのり** 미찌노리	【道程】	도정, 거리
□ **みちばた** 미찌바따	【道端】	길가
□ **みちびく** 미찌비꾸	【導く】	이끌다, 인도하다
□ **みっか** 믹까	【三日】	초사흘
□ **みつかる** 미쓰까루	【見付かる】	발견되다
□ **ミックス** 믹꾸스		믹스, 혼합
□ **みつげつ** 미쓰게쓰	【蜜月】	밀월, 신혼여행
□ **みつける** 미쓰께루	【見付ける】	찾아내다, 발견하다
□ **みっこう** 믹꼬-	【密航】	밀항

あ
か
さ
た
な
は
み
や
ら
わ

495

□ **みっこく** 【密告】 밀고
　믹코꾸

□ **みっしつ** 【密室】 밀실
　밋시쓰

□ **みっしり** 충실하게
　밋시리

□ **みっせつ** 【密接】 밀접
　밋세쓰

□ **みっともない** 꼴사납다
　밋또모나이

□ **みつまた** 【三つ又】 삼거리
　미쓰마따

□ **みつめる** 【見つめる】 응시하다, 주시하다
　미쓰메루

□ **みつもり** 【見積り】 어림, 견적
　미쓰모리

□ **みつゆ** 【密輸】 밀수
　미쓰유

□ **みてい** 【未定】 미정
　미떼-

□ **みとめる** 【認める】 인정하다
　미또메루

□ **みどり** 【緑】 녹색, 초록빛
　미도리

□ **みどりご** 영아, 젖먹이
　미도리고

□ **みとれる** 넋을 잃고 보다
　미또레루

□ **みな** 【皆】 모두, 전부
　미나

□ **みなおす** 【見直す】 다시 보다, 고쳐보다
　미나오스

□ **みなぎる** 넘치다
　미나기루

□ **みなしご** 【孤児】 고아
　미나시고

496

□ **みなす** 미나스	【見做す】	간주하다, 가정하다
□ **みなと** 미나또	【港】	항구
□ **みなみ** 미나미	【南】	남, 남쪽
□ **みならい** 미나라이	【見習い】	견습, 수습
□ **みなり** 미나리	【身なり】	옷차림
□ **みなれる** 미나레루	【見慣れる】	낯익다
□ **みにくい** 미니꾸이		추하다
□ **みぬく** 미누꾸	【見抜く】	꿰뚫다, 간파하다
□ **みね** 미네	【峰】	산봉우리
□ **みのがす** 미노가스	【見逃す】	못보고 놓치다
□ **みのたけ** 미노타께	【身の丈】	키, 신장
□ **みのほど** 미노호도	【身の程】	분수
□ **みのる** 미노루	【実る】	여물다, 열매 맺다
□ **みはらし** 미하라시	【見晴らし】	전망, 조망
□ **みはり** 미하리	【見張り】	파수꾼, 망을 봄
□ **みぶり** 미부리	【身振り】	몸짓
□ **みぶん** 미붕	【身分】	신분
□ **みぼうじん** 미보-징	【未亡人】	미망인

あ

か

さ

た

な

は

み

や

ら

わ

497

□ **みほん** 미홍	【見木】	견본, 표본, 샘플
□ **みまい** 미마이	【見舞い】	문안, 위문
□ **みまもる** 미마모루	【見守る】	지켜보다
□ **みまわす** 미마와스	【見回す】	둘러보다
□ **みまん** 미망	【未満】	미만
□ **みみ** 미미	【耳】	귀
□ **みみあたらしい** 미미아따라시-	【耳新しい】	귀에 새롭다
□ **みみうち** 미미우찌	【耳打ち】	귀엣말
□ **みみかざり** 미미카자리	【耳飾り】	귀고리
□ **みみず** 미미즈		지렁이
□ **みみなれる** 미미나레루	【耳慣れる】	귀에 익다
□ **みもだえ** 미모다에	【身悶え】	몸부림
□ **みもと** 미모또	【身元】	신원
□ **みもん** 미몽	【未聞】	아직 들어보지 못함
□ **みやげ** 미야게	【土産】	선물
□ **みやこ** 미야꼬	【都】	서울, 수도
□ **みやぶる** 미야부루	【見破る】	간파하다
□ **ミュージック** 뮤-직꾸		뮤직, 음악

□ **みょうじょう**　【明星】 샛별
　묘-죠-

□ **みょうに**　【妙に】 묘하게, 이상하게
　묘-니

□ **みょうみ**　【妙味】 묘미
　묘-미

□ **みより**　【身寄り】 친척
　미요리

□ **みらい**　【未来】 미래
　미라이

□ **みりょく**　【魅力】 매력
　미료꾸

□ **ミルク**　밀크
　미루꾸

□ **みれん**　【未練】 미련
　미렝

□ **みわける**　【見分ける】 분별하다, 가려내다
　미와께루

□ **みわたす**　【見渡す】 멀리 바라보다
　미와따스

□ **みんしゅう**　【民衆】 민중
　민슈-

□ **みんしゅしゅぎ**　【民主主義】 민주주의
　민슈슈기

□ **みんぞく**　【民族】 민족
　민조꾸

□ **みんな**　【皆】 모두
　민나

□ **みんぽう**　【民法】 민법
　밈뽀-

□ **みんよう**　【民謡】 민요
　밍요-

과목 科目

① 数学
스-가꾸

② 国語
코꾸고

③ 理科
리까

④ 図工
즈꼬-

---

① 수학 ② 국어 ③ 과학 ④ 미술

⑤ **音楽**
おんがく
옹가꾸

⑥ **体育**
たいいく
타이이꾸

⑦ **社会**
しゃかい
샤까이

⑤ 음악　⑥ 체육　⑦ 사회

□ **むいちもん**　　【無一文】 무일푼
　무이찌몽

□ **ムード**　　　　무드, 분위기
　무-도

□ **むえき**　　　　【無益】 무익
　무에끼

□ **むがい**　　　　【無害】 무해
　무가이

□ **むかい**　　　　【向い】 맞은편
　무까이

□ **むかえる**　　　【迎える】 맞이하다
　무까에루

□ **むかし**　　　　【昔】 옛날, 예전
　무까시

□ **むかしばなし**　【昔話】 옛날이야기
　무까시바나시

□ **むかつく**　　　느글거리다, 메슥거리다
　무까쓰꾸

□ **むかで**　　　　지네
　무까데

□ **むかむか**　　　메슥메슥
　무까무까

□ **むがむちゅう**　【無我夢中】 열중하여 정신이 없음
　무가무쮸-

□ **むかんしん**　　【無関心】 무관심
　무깐싱

□ **むぎ**　　　　　【麦】 보리
　무기

□ **むきげん**　　　【無期限】 무기한
　무끼겡

□ **むぎめし** 무기메시	【麦飯】	보리밥
□ **むきゅう** 무뀨-	【無休】	무휴
□ **むきりょく** 무끼료꾸	【無気力】	무기력
□ **むく** 무꾸	【剥く】	(껍질 따위를) 벗기다
□ **むくいる** 무꾸이루	【報いる】	보답하다, 갚다
□ **むくげ** 무꾸게	【木槿】	무궁화
□ **むくち** 무쿠찌	【無口】	과묵
□ **むくみ** 무꾸미		부종, 부어오름
□ **むくむく** 무꾸무꾸		뭉게뭉게, 쑥
□ **むくれる** 무꾸레루		토라지다
□ **むける** 무께루	【向ける】	돌리다, 향하다
□ **むこ** 무꼬	【婿】	사위
□ **むごい** 무고이		비참하다, 끔찍하다
□ **むこうがわ** 무꼬-가와	【向う側】	저쪽, 반대쪽
□ **むこうみず** 무꼬-미즈	【向う見ず】	분별이 없음, 무모함
□ **むごん** 무공	【無言】	무언
□ **むざい** 무자이	【無罪】	무죄
□ **むさくるしい** 무사쿠루시-	【むさ苦しい】	누추하다

□ **むさべつ** 무사베쯔	【無差別】	무차별
□ **むさぼる** 무사보루		탐내다, 탐하다
□ **むざむざ** 무자무자		호락호락, 쉽사리
□ **むし** 무시	【虫】	벌레, 버러지
□ **むしあつい** 무시아쯔이	【蒸し暑い】	무덥다
□ **むしくだし** 무시쿠다시	【虫下し】	회충약
□ **むじこ** 무지꼬	【無事故】	무사고
□ **むじな** 무지나		오소리
□ **むしばむ** 무시바무		좀먹다, 침식하다
□ **むじひ** 무지히	【無慈悲】	무자비
□ **むしめがね** 무시메가네	【虫眼鏡】	확대경
□ **むじゃき** 무쟈끼	【無邪気】	천진함, 순진함
□ **むしゃくしゃ** 무샤꾸샤		마음이 개운치 않음
□ **むじゅん** 무즁	【矛盾】	모순
□ **むじょう** 무죠-	【無情】	무정
□ **むしょうに** 무쇼-니	【無性に】	공연히, 까닭없이
□ **むしる** 무시루		잡아뽑다, 쥐어뜯다
□ **むしろ** 무시로		멍석, 거적

504

□ **むしろ** 　　　 차라리, 오히려
　무시로

□ **むじんとう** 　【無人島】 무인도
　무진또-

□ **むずかしい** 　【難しい】 어렵다, 곤란하다
　무즈까시-

□ **むずがゆい** 　 근질근질하다
　무즈가유이

□ **むすこ** 　　　【息子】 아들자식
　무스꼬

□ **むすびめ** 　　【結び目】 매듭
　무스비메

□ **むすぶ** 　　　【結ぶ】 잇다, 매다
　무스부

□ **むずむず** 　　 근질근질
　무즈무즈

□ **むすめ** 　　　【娘】 딸(자식)
　무스메

□ **むせぶ** 　　　 목이 메다
　무세부

□ **むせん** 　　　【無線】 무선
　무셍

□ **むぞうさ** 　　【無造作】 손쉬운 모양
　무조-사

□ **むだ** 　　　　【無駄】 헛됨, 쓸데없음
　무다

□ **むだあし** 　　【無駄足】 헛걸음
　무다아시

□ **むだぐち** 　　【無駄口】 잡담
　무다구찌

□ **むだじに** 　　【無駄死に】 개죽음
　무다지니

□ **むだづかい** 　【無駄使い】 낭비
　무다즈까이

□ **むだぼね** 　　【無駄骨】 헛수고
　무다보네

□ **むち** 【無知】 무지
　무찌

□ **むち** 채찍, 회초리
　무찌

□ **むちゃ** 【無茶】 엉망, 엉뚱함
　무쨔

□ **むちゅう** 【夢中】 몰두함, 꿈 속
　무쮸-

□ **むちん** 【無賃】 무임
　무찡

□ **むっくり** 벌떡
　묵꾸리

□ **むっつり** 말수가 적고 무뚝뚝함
　못쓰리

□ **むて** 【無手】 맨손
　무떼

□ **むてっぽう** 【無鉄砲】 분별이 없음, 무모함
　무텝뽀-

□ **むとんちゃく** 【無頓着】 무관심, 무심함, 대범함
　무톤쨔꾸

□ **むなぐら** 【胸倉】 멱살
　무나구라

□ **むなざんよう** 【胸算用】 속셈, 꿍꿍이속
　무나장요-

□ **むなしい** 【空しい】 헛되다, 덧없다
　무나시-

□ **むにゃむにゃ** 중얼중얼
　무냐무냐

□ **むね** 【胸】 가슴
　무네

□ **むねやけ** 【胸焼け】 가슴앓이
　무네야께

□ **むのう** 【無能】 무능
　무노-

□ **むふんべつ** 【無分別】 무분별
　무훔베쓰

506

□ **むほん**　　　【謀反】 모반, 반역
　무홍

□ **むめい**　　　【無名】 무명
　무메-

□ **むめんきょ**　【無免許】 무면허
　무멩꾜

□ **むやみ**　　　【無闇】 무턱대고, 함부로
　무야미

□ **むよう**　　　【無用】 무용, 쓸데없음
　무요-

□ **むら**　　　　【村】 마을, 촌락
　무라

□ **むらがる**　　【群がる】 떼지어 모이다
　무라가루

□ **むらぎ**　　　변덕
　무라기

□ **むらさき**　　【紫】 자색, 보랏빛
　무라사끼

□ **むり**　　　　【無理】 무리, 억지
　무리

□ **むりやり**　　【無理矢理】 무리하게, 억지로
　무리야리

□ **むりょう**　　【無料】 무료
　무료-

□ **むりょく**　　【無力】 무력
　무료꾸

□ **むれ**　　　　【群れ】 떼, 무리
　무레

□ **むれる**　　　【蒸れる】 (밥 등이) 뜸 들다
　무레루

□ **むろん**　　　【無論】 물론
　무롱

□ **め**
메
【芽】 싹

□ **め**
메
【目】 눈

□ **めあて**
메아떼
【目当て】 목표, 목적

□ **めい**
메-
【姪】 조카딸, 질녀

□ **めいあん**
메-앙
【名案】 명안

□ **めいあん**
메-앙
【明暗】 명암

□ **めいい**
메-이
【名医】 명의

□ **めいが**
메-가
【名画】 명화

□ **めいかく**
메-카꾸
【明確】 명확함

□ **めいきゅう**
메-뀨-
【迷宮】 미궁

□ **めいきょく**
메-쿄꾸
【名曲】 명곡

□ **めいげん**
메-겡
【名言】 명언

□ **めいさいしょ**
메-사이쇼
【明細書】 명세서

□ **めいさく**
메-사꾸
【名作】 명작

□ **めいし**
메-시
【名刺】 명함

□ **めいし** 　　【名士】 명사
　메-시

□ **めいし** 　　【名詞】 명사
　메-시

□ **めいしゃ** 　　【目医者】 안과의사
　메이샤

□ **めいしょ** 　　【名所】 명소
　메-쇼

□ **めいしょう** 　　【名称】 명칭
　메-쇼-

□ **めいしん** 　　【迷信】 미신
　메-싱

□ **めいずる** 　　【命ずる】 명하다, 임명하다
　메-즈루

□ **めいせい** 　　【名声】 명성
　메-세-

□ **めいそう** 　　【瞑想】 명상
　메-소-

□ **めいだい** 　　【命題】 명제
　메-다이

□ **めいちゅう** 　　【命中】 명중
　메-쮸-

□ **めいば** 　　【名馬】 명마
　메-바

□ **めいぶつ** 　　【名物】 명물
　메-부쓰

□ **めいぶん** 　　【名分】 명분
　메-붕

□ **めいめい** 　　【銘々】 각자, 제각기
　메-메-

□ **めいもく** 　　【名目】 명목
　메-모꾸

□ **めいよ** 　　【名誉】 명예
　메-요

□ **めいれい** 　　【命令】 명령
　메-레-

509

□ **めいろう** 메-로-	【明朗】	명랑
□ **めいわく** 메-와꾸	【迷惑】	성가심, 폐
□ **めうえ** 메우에	【目上】	손윗사람
□ **メーカー** 메-카-		메이커
□ **メーキャップ** 메-캅뿌		메이크업
□ **メートル** 메-또루		미터
□ **めかけ** 메까께	【妾】	첩
□ **めがしら** 메가시라	【目頭】	눈시울
□ **めかた** 메카따	【目方】	무게, 중량
□ **めがね** 메가네	【眼鏡】	안경
□ **めがみ** 메가미	【女神】	여신
□ **めぐむ** 메구무	【恵む】	베풀다
□ **めくら** 메꾸라	【盲】	장님, 소경
□ **めくらめっぽう** 메꾸라멥뽀-	【盲滅法】	무턱대고 함
□ **めくる** 메꾸루	【捲る】	넘기다, 젖히다
□ **めさき** 메사끼	【目先】	눈 앞, 목전
□ **めざす** 메자스	【目指す】	지향하다
□ **めざましい** 메자마시-	【目覚ましい】	눈부시다, 놀랍다

510

□ めざわり 메자와리	【目障り】	눈에 거슬림
□ めし 메시	【飯】	밥, 식사
□ めしあがる 메시아가루	【召し上がる】	드시다
□ めした 메시따	【目下】	손아랫사람
□ めじり 메지리	【目尻】	눈초리
□ めじるし 메지루시	【目印】	안표, 표적
□ めす 메스	【雌】	(동물의) 암컷
□ めずらしい 메즈라시-	【珍しい】	드물다, 희한하다
□ めだか 메다까	【目高】	송사리
□ めだつ 메다쓰	【目立つ】	눈에 띄다, 두드러지다
□ めだま 메다마	【目玉】	눈알, 안구
□ メダル 메다루		메달
□ めちゃ 메쨔		터무니없음, 엉망
□ めっかち 멕카찌		애꾸눈
□ めっき 멕끼	【鍍金】	도금
□ めつき 메쓰끼	【目付き】	눈매
□ めっきり 멕끼리		뚜렷이, 현저히
□ メッセージ 멧세-지		메시지

□ メッセンジャー 멧센쟈-		메신저, 전달자
□ めっそう 멧소-	【滅相】	당치 않음, 터무니없음
□ めったに 멧따니	【滅多に】	좀처럼, 좀체
□ めつぼう 메쓰보-	【滅亡】	멸망
□ めっぽう 멥뽀-	【滅法】	굉장히, 엄청
□ めでたい 메데따이	【目出度い】	경사스럽다
□ メニュー 메뉴-		메뉴, 차림표
□ めぬき 메누끼	【目抜き】	제일 눈에 띄는 곳
□ めばえる 메바에루	【芽生える】	싹트다
□ めはし 메하시	【目端】	눈치코치
□ めぶんりょう 메분료-	【目分量】	눈대중
□ めぼし 메보시	【目星】	짐작, 목표
□ めまい 메마이	【目眩】	현기증
□ めまぐるしい 메마구루시-		어지럽다, 아찔하다
□ めめしい 메메시-	【女々しい】	나약하다
□ めもり 메모리	【目盛り】	계량기의 눈금
□ めやに 메야니	【目脂】	눈곱
□ メリケンこ 메리켕꼬	【メリケン粉】	밀가루

512

□ **めりめり** 메리메리	우지끈, 와르르	
□ **メロディー** 메로디-	멜로디	
□ **メロン** 메롱	멜론	
□ **めんえき** 멩에끼	【免疫】 면역	
□ **めんかい** 멩까이	【面会】 면회	
□ **めんきょ** 멩꾜	【免許】 면허	
□ **めんくらう** 멩꾸라우	【面喰らう】 당황하다	
□ **めんじょ** 멘죠	【免除】 면제	
□ **めんじょう** 멘죠-	【免状】 면허장	
□ **めんぜい** 멘제-	【免税】 면세	
□ **めんせき** 멘세끼	【面積】 면적	
□ **めんたい** 멘따이	【明太】 명태	
□ **めんどう** 멘도-	【面倒】 성가심, 보살핌	
□ **めんどり** 멘도리	암탉	
□ **めんぼく** 멤보꾸	【面目】 면목, 체면	
□ **めんみつ** 멤미쓰	【綿密】 면밀	

あ
か
さ
た
な
は
め
や
ら
わ

□ **もうける**
모-께루
벌다, 이익을 보다

□ **もうしあげる**
모-시아게루
【申し上げる】 말씀드리다, 여쭙다

□ **もうしこみ**
모-시꼬미
【申し込み】 신청

□ **もうじゅう**
모-쥬-
【猛獣】 맹수

□ **もうしわけ**
모-시와께
【申し訳】 변명

□ **もうそう**
모-소-
【妄想】 망상

□ **もうふ**
모-후
【毛布】 모포, 담요

□ **もうもく**
모-모꾸
【盲目】 맹목

□ **もうれつ**
모-레쓰
【猛烈】 맹렬

□ **もえる**
모에루
【燃える】 타다, 불길이 일다

□ **モーター**
모-따-
모터

□ **モーテル**
모-테루
모텔

□ **モーニング**
모-닝구
모닝, 아침

□ **もがく**
모가꾸
버둥거리다

□ **もくげき**
모꾸게끼
【目撃】 목격

□ **もくざい** 모꾸자이	【木材】	목재
□ **もくさつ** 모꾸사쓰	【黙殺】	묵살
□ **もくじ** 모꾸지	【目次】	목차
□ **もくぞう** 모꾸조-	【木造】	목조
□ **もくてき** 모꾸테끼	【目的】	목적
□ **もくにん** 모꾸닝	【黙認】	묵인
□ **もくひょう** 모꾸효-	【目標】	목표
□ **もぐもぐ** 모구모구		우물우물
□ **もくようび** 모꾸요-비	【木曜日】	목요일
□ **もぐる** 모구루	【潜る】	잠입하다, 잠수하다
□ **もくれい** 모꾸레-	【目礼】	목례, 눈인사
□ **もくろく** 모꾸로꾸	【目録】	목록
□ **もくろみ** 모꾸로미	【目論見】	계획, 의도
□ **もけい** 모께-	【模型】	모형
□ **もじ** 모지	【文字】	문자, 글자
□ **もし** 모시		만일, 만약, 혹시
□ **もだえる** 모다에루		번민하다
□ **もたれる** 모따레루		기대다

あ
か
さ
た
な
は
も
や
ら
わ

515

☐ もち 모찌	【餅】	떡
☐ もちあげる 모찌아게루	【持ち上げる】	들어올리다
☐ もちいる 모찌이루	【用いる】	쓰다, 사용하다
☐ もちづき 모찌즈끼	【望月】	음력 보름달
☐ もちぬし 모찌누시	【持主】	임자, 소유자
☐ もちば 모찌바	【持ち場】	담당 부서
☐ もちろん 모찌롱		물론
☐ もつ 모쓰	【持つ】	갖다, 들다
☐ もったいない 못따이나이		과분하다, 아깝다
☐ もってこい 못떼꼬이	【持って来い】	안성맞춤
☐ モットー 못또-		모토, 좌우명
☐ もっとも 못또모	【最も】	가장, 지당함
☐ もっぱら 몹빠라		오직, 한결같이
☐ もつれる 모쓰레루		뒤얽히다
☐ もてなす 모떼나스	【持て成す】	대접하다, 환대히다
☐ もてる 모떼루	【持てる】	인기가 있다
☐ モデル 모데루		모델, 본보기
☐ もどかしい 모도까시-		안타깝다, 초조하다

516

□ **もどす** 모도스	【戻す】	되돌리다
□ **もとで** 모또데	【元手】	밑천, 본전
□ **もとめる** 모또메루	【求める】	구하다, 바라다, 찾다
□ **もともと** 모또모또	【元々】	본시, 원래
□ **もどる** 모도루	【戻る】	되돌아가(오)다
□ **もなか** 모나까	【最中】	한창
□ **モニター** 모니따-		모니터
□ **もの** 모노	【物】	물건, 물질, 물체
□ **もの** 모노	【者】	자, 사람
□ **ものおき** 모노-끼	【物置】	헛간
□ **ものがたり** 모노가따리	【物語】	이야기
□ **ものごし** 모노고시	【物腰】	태도, 언행
□ **ものさし** 모노사시	【物差し】	자
□ **ものしり** 모노시리	【物知り】	박식한 사람
□ **ものすごい** 모노스고이	【物凄い】	끔찍하다, 굉장하다
□ **ものたりない** 모노타리나이	【物足りない】	어딘지 모르게 부족하다
□ **ものものしい** 모노모노시-	【物物しい】	으리으리하다
□ **モノローグ** 모노로-구		모놀로그, 독백

517

□ **もはや** 모하야	【最早】	이미, 벌써
□ **もはん** 모항	【模範】	모범
□ **もみじ** 모미지	【紅葉】	단풍
□ **もむ** 모무		비비다
□ **もも** 모모	【桃】	복숭아
□ **もや** 모야		안개, 아지랑이
□ **もやし** 모야시		콩나물
□ **もよう** 모요-	【模様】	무늬, 도안
□ **もより** 모요리	【最寄り】	가장 가까운 곳
□ **もらう** 모라우		받다, 얻다
□ **モラル** 모라루		모럴, 윤리, 도덕
□ **もり** 모리	【森】	숲, 삼림
□ **もる** 모루		(액체 따위가) 새다
□ **もれなく** 모레나꾸		빠짐없이, 빈틈없이
□ **もれる** 모레루		(구멍이니 틈으로) 새다
□ **もろい** 모로이		무르다, 취약하다
□ **もろに** 모로니		직접적으로, 정면으로
□ **もん** 몽	【門】	문, 대문

□ **もんがいかん** 【門外漢】 문외한
몽가이깡

□ **もんく** 【文句】 문구, 불평
몽꾸

□ **もんげん** 【門限】 폐문 시각, 귀가 시각
몽겡

□ **もんさつ** 【門札】 문패
몬사쓰

□ **もんだい** 【問題】 문제
몬다이

□ **モンタジュー** 몽타주
몬따쥬-

□ **もんどう** 【問答】 문답
몬도-

□ **もんもう** 【文盲】 문맹
몸모-

형용사　形容詞

① 背が高い
세가 타까이

② 背が低い
세가 히꾸이

③ 高い
타까이

④ 低い
히꾸이

⑤ 長い
나가이

⑥ 短い
미지까이

① 키가 크다　② 키가 작다　③ 높다　④ 낮다　⑤ 길다　⑥ 짧다

⑦ **大きい**
<ruby>大<rt>おお</rt></ruby>きい
오-끼-

⑧ **小さい**
<ruby>小<rt>ちい</rt></ruby>さい
치-사이

⑨ **重い**
<ruby>重<rt>おも</rt></ruby>い
오모이

⑩ **軽い**
<ruby>軽<rt>がる</rt></ruby>い
카루이

⑪ **若い**
<ruby>若<rt>わか</rt></ruby>い
와까이

⑫ **年取った**
<ruby>年<rt>とし</rt></ruby><ruby>取<rt>と</rt></ruby>った
토시톳따

---

⑦ 크다 ⑧ 작다 ⑨ 무겁다 ⑩ 가볍다 ⑪ 젊다 ⑫ 늙은

□ **や**
や
【矢】 화살

□ **やえい**
야에-
【野営】 야영

□ **やえば**
야에바
【八重歯】 덧니

□ **やおや**
야오야
【八百屋】 채소가게

□ **やがい**
야가이
【野外】 야외

□ **やかいふく**
야까이후꾸
【夜会服】 야회복

□ **やがて**
야가떼
머지않아, 이윽고

□ **やかましい**
야까마시-
시끄럽다, 소란스럽다

□ **やかん**
야깡
【夜間】 야간

□ **やかん**
야깡
【薬缶】 주전자

□ **やぎ**
야기
【山羊】 염소

□ **やきいも**
야끼이모
【焼き芋】 군고구마

□ **やきにく**
야끼니꾸
【焼き肉】 구운 고기

□ **やきもち**
야끼모찌
【焼き餅】 구운 떡, 질투, 시기

□ **やきゅう**
야뀨-
【野球】 야구

□ **やきん**
  야낑
  【夜勤】 야근

□ **やく**
  야꾸
  【約】 약, 대략

□ **やく**
  야꾸
  【焼く】 태우다, 굽다

□ **やくざ**
  야꾸자
  야쿠자, 깡패

□ **やくしゃ**
  야꾸샤
  【役者】 배우, 광대

□ **やくしょ**
  야꾸쇼
  【役所】 관청, 관공서

□ **やくしん**
  야꾸싱
  【躍進】 약진

□ **やくする**
  야꾸스루
  【訳する】 번역하다

□ **やくそく**
  야꾸소꾸
  【約束】 약속

□ **やくだつ**
  야꾸다쓰
  【役立つ】 도움이 되다

□ **やくどう**
  야꾸도-
  【躍動】 약동

□ **やくにん**
  야꾸닝
  【役人】 관리, 공무원

□ **やくひん**
  야꾸힝
  【薬品】 약품

□ **やくめ**
  야꾸메
  【役目】 직무, 역할

□ **やくよう**
  야꾸요-
  【薬用】 약용

□ **やくわり**
  야꾸와리
  【役割】 역할

□ **やけくそ**
  야께쿠소
  자포자기

□ **やけど**
  야께도
  【火傷】 화상, 뎀

□ **やける** 야께루	【焼ける】	타다, 구워지다
□ **やさい** 야사이	【野菜】	야채
□ **やさしい** 야사시-	【優しい】	상냥하다
□ **やさしい** 야사시-	【易しい】	쉽다, 용이하다
□ **やし** 야시		야자(나무)
□ **やじうま** 야지우마		구경꾼
□ **やしき** 야시끼	【屋敷】	저택, 고급주택
□ **やしなう** 야시나우	【養う】	기르다, 양육하다
□ **やじゅう** 야쥬-	【野獣】	야수
□ **やじるし** 야지루시	【矢印】	화살표
□ **やしん** 야싱	【野心】	야심
□ **やすい** 야스이	【安い】	값이 싸다
□ **やすい** 야스이	【易い】	쉽다, 용이하다, 편하다
□ **やすうり** 야스우리	【安売り】	염가판매
□ **やすむ** 야스무	【休む】	쉬다, 결근하다
□ **やすもの** 야스모노	【安物】	싸구려물건
□ **やすやす** 야스야스		손쉽게, 쉽사리
□ **やせい** 야세-	【野生】	야생

□ **やせい** 【野性】 야성
　야세-

□ **やせがまん** 【痩せ我慢】 억지로 태연한 체함
　야세가망

□ **やせっぽち** 【痩っぽち】 말라깽이
　야섭포찌

□ **やせる** 【痩せる】 여위다, 살이 빠지다
　야세루

□ **やたら** 무턱대고, 덮어놓고
　야따라

□ **やちん** 【家賃】 집세
　야찡

□ **やつ** 【奴】 놈, 녀석, 자식
　야쓰

□ **やつあたり** 마구 분풀이하는 것
　야쓰아따리

□ **やっかい** 【厄介】 귀찮음, 성가심
　약까이

□ **やっき** 【躍起】 기를 씀
　약끼

□ **やっきょく** 【薬局】 약국
　약쿄꾸

□ **やっつける** 해치우다
　얏쓰께루

□ **やっと** 가까스로, 겨우
　얏또

□ **やっぱり** 역시, 결국
　얍빠리

□ **やつれる** 여위다, 까칠해지다
　야쓰레루

□ **やど** 【宿】 숙소, 여관
　야도

□ **やといぬし** 【雇主】 고용주
　야또이누시

□ **やとう** 【雇う】 고용하다
　야또우

□ やどちょう 야도쬬-	【宿帳】	여관의 숙박부
□ やどちん 야도찡	【宿賃】	숙박료
□ やどや 야도야	【宿屋】	여인숙, 여관
□ やなぎ 야나기	【柳】	버드나무
□ やにわ 야니와	【矢庭】	다짜고짜
□ やね 야네	【屋根】	지붕
□ やねうら 야네우라	【屋根裏】	다락방
□ やはり 야하리		역시, 결국
□ やぶ 야부		덤불
□ やぶへび 야부헤비		긁어부스럼
□ やぶる 야부루	【破る】	깨다, 부수다
□ やぶれかぶれ 야부레카부레	【破れかぶれ】	자포자기
□ やぶれる 야부레루	【破れる】	찢어지다, 깨지다
□ やぼ 야보	【野暮】	촌스러움
□ やぼう 야보-	【野望】	야망
□ やま 야마	【山】	산, 무더기
□ やまい 야마이	【病】	병, 나쁜 버릇
□ やまおく 야마오꾸	【山奥】	깊은 산 속

□ **やまし** 야마시	【山師】	사기꾼, 투기꾼
□ **やまて** 야마떼	【山手】	산 쪽
□ **やまねこ** 야마네꼬	【山猫】	살쾡이
□ **やまのぼり** 야마노보리	【山登り】	등산
□ **やまびこ** 야마비꼬	【山彦】	산울림, 메아리
□ **やまもり** 야마모리	【山盛り】	수북히 담음
□ **やみ** 야미	【闇】	어둠, 칠흑
□ **やみじ** 야미지	【闇路】	어두운 밤길
□ **やみとりひき** 야미토리히끼	【闇取引】	암거래, 뒷거래
□ **やみや** 야미야	【闇屋】	암거래상
□ **やみよ** 야미요	【闇夜】	깜깜한 밤
□ **やむ** 야무	【病む】	병들다, 앓다
□ **やむをえない** 야무오에나이		부득이하다
□ **やめる** 야메루	【止める】	그만두다, 중지하다
□ **やや** 야야		조금, 약간
□ **ややこしい** 야야코시-		까다롭다, 어렵다
□ **やよい** 야요이	【弥生】	음력 3월
□ **やられる** 야라레루		당하다

あ
か
さ
た
な
は
ま
や
ら
わ

□ **やり** 야리	창	
□ **やりかた** 야리카따	【やり方】 하는 방법	
□ **やりきれない** 야리키레나이	견딜 수 없다	
□ **やりくち** 야리쿠찌	방법, 수법	
□ **やりくり** 야리쿠리	변통, 주변	
□ **やりて** 야리떼	수완가	
□ **やる** 야루	하다, 행하다	
□ **やれやれ** 야레야레	아이고 맙소사	
□ **やろう** 야로-	녀석, 자식	
□ **やわらかい** 야와라까이	【柔らかい】 부드럽다	

528

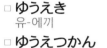
- □ **ゆいいつ** 【唯一】 유일
  유이이쓰

- □ **ゆいごん** 【遺言】 유언
  유이공

- □ **ゆいしょ** 【由緒】 유서, 내력
  유이쇼

- □ **ゆいのう** 【結納】 약혼예물
  유이노-

- □ **ゆうえき** 【有益】 유익
  유-에끼

- □ **ゆうえつかん** 【優越感】 우월감
  유-에쓰깡

- □ **ゆうが** 【優雅】 우아함, 고상하고 아담함
  유-가

- □ **ゆうかい** 【誘拐】 유괴
  유-까이

- □ **ゆうがい** 【有害】 유해, 해로움
  유-가이

- □ **ゆうがた** 【夕方】 저녁때
  유-가따

- □ **ゆうかん** 【夕刊】 석간
  유-깡

- □ **ゆうかん** 【勇敢】 용감함
  유-깡

- □ **ゆうき** 【勇気】 용기
  유-끼

- □ **ゆうぎ** 【遊戯】 유희
  유-기

- □ **ゆうぎり** 【夕霧】 저녁안개
  유-기리

529

ゆうぐれ 유-구레	【夕暮れ】	황혼, 해질 녘
ゆうこう 유-꼬-	【有効】	유효
ゆうざい 유-자이	【有罪】	유죄
ゆうし 유-시	【勇士】	용사
ゆうしゅう 유-슈-	【優秀】	우수
ゆうしょう 유-쇼-	【優勝】	우승
ゆうじょう 유-죠-	【友情】	우정
ゆうしょく 유-쇼꾸	【夕食】	저녁식사
ゆうじん 유-징	【友人】	친구
ゆうぜい 유-제-	【遊説】	유세
ゆうだい 유-다이	【雄大】	웅대함
ゆうだち 유-다찌	【夕立ち】	소나기
ゆうづう 유-즈-	【融通】	융통
ゆうどう 유-도-	【誘導】	유도
ゆうとうせい 유-또-세-	【優等生】	우등생
ゆうのう 유-노-	【有能】	유능
ゆうはん 유-항	【夕飯】	저녁밥
ゆうびん 유-빙	【郵便】	우편

□ **ゆうべ** 유-베	【昨夜】	어젯밤
□ **ゆうべん** 유-벵	【雄弁】	웅변
□ **ゆうぼう** 유-보-	【有望】	유망
□ **ゆうめい** 유-메-	【有名】	유명
□ **ユーモア** 유-모아		유머
□ **ゆうやけ** 유-야께	【夕焼け】	저녁놀
□ **ゆうよう** 유-요-	【有用】	유용
□ **ゆうり** 유-리	【有利】	유리
□ **ゆうりょう** 유-료-	【有料】	유료
□ **ゆうりょく** 유-료꾸	【有力】	유력
□ **ゆうれい** 유-레-	【幽霊】	유령
□ **ゆうわく** 유-와꾸	【誘惑】	유혹
□ **ゆえに** 유에니		그러므로, 까닭에
□ **ゆか** 유까	【床】	마루
□ **ゆかい** 유까이	【愉快】	유쾌함
□ **ゆかた** 유까따		욕의, 또는 잠옷
□ **ゆがむ** 유가무		뒤틀리다, 비뚤어지다
□ **ゆき** 유끼	【雪】	눈

☐ **ゆきあたり** 유끼아따리	【行き当たり】	막다른 곳
☐ **ゆきがっせん** 유끼갓셍	【雪合戦】	눈싸움
☐ **ゆきだるま** 유끼다루마	【雪達磨】	눈사람
☐ **ゆきどけ** 유기도께	【雪解け】	눈 녹음, 해빙
☐ **ゆきとどく** 유끼토도꾸	【行き届く】	골고루 미치다, 자상하다
☐ **ゆく** 유꾸	【行く】	가다
☐ **ゆくえ** 유꾸에	【行方】	행방
☐ **ゆくさき** 유꾸사끼	【行く先】	행선지
☐ **ゆくすえ** 유꾸스에	【行く末】	장래, 앞길
☐ **ゆくて** 유쿠떼	【行く手】	앞길, 전도
☐ **ゆげ** 유게	【湯気】	김, 수증기
☐ **ゆしゅつ** 유슈쓰	【輸出】	수출
☐ **ゆすぶる** 유스부루	【揺すぶる】	뒤흔들다
☐ **ゆずる** 유즈루	【譲る】	양도하다, 양보하다
☐ **ゆそう** 유소-	【輸送】	수송
☐ **ゆたか** 유타까	【豊か】	풍부함, 풍족함
☐ **ゆだねる** 유다네루	【委ねる】	완전히 맡기다
☐ **ゆだん** 유당	【油断】	방심, 부주의

□ **ゆっくり** 천천히, 서서히
　ゆっくり

□ **ゆったり** 느긋하게, 헐겁게
　윳따리

□ **ゆでる** 삶다, 데치다
　유데루

□ **ゆでん** 〔油田〕유전
　유뎅

□ **ゆとり** 여유
　유또리

□ **ユニーク** 유니크, 독특함
　유니-꾸

□ **ユニホーム** 유니폼, 제복
　유니호-무

□ **ゆにゅう** 〔輸入〕수입
　유뉴-

□ **ゆのみ** 〔湯飲み〕찻잔, 찻종
　유노미

□ **ゆび** 〔指〕손(발)가락
　유비

□ **ゆびおり** 〔指折り〕손꼽아 헤아림
　유비오리

□ **ゆびさき** 〔指先〕손끝
　유비사끼

□ **ゆびわ** 〔指輪〕반지
　유비와

□ **ゆぶね** 〔湯船〕욕조, 목욕통
　유부네

□ **ゆみ** 〔弓〕활
　유미

□ **ゆめ** 〔夢〕꿈
　유메

□ **ゆめうつつ** 〔夢現〕비몽사몽
　유메우쓰쓰

□ **ゆめごこち** 〔夢心地〕꿈을 꾸는 것 같은 기분
　유메고꼬찌

□ **ゆめじ** 유메지	【夢路】	꿈길
□ **ゆめみる** 유메미루	【夢見る】	꿈꾸다
□ **ゆり** 유리	【百合】	백합, 나리
□ **ゆるい** 유루이	【緩い】	느슨하다, 헐겁다
□ **ゆるす** 유루스	【許す】	용서하다, 허가하다
□ **ゆるむ** 유루무	【緩む】	느슨해지다, 풀어지다
□ **ゆるやか** 유루야까	【緩やか】	원만함
□ **ゆれる** 유레루	【揺れる】	흔들리다

□ **よあけ**　　　【夜明け】 새벽, 미명
　요아께

□ **よい**　　　　【良い】 좋다, 뛰어나다
　요이

□ **よう**　　　　【酔う】 술에 취하다
　요-

□ **ようい**　　　【容易】 용이함, 손쉬움
　요-이

□ **ようい**　　　【用意】 준비, 채비
　요-이

□ **よういん**　　【要因】 요인
　요-잉

□ **ようか**　　　【八日】 초여드렛날
　요-까

□ **ようがん**　　【溶岩】 용암
　요-강

□ **ようき**　　　【陽気】 밝고 쾌활함
　요-끼

□ **ようきゅう**　【要求】 요구
　요-뀨-

□ **ようぐ**　　　【用具】 용구, 도구
　요-구

□ **ようけん**　　【用件】 용건
　요-껭

□ **ようご**　　　【用語】 용어
　요-고

□ **ようさい**　　【洋裁】 양재
　요-사이

□ **ようし**　　　【養子】 양자
　요-시

□ **ようし**　　　　【用紙】　용지
　요-시

□ **ようじ**　　　　【用事】　볼일, 용건
　요-지

□ **ようじ**　　　　【楊枝】　이쑤시개
　요-지

□ **ようじ**　　　　【幼児】　유아, 어린이
　요-지

□ **ようじん**　　　【用心】　조심, 주의
　요-징

□ **ようす**　　　　【様子】　모양, 상태, 상황
　요-스

□ **ようするに**　　【要するに】　요컨대
　요-스루니

□ **ようせい**　　　【養成】　양성
　요-세-

□ **ようせい**　　　【陽性】　양성
　요-세-

□ **ようせい**　　　【妖精】　요정, 님프
　요-세-

□ **ようせき**　　　【容積】　용적, 용량
　요-세끼

□ **ようそ**　　　　【要素】　요소
　요-소

□ **ようそう**　　　【洋装】　양장
　요-소-

□ **ようだい**　　　【容体】　모습, 모양
　요-다이

□ **ようちえん**　　【幼稚園】　유치원
　요-치엥

□ **ようてん**　　　【要点】　요점
　요-뗑

□ **ようと**　　　　【用途】　용도
　요-또

□ **ようび**　　　　【曜日】　요일
　요-비

536

□ **ようひん** 요-힝	【用品】	용품
□ **ようふく** 요-후꾸	【洋服】	양복, 옷
□ **ようべん** 요-벵	【用便】	용변
□ **ようぼう** 요-보-	【要望】	요망
□ **ようぼう** 요-보-	【容貌】	용모
□ **ようほう** 요-호-	【用法】	용법
□ **ようま** 요-마	【洋間】	양실
□ **ようむ** 요-무	【用務】	용무
□ **ようやく** 요-야꾸		간신히, 겨우
□ **ようらん** 요-랑	【揺籃】	요람
□ **ようりょう** 요-료-	【要領】	요령
□ **ヨーグルト** 요-구루또		요구르트
□ **ヨーロッパ** 요-롭빠		유럽
□ **よか** 요까	【余暇】	여가, 짬
□ **よかれあしかれ** 요카레아시까레		좋든 싫든
□ **よかん** 요깡	【予感】	예감
□ **よきん** 요낑	【預金】	예금
□ **よくしつ** 요꾸시쓰	【浴室】	욕실

□ **よくじつ** 【翌日】 다음날, 이튿날
요꾸지쓰

□ **よくねん** 【翌年】 다음해
요꾸넹

□ **よくばり** 【欲張り】 욕심쟁이
요꾸바리

□ **よくぼう** 【欲望】 욕망
요꾸보-

□ **よくや** 【沃野】 옥야, 기름진 평야
요꾸야

□ **よけい** 【余計】 여분, 더한층, 부질없음
요께-

□ **よげん** 【予言】 예언
요겡

□ **よこ** 【横】 가로, 곁, 옆
요꼬

□ **よこがお** 【横顔】 옆얼굴
요꼬가오

□ **よこがき** 【横書き】 가로쓰기
요꼬가끼

□ **よこぎる** 【横切る】 가로지르다
요꼬기루

□ **よこく** 【予告】 예고
요코꾸

□ **よこす** 보내오다, 넘겨주다
요꼬스

□ **よこづな** 【横綱】 씨름에서의 천하장사
요꼬즈나

□ **よこて** 【横手】 옆쪽, 측면
요코떼

□ **よごと** 【夜毎】 밤마다, 매일 밤
요고또

□ **よこどり** 【横取り】 가로챔, 횡령
요꼬도리

□ **よこめ** 【横目】 곁눈질
요꼬메

538

□ **よごれる** 요고레루	【汚れる】	더러워지다
□ **よさん** 요상	【予算】	예산
□ **よじのぼる** 요지노보루	【よじ登る】	기어오르다
□ **よしゅう** 요슈-	【予習】	예습
□ **よじる** 요지루	【捩る】	비틀다, 꼬다
□ **よしん** 요싱	【予審】	예심
□ **よしんば** 요심바		비록, 설령
□ **よす** 요스	【止す】	그만 두다, 중지하다
□ **よせん** 요셍	【予選】	예선
□ **よそ** 요소	【余所】	딴 곳, 남의 집
□ **よそう** 요소-	【予想】	예상
□ **よそおう** 요소오-	【装う】	치장하다, 꾸미다
□ **よそごと** 요소고또	【余所事】	남의 일
□ **よそよそしい** 요소요소시-		쌀쌀하다, 서먹서먹하다
□ **よぞら** 요조라	【夜空】	밤하늘
□ **よたもの** 요따모노	【与太者】	불량배
□ **よだれ** 요다레	【涎】	침, 군침
□ **よちよち** 요찌요찌		아장아장

あ

か

さ

た

な

は

ま

よ

ら

わ

539

□ **よっか** 요까	【四日】	초나흘날
□ **よつかど** 요쓰가도	【四つ角】	네거리
□ **よっぱらい** 욥빠라이	【酔っ払い】	술주정꾼
□ **よてい** 요떼-	【予定】	예정
□ **よなか** 요나까	【夜中】	한밤중
□ **よのなか** 요노나까	【世の中】	세상
□ **よはく** 요하꾸	【余白】	여백
□ **よび** 요비	【予備】	예비
□ **よびこ** 요비꼬	【呼び子】	호루라기
□ **よびりん** 요비링	【呼び鈴】	초인종
□ **よぶ** 요부	【呼ぶ】	부르다, 소리내어 부르다
□ **よふけ** 요후께	【夜更け】	야심, 밤늦도록
□ **よぼう** 요보-	【予防】	예방
□ **よほう** 요호-	【予報】	예보
□ **よほど** 요호도	【余程】	어지간히, 꽤
□ **よみがえる** 요미가에루		되살아나다, 소생하다
□ **よみもの** 요미모노	【読物】	읽을거리
□ **よむ** 요무	【読む】	읽다

□ **よめ** 요메	【嫁】	며느리
□ **よめいり** 요메이리	【嫁入り】	시집감, 출가
□ **よもすがら** 요모스가라	【終夜】	밤새도록
□ **よやく** 요야꾸	【予約】	예약
□ **よる** 요루	【夜】	밤
□ **よれよれ** 요레요레		너덜너덜
□ **よろこぶ** 요로꼬부	【喜ぶ】	기뻐하다
□ **よろしい** 요로시-		괜찮다, 좋다
□ **よろめく** 요로메꾸		비틀거리다
□ **よわい** 요와이	【弱い】	약하다
□ **よわたり** 요와따리	【世渡り】	처세
□ **よわね** 요와네	【弱音】	약한 말
□ **よわみ** 요와미	【弱み】	약점, 취약점
□ **よわむし** 요와무시	【弱虫】	겁쟁이, 나약한 자

あ
か
さ
た
な
は
ま
よ
ら
わ

생선가게와 정육점 魚屋と肉屋

① たこ
타꼬

② いか
이까

③ さけ
사께

④ たちうお
타찌우오

⑤ さば
사바

① 문어 ② 오징어 ③ 연어 ④ 갈치 ⑤ 고등어

⑥ （はかり）
하까리

⑦ 肉屋
にく や
니꾸야

⑧ ロブスター
로부스따-

⑨ 卵
たまご
타마고

⑩ かに
카니

⑪ 肉
にく
니꾸

⑫ 鶏肉
とりにく
토리니꾸

⑬ 豚肉
ぶた にく
부따니꾸

⑥ 저울 ⑦ 정육점 주인 ⑧ 바닷가재 ⑨ 달걀 ⑩ 게
⑪ 고기 ⑫ 닭고기 ⑬ 돼지고기

- **ラーメン** 라면
  라-멩
- **ライオン** 라이온, 사자
  라이옹
- **らいげつ** 【来月】 내달, 다음달
  라이게쓰
- **らいさん** 【礼讃】 예찬
  라이상
- **らいしゅう** 【来週】 내주, 다음주
  라이슈-
- **らいしんし** 【頼信紙】 전보용지
  라이신시
- **らいせ** 【来世】 내세, 후세
  라이세
- **ライター** 라이터
  라이따-
- **ライト** 라이트, 광선
  라이또
- **らいねん** 【来年】 내년
  라이넹
- **らいひん** 【来賓】 내빈
  라이힝
- **らいほう** 【来訪】 내방
  라이호-
- **ライラック** 라일락
  라이락꾸
- **ライン** 라인, 선
  라잉
- **らくいん** 【烙印】 낙인
  라꾸잉

- らくえん
  라꾸엥
  【楽園】 낙원

- らくがき
  라꾸가끼
  【落書き】 낙서

- らくご
  라꾸고
  【落伍】 낙오

- らくさつ
  라꾸사쓰
  【落札】 낙찰

- らくせん
  라꾸셍
  【落選】 낙선

- らくだ
  라꾸다
  낙타

- らくだい
  라꾸다이
  【落第】 낙제

- らくたん
  라꾸땅
  【落胆】 낙담

- らくてんか
  라꾸뗑까
  【楽天家】 낙천가

- ラグビー
  라구비-
  럭비

- らくらく
  라꾸라꾸
  【楽々】 편안히, 손쉽게

- ラケット
  라켓또
  라켓

- ラジオ
  라지오
  라디오

- らしんばん
  라심방
  【羅針盤】 나침반

- ラスト
  라스또
  라스트, 최후, 끝

- らたい
  라따이
  【裸体】 나체, 알몸

- らち
  라찌
  【拉致】 납치

- らっかさん
  락까상
  【落下傘】 낙하산

あ

か

さ

た

な

は

ま

や

ら

わ

□ らっかせい 락끼세-	【落花生】	땅콩
□ らっかん 락깡	【楽観】	낙관
□ ラッシュアワー 랏슈아와-		러시아워
□ らっぱ 랍빠		나팔
□ ラブ 라부		러브, 연애
□ ラベル 라베루		라벨
□ らんかん 랑깡	【欄干】	난간
□ らんざつ 란자쓰	【乱雑】	난잡
□ らんせい 란세-	【乱世】	어지러운 세상
□ らんそう 란소-	【卵巣】	난소
□ らんだ 란다	【乱打】	난타
□ ランチ 란찌		런치, 간단한 양식
□ ランドセル 란도세루		아동용가방
□ ランニング 란닝구		러닝, 경주, 러닝셔츠
□ ランプ 람뿌		램프
□ らんぼう 람보-	【乱暴】	난폭, 언동이 거친 모양

□ **りえき**
리에끼
【利益】 이익

□ **りがい**
리가이
【利害】 이해

□ **りかい**
리까이
【理解】 이해

□ **りきさく**
리끼사꾸
【力作】 역작

□ **りきせつ**
리끼세쓰
【力説】 역설

□ **りきそう**
리끼소-
【力走】 역주

□ **りきてん**
리끼뗑
【力点】 역점

□ **りきむ**
리끼무
【力む】 힘주다

□ **りきりょう**
리끼료-
【力量】 역량

□ **りく**
리꾸
【陸】 뭍, 육지

□ **リクエスト**
리쿠에스또
시청자나 청취자의 요청

□ **りくぐん**
리꾸궁
【陸軍】 육군

□ **りくじょう**
리꾸죠-
【陸上】 육상

□ **りくち**
리꾸찌
【陸地】 육지

□ **りくつ**
리꾸쓰
【理屈】 이치, 핑계, 구실

□ **りこう** 리꼬-	【利口】	영리함, 똑똑함
□ **りじ** 리지	【理事】	이사, 중역
□ **りじゅん** 리즁	【利潤】	이윤
□ **りす** 리스		다람쥐
□ **リスト** 리스또		리스트, 목록
□ **りせい** 리세-	【理性】	이성
□ **りそう** 리소-	【理想】	이상
□ **りそく** 리소꾸	【利息】	이자
□ **りちぎ** 리찌기	【律気】	의리를 중의 여기는 모양
□ **りつあん** 리쓰앙	【立案】	입안
□ **りっしょう** 릿쇼-	【立証】	입증
□ **りつどう** 리쓰도-	【律動】	율동, 리듬
□ **リットル** 릿토루		리터, 용적의 단위
□ **りっぱ** 립빠	【立派】	훌륭함
□ **りっぷく** 립뿌꾸	【立腹】	화를 냄
□ **りてん** 리뗑	【利点】	이점
□ **りねん** 리넹	【理念】	이념
□ **りはつ** 리하쓰	【利発】	영리함, 현명함

□ **りはつてん** 리하쓰뗑	【理髪店】	이발관	あ
□ **りふじん** 리후징	【理不尽】	억지, 불합리	
□ **りめん** 리멩	【裏面】	이면	か
□ **りゃくじ** 랴꾸지	【略字】	약자	さ
□ **りゃくしき** 랴꾸시끼	【略式】	약식	
□ **りゃくず** 랴꾸즈	【略図】	약도	た
□ **りゃくだつ** 랴꾸다쓰	【略奪】	약탈	な
□ **りゃくれき** 랴꾸레끼	【略歴】	약력	
□ **りゆう** 리유-	【理由】	이유	は
□ **りゅうがく** 류-가꾸	【留学】	유학	ま
□ **りゅうこう** 류-꼬-	【流行】	유행	
□ **りゅうざん** 류-장	【流産】	유산	や
□ **りゅうちょう** 류-쪼-	【流暢】	유창함	
□ **りゅうつう** 류-쓰-	【流通】	유통	り
□ **りよう** 리요-	【利用】	이용	
□ **りょういき** 료-이끼	【領域】	영역	わ
□ **りょうがえ** 료-가에	【両替】	환전	
□ **りょうがわ** 료-가와	【両側】	양쪽	

□ りょうきん　　　　【料金】　요금
　　료-낑

□ りょうこう　　　　【良好】　양호
　　료-꼬-

□ りょうさい　　　　【良妻】　양처
　　료-사이

□ りょうし　　　　　【猟師】　사냥꾼
　　료-시

□ りょうし　　　　　【漁師】　고기잡이, 어부
　　료-시

□ りょうしゅうしょう　【領収証】　영수증
　　료-슈-쇼-

□ りょうしん　　　　【良心】　양심
　　료-싱

□ りょうて　　　　　【両手】　두 손
　　료-떼

□ りょうど　　　　　【領土】　영토
　　료-도

□ りょうほう　　　　【両方】　양쪽, 쌍방
　　료-호-

□ りょうほう　　　　【療法】　요법
　　료-호-

□ りょうり　　　　　【料理】　요리
　　료-리

□ りょけん　　　　　【旅券】　여권
　　료껭

□ りょこう　　　　　【旅行】　여행
　　료꼬-

□ リラックス　　　　릴랙스, 긴장을 풂
　　리락쿠스

□ りりく　　　　　　【離陸】　이륙
　　리리꾸

□ りりしい　　　　　늠름하다
　　리리시-

□ りれきしょ　　　　【履歴書】　이력서
　　리레끼쇼

550

□ **りろん** 【理論】 이론
　리롱

□ **りんかく** 【輪郭】 윤곽
　링까꾸

□ **りんご** 사과
　링고

□ **りんじ** 【臨時】 임시
　린지

□ **りんじゅう** 【臨終】 임종
　린쥬-

□ **りんや** 【林野】 임야
　링야

□ **りんり** 【倫理】 윤리
　린리

□ **るいけい**
　루이께-
【累計】 누계

□ **るいけい**
　루이께-
【類型】 유형

□ **るいじ**
　루이지
【類似】 유사, 닮음

□ **るいじんえん**
　루이징엥
【類人猿】 유인원

□ **るいすい**
　루이스이
【類推】 유추

□ **るいせき**
　루이세끼
【累積】 누적

□ **ルーキー**
　루-끼-
루키, 신인(선수)

□ **ルージュ**
　루-쥬
루주, 입술연지

□ **ルーズ**
　루-즈
루즈, 동작이 느슨한 모양

□ **ルート**
　루-또
루트, 통로

□ **ルーペ**
　루-뻬
루페, 돋보기, 확대경

□ **ルーム**
　루-무
룸, 방

□ **ルームクーラー**
　루-무쿠-라-
가정용 에어컨

□ **ルール**
　루-루
룰, 규칙

□ **ルーレット**
　루-렛또
룰렛

□ **るす** 루스	【留守】 부재중	
□ **るすばん** 루스방	【留守番】 빈집을 지킴	
□ **るつぼ** 루쓰보	도가니	
□ **るてん** 루뗑	【流転】 끊임없이 변천함, 윤회	
□ **ルビー** 루비-	루비, 홍옥	
□ **ルポ** 루뽀	르포	
□ **ルンペン** 룸뼁	룸펜, 실업자	

あ

か

さ

た

な

は

ま

や

る

わ

- **れいか**　　　　【零下】　영하
  레-까
- **れいがい**　　　【例外】　예외
  레-가이
- **れいかん**　　　【霊感】　영감
  레-깡
- **れいぎ**　　　　【礼儀】　예의
  레-기
- **れいきゃく**　　【冷却】　냉각
  레-캬꾸
- **れいけつ**　　　【冷血】　냉혈
  레-케쓰
- **れいしょう**　　【冷笑】　냉소
  레-쇼-
- **れいじょう**　　【令嬢】　영애
  레-죠-
- **れいすい**　　　【冷水】　냉수
  레-스이
- **れいせい**　　　【冷静】　냉정함
  레-세-
- **れいぞうこ**　　【冷蔵庫】　냉장고
  레-조-꼬
- **れいたん**　　　【冷淡】　냉담
  레-땅
- **れいとう**　　　【冷凍】　냉동
  레-또-
- **れいねん**　　　【例年】　예년
  레-넹
- **れいぼう**　　　【冷房】　냉방
  레-보-

□ **レース** 레-스	레이스, 경주	
□ **レール** 레-루	레일, 궤도	
□ **れきし** 레끼시	【歴史】 역사	
□ **れきだい** 레끼다이	【歴代】 역대	
□ **れきにん** 레끼닝	【歴任】 역임	
□ **レジャー** 레쟈-	레저, 여가	
□ **レストラン** 레스또랑	레스토랑	
□ **レスビアン** 레스비안	여자 동성애자	
□ **レスリング** 레스링구	레슬링	
□ **レター** 레따-	레터, 편지	
□ **れっしゃ** 렛샤	【列車】 열차	
□ **レッスン** 렛승	레슨, 개인교수	
□ **れっとう** 렛또-	【列島】 열도	
□ **れっとう** 렛또-	【劣等】 열등	
□ **レディー** 레디-	레이디, 숙녀	
□ **レパートリー** 레파-또리-	레퍼토리, 연주곡목	
□ **レベル** 레베루	레벨, 수준	
□ **レポート** 레포-또	리포트, 보고서	

あ
か
さ
た
な
は
ま
や
れ
わ

□ レモン 레몽		레몬
□ れんあい 렝아이	【恋愛】	연애
□ れんが 렝가	【煉瓦】	기와, 벽돌
□ れんきゅう 렝뀨-	【連休】	연휴
□ れんぎょう 렝교-		개나리
□ れんごう 렝고-	【連合】	연합
□ れんこん 렝꽁	【蓮根】	연근, 연뿌리
□ れんさい 렌사이	【連載】	연재
□ れんじつ 렌지쓰	【連日】	연일, 매일
□ れんしゅう 렌슈-	【練習】	연습
□ レンズ 렌즈		렌즈
□ れんぞく 렌조꾸	【連続】	연속
□ レンタカー 렌따카-		렌터카, 전세자동차
□ れんちゅう 렌쮸-	【連中】	한 패, 일당
□ レントゲン 렌또겡		뢴트겐, X선
□ れんらく 렌라꾸	【連絡】	연락

- **ろうか**
  로-까
  【廊下】 복도

- **ろうか**
  로-까
  【老化】 노화

- **ろうきゅう**
  로-뀨-
  【老朽】 노후

- **ろうじん**
  로-징
  【老人】 노인

- **ろうそく**
  로-소꾸
  초, 양초

- **ろうどう**
  로-도-
  【労働】 노동

- **ろうどく**
  로-도꾸
  【朗読】 낭독

- **ろうにん**
  로-닝
  【浪人】 실직자

- **ろうば**
  로-바
  【老婆】 노파

- **ろうばい**
  로-바이
  당황, 낭패

- **ろうひ**
  로-히
  【浪費】 낭비

- **ろうまん**
  로-망
  【浪漫】 낭만

- **ろうれん**
  로-렝
  【老練】 노련함

- **ロータリー**
  로-타리-
  로터리

- **ロープ**
  로-뿌
  로프, 줄

557

□ **ろかた** 로카따	【路肩】	갓길
□ **ろくおん** 로꾸옹	【録音】	녹음
□ **ろくが** 로꾸가	【録画】	녹화
□ **ろくでなし** 로꾸데나시		쓸모없는 인간
□ **ろくに** 로꾸니		제대로, 변변히
□ **ろくまく** 로꾸마꾸	【肋膜】	늑막, 갈비뼈
□ **ロケーション** 로케-숑		로케이션, 야외촬영
□ **ろこつ** 로코쓰	【露骨】	노골적
□ **ろじ** 로지	【路地】	골목길
□ **ろしゅつ** 로슈쓰	【露出】	노출
□ **ろじょう** 로죠-	【路上】	노상
□ **ろせん** 로셍	【路線】	노선
□ **ロッカー** 록까-		라커
□ **ろてん** 로뗑	【露天】	노천
□ **ろば** 로바		당나귀
□ **ロビー** 로비-		호텔 등의 휴게실
□ **ロボット** 로봇또		로봇, 인조인간
□ **ロマンス** 로만스		로맨스, 낭만

□ **ろめん**　　　【路面】 노면
　로멩

□ **ろんじゅつ**　　【論述】 논술
　론쥬쓰

□ **ろんじる**　　　【論じる】 논하다
　론지루

□ **ろんご**　　　　【論語】 논어
　롱고

□ **ろんそう**　　　【論争】 논쟁
　론소-

□ **ろんぶん**　　　【論文】 논문
　롬붕

□ **ろんり**　　　　【論理】 논리
　론리

욕실 浴室

① 鏡
カがみ
카가미

② くし
쿠시

③ かみそり
카미소리

④ 水
みず
미즈

⑤ 歯ブラシ
は
하부라시

⑥ 洗面器
せん めん き
셈멩끼

⑦ 歯磨き
は みが
하미가끼

---

① 거울 ② 빗 ③ 면도기 ④ 물 ⑤ 칫솔 ⑥ 세면대 ⑦ 치약

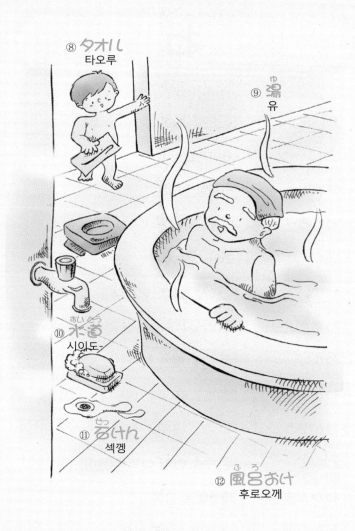

⑧ **タオル**
타오루

⑨ **湯**
유

⑩ **水道**
시이도-

⑪ **石けん**
섹껭

⑫ **風呂おけ**
후로오께

⑧ 수건   ⑨ 온수   ⑩ 수도   ⑪ 비누   ⑫ 욕조

□ **わいきょく**
　わい쿄꾸
【歪曲】 왜곡

□ **ワイシャツ**
　와이샤쓰
와이셔츠

□ **ワイフ**
　와이후
집사람, 아내

□ **わいろ**
　와이로
뇌물

□ **ワイン**
　와잉
와인, 포도주

□ **わかい**
　와까이
【若い】 젊다, 어리다

□ **わかがえり**
　와까가에리
【若返り】 되젊어짐, 회춘

□ **わかげ**
　와까게
【若気】 젊은 혈기

□ **わかす**
　와까스
【沸す】 끓이다, 데우다

□ **わかぞう**
　와까조-
【若造】 애송이, 풋내기

□ **わかて**
　와카떼
【若手】 한창 때의 젊은이

□ **わがまま**
　와가마마
제멋대로 굴다

□ **わかむき**
　와까무끼
【若向き】 젊은이용

□ **わかめ**
　와까메
【若芽】 새싹

□ **わかめ**
　와까메
【若布】 미역

□ **わかもの** 와까모노	【若者】	젊은이, 청년
□ **わがや** 와가야	【我が家】	우리집
□ **わからずや** 와까라즈야	【分らず屋】	벽창호
□ **わかる** 와까루	【分かる】	알다, 헤아리다
□ **わかれみち** 와까레미찌	【別れ道】	이별하는 길
□ **わかれめ** 와까레메	【別れ目】	갈림길, 경계선
□ **わかれる** 와까레루	【別れる】	헤어지다, 이별하다
□ **わかわかしい** 와까와까시-	【若々しい】	젊디젊다
□ **わきのした** 와끼노시따	【脇の下】	겨드랑이
□ **わきまえる** 와끼마에루	【弁える】	판별하다
□ **わきみち** 와끼미찌	【脇道】	옆길
□ **わきめ** 와끼메	【脇目】	곁눈질
□ **わく** 와꾸	【枠】	테, 테두리
□ **わく** 와꾸	【沸く】	솟다, 끓다
□ **わく** 와꾸	【湧く】	샘솟다
□ **ワクチン** 와꾸찡		백신
□ **わくわく** 와꾸와꾸		가슴이 두근거림
□ **わけ** 와께	【訳】	뜻, 까닭, 이유

あ
か
さ
た
な
は
ま
や
ら
わ

563

□ **わけない** 와께나이	【訳無い】	간단하다, 수월하다
□ **わけまえ** 와께마에	【分け前】	자기가 받을 배당, 몫
□ **わけめ** 와께메	【分け目】	갈라지는 경계
□ **わける** 와께루	【分ける】	나누다
□ **わこうど** 와꼬-도	【若人】	젊은이, 청년
□ **わざと** 와자또		일부러, 고의로
□ **わさび** 와사비		고추냉이, 후추
□ **わざわい** 와자와이	【災い】	재난, 재앙
□ **わざわざ** 와자와자		일부러, 특별히
□ **わし** 와시		독수리
□ **わじゅつ** 와쥬쓰	【話術】	화술, 이야기솜씨
□ **わずか** 와즈까	【僅か】	조금, 약간
□ **わずらう** 와즈라우	【煩う】	번민하다
□ **わずらわしい** 와즈라와시-	【煩わしい】	번거롭다, 성가시다
□ **わすれっぽい** 와스렙뽀이	【忘れっぽい】	툭하면 잊다
□ **わすれなぐさ** 와스레나구사	【勿忘草】	물망초
□ **わすれもの** 와스레모노	【忘れ物】	잊은 물건
□ **わすれる** 와스레루	【忘れる】	잊다, 잊어버리다

564

□ **わた** 와따	【棉】	솜, 목화
□ **わだい** 와다이	【話題】	화제
□ **わたくし** 와따꾸시	【私】	저, 나
□ **わたしば** 와따시바	【渡し場】	나루터
□ **わたしぶね** 와따시부네	【渡し舟】	나룻배
□ **わたす** 와따스	【渡す】	건네주다, 넘겨주다
□ **わだち** 와다찌		바퀴자국
□ **わたりどり** 와따리도리	【渡り鳥】	철새
□ **わたりもの** 와따리모노	【渡り者】	떠돌이
□ **わたる** 와따루	【渡る】	건너다, 지나다
□ **わな** 와나		올가미
□ **わなわな** 와나와나		와들와들, 오들오들
□ **わに** 와니		악어
□ **わびしい** 와비시-		쓸쓸하다
□ **わびる** 와비루		사과하다
□ **わめく** 와메꾸		울부짖다
□ **わら** 와라		짚, 지푸라기
□ **わらいばなし** 와라이바나시	【笑い話】	우스갯소리

あ
か
さ
た
な
は
ま
や
ら
わ

□ **わらう** 외라우	【笑う】	웃다	
□ **わらじ** 와라지		짚신	
□ **わらび** 와라비		고사리	
□ **わらべ** 와라베	【童】	동자, 어린이	
□ **わらや** 와라야		초가집	
□ **わりあい** 와리아이	【割合】	비율, 비교적	
□ **わりあて** 와리아떼	【割り当て】	할당, 배당	
□ **わりかん** 와리깡	【割り勘】	각자부담, 추렴	
□ **わりざん** 와리장	【割り算】	나눗셈	
□ **わりに** 와리니	【割に】	비교적	
□ **わりばし** 와리바시	【割り箸】	소독저	
□ **わりびき** 와리비끼	【割引き】	할인	
□ **わる** 와루	【割る】	나누다, 깨다, 부수다	
□ **わるい** 와루이	【悪い】	나쁘다, 좋지 않다	
□ **わるがしこい** 와루가시꼬이	【悪賢い】	교활하다	
□ **わるぐち** 와루구찌	【悪口】	욕설, 욕지거리	
□ **わるだくみ** 와루다꾸미	【悪巧み】	흉계	
□ **ワルツ** 와루쓰		왈츠, 무도곡	

□ **われさき** 와레사끼	【我先】	앞 다투어
□ **われながら** 와레나가라	【我ながら】	내가 생각하기에도
□ **われにもなく** 와레니모나꾸	【我にもなく】	본의 아니게
□ **われる** 와레루	【割れる】	갈리다, 깨지다
□ **われわれ** 와레와레	【我々】	우리들
□ **わんしょう** 완쇼-	【腕章】	완장
□ **わんぱく** 왐빠꾸	【腕白】	개구쟁이
□ **ワンピース** 왐피-스		원피스
□ **わんりょく** 완료꾸	【腕力】	완력

あ
か
さ
た
な
は
ま
や
ら
わ

신체 身体

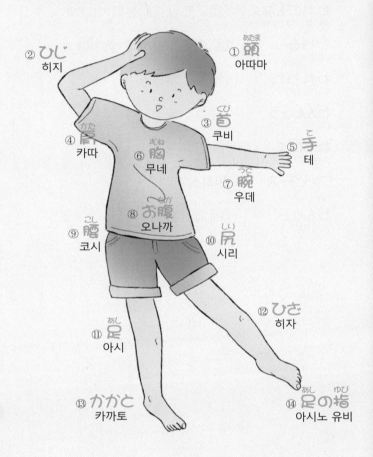

② ひじ
히지

① 頭（あたま）
아따마

④ 肩（かた）
카따

③ 首（くび）
쿠비

⑤ 手（て）
테

⑥ 胸（むね）
무네

⑦ 腕（うで）
우데

⑧ お腹（なか）
오나까

⑨ 腰（こし）
코시

⑩ 尻（しり）
시리

⑫ ひざ
히자

⑪ 足（あし）
아시

⑬ かかと
카까토

⑭ 足（あし）の指（ゆび）
아시노 유비

① 머리 ② 팔꿈치 ③ 목 ④ 어깨 ⑤ 손 ⑥ 가슴 ⑦ 팔 ⑧ 배
⑨ 허리 ⑩ 엉덩이 ⑪ 다리 ⑫ 무릎 ⑬ 발뒤꿈치 ⑭ 발가락

⑮ 顔 카오
⑯ 髪の毛 카미노 께
⑰ まつげ 마쓰게
⑱ 額 히따이
⑲ 耳 미미
⑳ 目 메
㉑ 鼻 하나
㉒ ほほ 호-
㉓ あご 아고
㉔ 指 유비

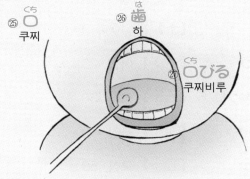

㉕ 口 쿠찌
㉖ 歯 하
㉗ 口びる 쿠찌비루

---

⑮ 얼굴 ⑯ 머리카락 ⑰ 눈썹 ⑱ 이마 ⑲ 귀 ⑳ 눈 ㉑ 코
㉒ 볼 ㉓ 턱 ㉔ 손가락 ㉕ 입 ㉖ 치아 ㉗ 입술

- **すうじ** 【数字】 숫자
  스-지
□ **いち** 【一】 일, 1
  이찌
□ **に** 【二】 이, 2
  니
□ **さん** 【三】 삼, 3
  상
□ **し / よん** 【四】 사, 4
  시 / 용
□ **ご** 【五】 오, 5
  고
□ **ろく** 【六】 육, 6
  로꾸
□ **しち / なな** 【七】 칠, 7
  시찌 / 나나
□ **はち** 【八】 팔, 8
  하찌
□ **く / きゅう** 【九】 구, 9
  쿠 / 큐-
□ **じゅう** 【十】 십, 10
  쥬-
□ **にじゅう** 【二十】 이십, 20
  니쥬-
□ **さんじゅう** 【三十】 삼십, 30
  산쥬-
□ **よんじゅう** 【四十】 사십, 40
  욘쥬-
□ **ごじゅう** 【五十】 오십, 50
  고쥬-
□ **ろくじゅう** 【六十】 육십, 60
  로꾸쥬-
□ **ななじゅう** 【七十】 칠십, 70
  나나쥬-
□ **はちじゅう** 【八十】 팔십, 80
  하찌쥬-

□ **きゅうじゅう** 큐-쥬-	【九十】	구십,	90
□ **ひゃく** 햐꾸	【百】	백,	100
□ **にひゃく** 니햐꾸	【二百】	이백,	200
□ **さんびゃく** 삼뱌꾸	【三百】	삼백,	300
□ **よんひゃく** 용햐꾸	【四百】	사백,	400
□ **ごひゃく** 고햐꾸	【五百】	오백,	500
□ **ろっぴゃく** 롭빠꾸	【六百】	육백,	600
□ **ななひゃく** 나나햐꾸	【七百】	칠백,	700
□ **はっぴゃく** 합빠꾸	【八百】	팔백,	800
□ **きゅうひゃく** 큐-햐꾸	【九百】	구백,	900
□ **せん** 셍	【千】	천,	1,000
□ **にせん** 니셍	【二千】	이천,	2,000
□ **さんぜん** 산젱	【三千】	삼천,	3,000
□ **よんせん** 욘셍	【四千】	사천,	4,000
□ **ごせん** 고셍	【五千】	오천,	5,000
□ **ろくせん** 로꾸셍	【六千】	육천,	6,000
□ **ななせん** 나나셍	【七千】	칠천,	7,000
□ **はっせん** 핫셍	【八千】	팔천,	8,000

□ きゅうせん 큐-셍	【九千】	구천, 9,000
□ いちまん 이찌망	【一万】	만, 10,000
□ にまん 니망	【二万】	이만, 20,000
□ さんまん 삼망	【三万】	삼만, 30,000
□ よんまん 용망	【四万】	사만, 40,000
□ ごまん 고망	【五万】	오만, 50,000
□ ろくまん 로꾸망	【六万】	육만, 60,000
□ なな(しち)まん 나나(시찌)망	【七万】	칠만, 70,000
□ はちまん 하찌망	【八万】	팔만, 80,000
□ きゅうまん 큐-망	【九万】	구만, 90,000
□ じゅうまん 쥬-망	【十万】	십만, 100,000
□ ひゃくまん 햐꾸망	【百万】	백만, 1,000,000
□ せんまん 셈망	【千万】	천만, 10,000,000
□ おく 오꾸	【億】	억, 100,000,000
□ じゅうおく 쥬-오꾸	【十億】	십억
□ ひゃくおく 햐꾸오꾸	【百億】	백억
□ せんおく 셍오꾸	【千億】	천억
□ ちょう 쵸-	【兆】	조

■ **じかん** 지깡	【時間】	시간
□ **いちじ** 이찌지	【一時 / 1時】	한 시, 1시
□ **にじ** 니지	【二時 / 2時】	두 시, 2시
□ **さんじ** 산지	【三時 / 3時】	세 시, 3시
□ **よじ** 요지	【四時 / 4時】	네 시, 4시
□ **ごじ** 고지	【五時 / 5時】	다섯 시, 5시
□ **ろくじ** 로꾸지	【六時 / 6時】	여섯 시, 6시
□ **しちじ** 시찌지	【七時 / 7時】	일곱 시, 7시
□ **はちじ** 하찌지	【八時 / 8時】	여덟 시, 8시
□ **くじ** 쿠지	【九時 / 9時】	아홉 시, 9시
□ **じゅうじ** 쥬-지	【十時 / 10時】	열 시, 10시
□ **じゅういちじ** 쥬-이찌지	【十一時 / 11時】	열한 시, 11시
□ **じゅうにじ** 쥬-니지	【十二時 / 12時】	열두 시, 12시
□ **いっぷん** 입뿡	【一分 / 1分】	1분
□ **にふん** 니훙	【二分 / 2分】	2분
□ **さんぷん** 삼뿡	【三分 / 3分】	3분
□ **よんぷん** 욤뿡	【四分 / 4分】	4분
□ **ごふん** 고훙	【五分 / 5分】	5분

□ **ろっぷん** 롭뿡	【六分 / 6分】	6분
□ **ななふん** 나나훙	【七分 / 7分】	7분
□ **はっぷん** 합뿡	【八分 / 8分】	8분
□ **きゅうふん** 큐-훙	【九分 / 9分】	9분
□ **じゅっぷん** 쥽뿡	【十分 / 10分】	10분
□ **なんじ** 난지	【何時】	몇 시
□ **なんぷん** 남뿡	【何分】	몇 분
□ **なんびょう** 남뵤-	【何秒】	몇 초
■ **いちにち** 이찌니찌	【一日】	하루
□ **あけがた** 아께가따	【明け方】	새벽
□ **あさ** 아사	【朝】	아침
□ **ひる** 히루	【昼】	낮
□ **ゆうがた** 유-가따	【夕方】	저녁
□ **よる** 요루	【夜】	밤
□ **よなか** 요나까	【夜中】	밤중
□ **しんや** 싱야	【深夜】	심야
□ **ごぜん** 고젱	【午前】	오전

□ **ごご** 【午後】오후
고고

□ **しょうご** 【正午】정오, 낮
쇼-고

□ **いちにちじゅう** 【一日中】하루종일
이찌니찌쥬-

□ **はんにち** 【半日】반나절
한니찌

■ **ねんがっぴ** 【年月日】연월일
넹갑삐

□ **なんにち** 【何日】며칠
난니찌

□ **なんがつ** 【何月】몇 월
낭가쯔

□ **なんねん** 【何年】몇 년
난넹

□ **ついたち** 【一日 / 1日】초하루, 1일
쓰이타찌

□ **ふつか** 【二日 / 2日】이틀, 2일
후쯔까

□ **みっか** 【三日 / 3日】사흘, 3일
믹까

□ **よっか** 【四日 / 4日】나흘, 4일
욕까

□ **いつか** 【五日 / 5日】닷새, 5일
이쯔까

□ **むいか** 【六日 / 6日】엿새, 6일
무이까

□ **なのか** 【七日 / 7日】이레, 7일
나노까

□ **ようか** 【八日 / 8日】여드레, 8일
요-까

□ **ここのか** 【九日 / 9日】아흐레, 9일
코꼬노까

□ **とおか**
토-까
【十日 / 10日】 열흘, 10일

□ **いちがつ**
이찌가쯔
【一月 / 1月】 1월

□ **にがつ**
니가쯔
【二月 / 2月】 2월

□ **さんがつ**
상가쯔
【三月 / 3月】 3월

□ **しがつ**
시가쯔
【四月 / 4月】 4월

□ **ごがつ**
고가쯔
【五月 / 5月】 5월

□ **しゅうまつ**
슈-마쯔
【週末】 주말

□ **げつまつ**
게쯔마쯔
【月末】 월말

□ **ねんまつ**
넴마쯔
【年末】 연말

□ **にちようび**
니찌요-비
【日曜日】 일요일

□ **げつようび**
게쯔요-비
【月曜日】 월요일

□ **かようび**
가요-비
【火曜日】 화요일

□ **すいようび**
스이요-비
【水曜日】 수요일

□ **もくようび**
모꾸요-비
【木曜日】 목요일

□ **きんようび**
킹요-비
【金曜日】 금요일

□ **どようび**
도요-비
【土曜日】 토요일